SONHOS
DO MEU
PAI

BARACK OBAMA

SONHOS DO MEU PAI

Uma história sobre raça e legado

EDIÇÃO JUVENIL

Tradução
LÍGIA AZEVEDO

SEGUINTE

O selo Seguinte pertence à Editora Schwarcz S.A.

Grafia atualizada segundo o Acordo Ortográfico da Língua Portuguesa de 1990, que entrou em vigor no Brasil em 2009.

TÍTULO ORIGINAL Dreams from My Father: A Story of Race and Inheritance — Adapted for Young Adults

CAPA Christopher Brand

FOTO DE CAPA Steve Liss/ Getty Images

PREPARAÇÃO Cê Oliveira

REVISÃO Camila Saraiva e Gabriele Fernandes

Dados Internacionais de Catalogação na Publicação (CIP)
(Câmara Brasileira do Livro, SP, Brasil)

Obama, Barack
Sonhos do meu pai : Uma história sobre raça e legado / Barack Obama ; tradução Lígia Azevedo. — 1ª ed. — São Paulo : Seguinte, 2025.

"Edição juvenil"
Título original: Dreams from My Father : A Story of Race and Inheritance : Adapted for Young Adults
ISBN 978-85-5534-364-3

1. Afro-americanos – Autobiografia – Literatura infantojuvenil 2. Estados Unidos – Relações raciais – Literatura infantojuvenil 3. Obama, Barack, 1961- – Literatura infantojuvenil 4. Racismo – Estados Unidos – Literatura infantojuvenil I. Título.

24-221446 CDD-028.5

Índices para catálogo sistemático:
1. Barack Obama : Autobiografia infantojuvenil 028.5
2. Barack Obama : Autobiografia : Literatura juvenil 028.5

Cibele Maria Dias – Bibliotecária – CRB-8/9427

EDITORA SCHWARCZ S.A.
Rua Bandeira Paulista, 702, cj. 32
04532-002 — São Paulo — SP
Telefone: (11) 3707-3500
www.seguinte.com.br
contato@seguinte.com.br

Pois somos estrangeiros diante de ti,
e peregrinos, como nossos pais foram.

1 Crônicas 29,15

Sumário

Árvore genealógica
da família Obama
8

Introdução
11

PARTE UM — ORIGENS
15

PARTE DOIS — CHICAGO
131

PARTE TRÊS — QUÊNIA
217

Epílogo
299

Pós-escrito
305

Agradecimentos
307

Créditos das imagens
309

Árvore genealógica da família Obama

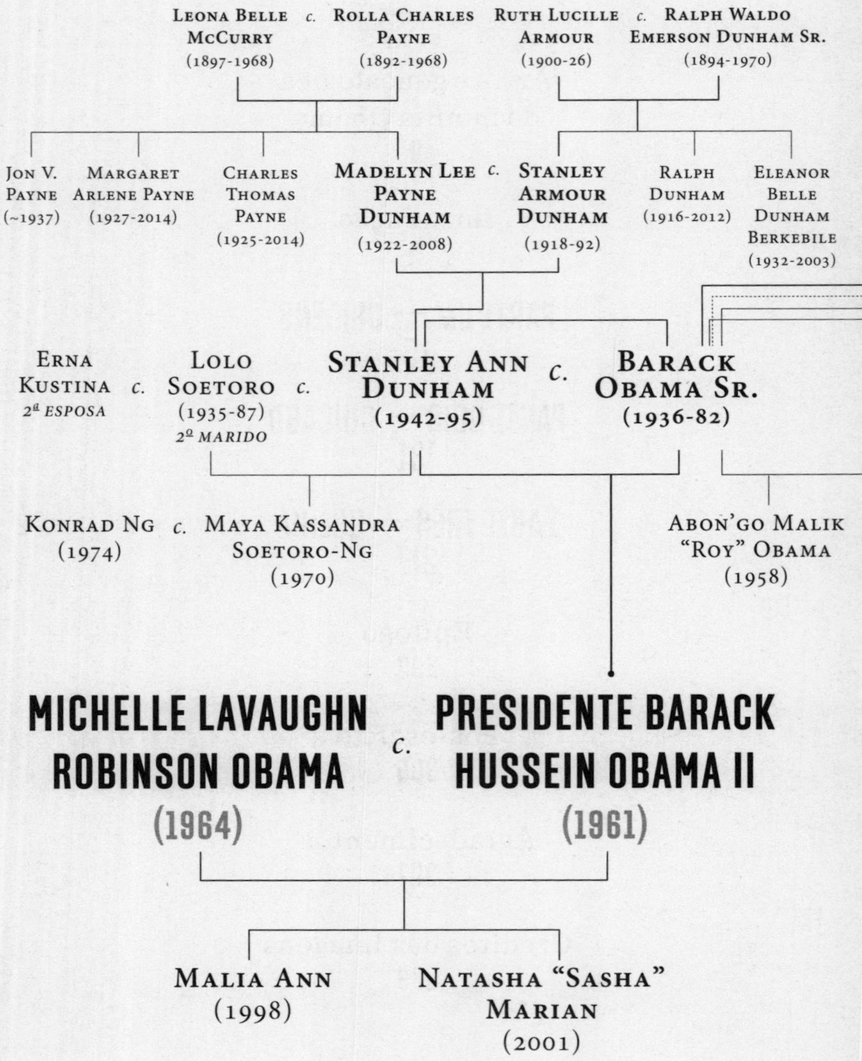

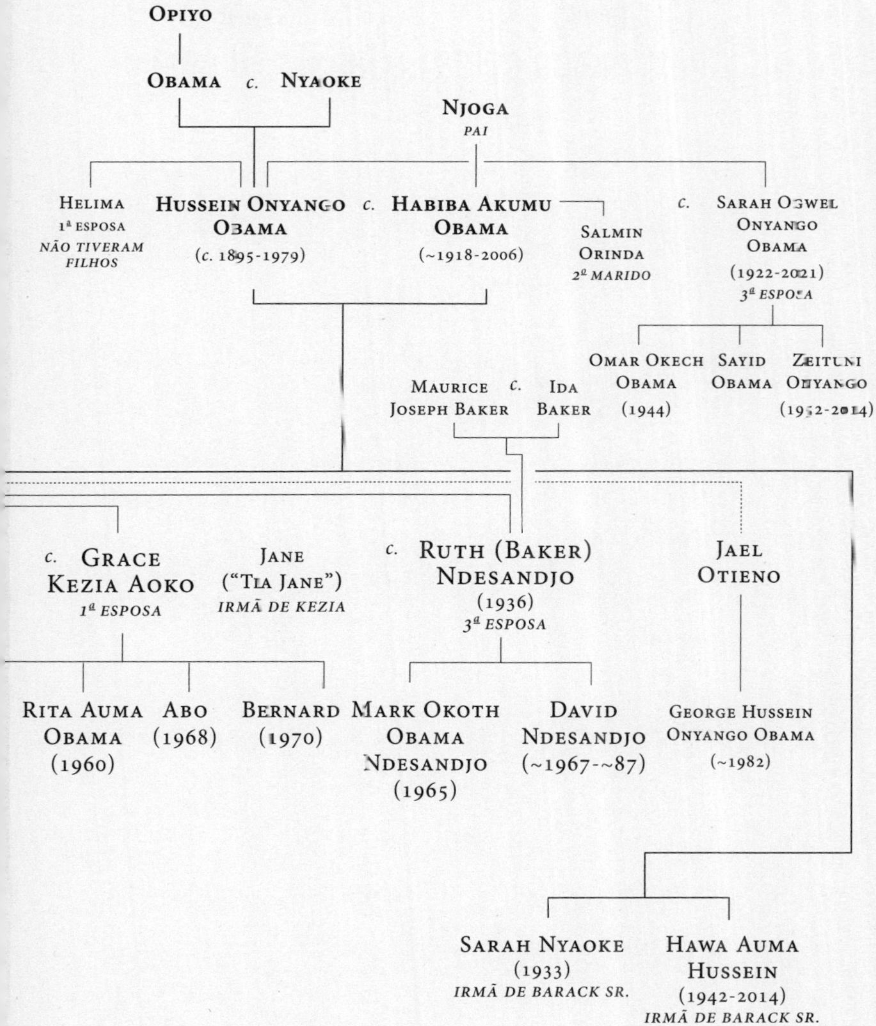
Opiyo
Obama c. Nyaoke
Njoga
pai
Helima
1ª esposa
não tiveram filhos
Hussein Onyango Obama
(c. 1895-1979)
c. Habiba Akumu Obama
(~1918-2006)
Salmin Orinda
2º marido
c. Sarah Ogwel Onyango Obama
(1922-2021)
3ª esposa
Omar Okech Obama
(1944)
Sayid Obama
Zeituni Onyango
(1952-2014)
Maurice Joseph Baker c. Ida Baker
c. Grace Kezia Aoko
1ª esposa
Jane
("Tia Jane")
irmã de Kezia
c. Ruth (Baker) Ndesandjo
(1936)
3ª esposa
Jael Otieno
Rita Auma Obama
(1960)
Abo
(1968)
Bernard
(1970)
Mark Okoth Obama Ndesandjo
(1965)
David Ndesandjo
(~1967-~87)
George Hussein Onyango Obama
(~1982)
Sarah Nyaoke
(1933)
irmã de Barack Sr.
Hawa Auma Hussein
(1942-2014)
irmã de Barack Sr.

Introdução

ESCREVI *SONHOS DO MEU PAI* aos trinta e poucos anos. Tinha me formado em direito fazia alguns anos. Michelle e eu éramos recém-casados e estávamos começando a pensar em ter filhos. Minha mãe era viva. E eu ainda não tinha iniciado carreira na política.

Olhando para trás, compreendo que me encontrava em uma importante encruzilhada na época. Pensava muito em quem eu queria ser no mundo e que contribuição poderia fazer. Tinha paixão por direitos civis, curiosidade em relação ao serviço público e muitas ideias soltas. Não tinha noção de que caminho devia escolher. Havia mais perguntas que respostas. Seria possível criar mais confiança entre as pessoas, reduzir as divergências? Os pequenos passos rumo ao progresso — por exemplo, melhorar as condições em uma escola ou convencer mais pessoas a votar — importavam, considerando que os sistemas maiores pareciam corrompidos? Eu conseguiria realizar mais trabalhando dentro ou fora de instituições?

Por trás de tudo isso, havia algo mais pessoal, um conjunto mais profundo de questões não resolvidas: Quem sou eu? De onde venho? Qual é meu lugar?

Foi o que me levou a escrever este livro.

Sempre acreditei que a melhor maneira de encarar o futuro envolve uma tentativa sincera de compreender o passado. É por isso que gosto de ler diferentes relatos históricos e valorizo a visão daqueles que estão neste mundo há mais tempo que eu. Algumas pessoas veem a história como algo que ficou para trás, um monte de palavras e datas gravadas em pedra, um punhado de artefatos que devem ficar guardados em um cofre. Para mim, no entanto, a história está tão viva quanto uma floresta antiga, que é profunda e fértil, tem raízes e se ramifica em direções inesperadas, fornece sombra e luz. O mais importante é como nos comportamos nessa floresta — as perspectivas que trazemos conosco, as suposições que fazemos e a nossa disposição de continuar voltando a ela, de fazer perguntas difíceis sobre o que tem sido ignorado, sobre as vozes que foram sufocadas.

Estas páginas representam minha primeira tentativa sincera de percorrer meu próprio passado, de examinar minha herança familiar enquanto refletia sobre meu futuro. Escrevendo-as, pude mergulhar na vida dos meus pais e avós, nas paisagens, culturas e histórias que carregavam, nos valores e juízos que os moldaram — e que assim me moldaram também. O que aprendi no processo me ajudou a encontrar meu chão. Tornou-se a base do meu avanço, me deu a segurança de que eu podia ser um bom pai para meus filhos e me fez acreditar que eu estava pronto para assumir um papel de liderança.

O ato de escrever tem esse poder todo. É uma chance de ser curioso em relação a si mesmo, de observar o mundo, de confrontar seus limites, de se colocar no lugar dos outros, de experimentar novas ideias. Escrever é difícil, mas a ideia é meio que essa. Você passa horas se forçando a lembrar qual era o cheiro da sua velha sala de aula, ou o timbre da voz do seu pai, ou a cor exata de umas conchinhas que viu na praia. Esse trabalho pode dar uma base, fortalecer e surpreender você. Buscando as palavras certas, investindo seu tempo, mesmo que nem sempre encontre respostas para as grandes perguntas da vida, você vai se compreender melhor. Pelo menos é assim comigo.

O jovem que você vai encontrar nestas páginas tem falhas e muitos anseios, faz perguntas sobre si mesmo e o mundo à sua volta e vai aprendendo no processo. Hoje, claro, sei que aquele era só o começo para mim. Tive sorte: a vida me presenteou com uma boa e longa trajetória. Espero que minha história incentive você a contar a sua própria, e a valorizar a dos outros ao seu redor. É uma jornada que sempre vale a pena. As respostas que você procura virão.

Barack Obama
Junho de 2021

PARTE UM
ORIGENS

1

EU MAL CONHECIA MEU PAI. Ele saiu da nossa casa, no Havaí, em 1963, quando eu tinha apenas dois anos. Eu nem sabia que deveria ter um pai que morasse com a família. Tudo o que ouvia sobre ele eram as histórias que minha mãe e meus avós contavam.

Eram sempre as mesmas. Ainda consigo ver meu avô recostado em sua poltrona velha, rindo da vez que, por causa de um cachimbo, meu pai — cujo nome, como o meu, era Barack Obama — quase jogou um homem do alto do Nu'uanu Pali, um mirante em uma montanha que não ficava muito longe de nossa casa, na cidade de Honolulu.

— Seus pais queriam mostrar a ilha a um amigo que veio fazer uma visita. Barack deve ter dirigido na contramão o tempo todo...

— Seu pai dirigia muito mal — comentou minha mãe. — Sempre acabava dirigindo do lado esquerdo, como os ingleses fazem, e se alguém comentava alguma coisa, ele começava a reclamar das regras bobas dos americanos...

— Bom, eles desceram nesse mirante para admirar a vista. Seu pai estava fumando o cachimbo que eu tinha dado de aniversário e apontava para os pontos turísticos com ele, como o capitão de um navio...

— Ele adorava aquele cachimbo — minha mãe voltou a interromper.

— Vai me deixar terminar ou quer contar a história você mesma, Ann?

— Desculpa, pai. Continua.

— Bom, o amigo perguntou a Barack se podia dar uma baforada. Foi só experimentar que ele começou a tossir. Tossiu tanto que o cachimbo escorregou e caiu por cima do parapeito, despencou uns trinta metros. Seu pai queria que o cara passasse por cima da grade e fosse lá buscar.

Meu avô riu tanto que precisou fazer uma pausa antes de continuar a história.

— O homem deu uma olhada no lugar onde o cachimbo tinha caído e disse que podia comprar outro. Barack respondeu que tinha sido um presente, que não podia ser substituído. Então seu pai simplesmente tirou o amigo do chão para tentar passá-lo por cima da grade!

Enquanto meu avô ria, eu me imaginava olhando para meu pai, a pele escura contra o sol brilhante, e o outro homem se debatendo em seus braços. Era como uma cena bíblica — uma visão assustadora e impressionante, como um rei fazendo justiça.

Perguntei se meu pai tinha jogado o cara do outro lado.

— Não, ele o colocou de volta no chão — disse meu avô. — Depois de um tempo. Seu pai deu tapinhas nas costas do rapaz e sugeriu, com toda a calma do mundo, que os três fossem tomar uma cerveja. E a partir de então agiu como se nada tivesse acontecido.

Minha mãe disse que não tinha sido tão ruim, que meu pai não havia levantado muito o amigo.

— Você estava bem chateada quando chegou em casa — meu avô disse a ela. — Barack só balançou a cabeça e começou a rir. Ele tinha uma voz grave, e aquele sotaque britânico. Disse: "Só quis ensinar ao sujeito que é preciso cuidar direito das coisas dos outros!".

Minha avó, Toot, saiu da cozinha e disse que ainda bem que meu pai havia se dado conta de que tinha sido só um acidente, ou quem sabe o que poderia ter acontecido?

Minha mãe revirou os olhos e disse que eles estavam exagerando. Sim, ela falou, meu pai podia ser insolente, mas só porque era franco.

— Se achava que estava certo, ele não cedia — explicou.

Ela preferia outra história que meu avô contava, sobre quando meu pai tinha concordado em cantar algumas canções africanas em um festival de música internacional, sem se dar conta de que era "coisa séria". No fim das contas, a mulher que se apresentou antes dele era uma profissional acompanhada de uma banda completa.

— Qualquer outra pessoa teria desistido — disse meu avô. — Mas não Barack. Ele foi lá e começou a cantar na frente da multidão, o que não é fácil, devo dizer. Barack não era muito bom, mas era tão seguro de si que logo estava recebendo tantos aplausos quanto os outros. Isso é algo que você pode aprender com seu pai. A ter *confiança*. É o segredo do sucesso.

AS HISTÓRIAS ERAM SEMPRE ASSIM. Curtas e com lição de moral. Então minha família as deixava de lado, como se fossem um álbum de fotos antigas que ficava guardado e a cada tantos meses ou anos era aberto de novo. Minha mãe tinha algumas fotos de verdade do meu pai. No entanto, quando começou a namorar Lolo, o homem com quem viria a se casar, guardou todas no armário. De tempos em tempos eu me deparava com elas, quando revirava tudo em busca dos enfeites de Natal ou de uma máscara para fazer snorkel. Às vezes, minha mãe e eu as olhávamos juntos. Eu ficava encarando o retrato do meu pai — o rosto escuro sorrindo, a testa larga e os óculos grossos — e ela dizia:

— Você tem que agradecer a mim por essas sobrancelhas grossas. As do seu pai quase nem dava para ver. Mas a inteligência e a personalidade você herdou dele.

Então eu ficava ouvindo enquanto ela me contava a história do meu pai.

Ele era africano, um queniano da etnia luo. Havia nascido às margens do lago Vitória, em um lugar chamado Alego. Era um povoado pobre, mas o pai dele — meu outro avô — era um ancião médico tradicional e importante. Meu pai cresceu cuidando das cabras do pai e estudando na escola local, administrada pelos colonizadores ingleses, que na época governavam o Quênia.

Meu avô acreditava que conhecimento era uma fonte de poder, por isso ficou feliz quando Barack se revelou um aluno promissor e ganhou uma bolsa para estudar em Nairóbi, a capital. Depois, foi selecionado por líderes quenianos e patrocinadores americanos para fazer faculdade nos Estados Unidos. O Quênia estava prestes a se tornar um país independente, e seus melhores alunos estavam sendo enviados para o exterior a fim de aprender economia e tecnologia. Esperava-se que eles fossem retornar e ajudar a tornar o país mais moderno e bem-sucedido.

Em 1959, aos 23 anos, meu pai entrou na Universidade do Havaí para estudar economia. Ele foi o primeiro estudante africano da instituição e se formou em apenas três anos, como o primeiro da turma. Barack ajudou a financiar a Associação de Estudantes Internacionais e foi seu primeiro presidente. No curso de língua russa, ele conheceu uma jovem americana desajeitada e tímida, de apenas dezoito anos, e os dois se apaixonaram. Seu nome era Stanley Ann Dunham, mas todos a chamavam de Ann. Era minha mãe.

A princípio, os pais dela não souberam o que pensar. Ele era negro e ela, branca, e relacionamentos inter-raciais não eram comuns nos Estados Unidos da época. No entanto, Barack os conquistou com seu charme e sua inteligência. Os dois jovens se casaram e, pouco tempo depois, eu nasci.

Então meu pai recebeu outra bolsa, para fazer doutorado na Universidade Harvard, que ficava em Cambridge, Massachusetts, a mais de 8 mil quilômetros de distância. Ele não tinha dinheiro para levar a família junto, por isso ficamos no Havaí. Depois de se formar, ele voltou para o Quênia — segundo minha mãe dizia, "para tornar seu país um lugar melhor". Ela insistia, no entanto, que o laço de amor que os unia continuava forte.

Havia muitas partes dessa história que eu não compreendia. Eu não sabia onde Alego ficava no mapa, ou por que os ingleses governavam o Quênia, ou o que exatamente era um doutorado. A vida do meu pai parecia tão misteriosa quanto as histórias de um livro chamado *Origens*, que minha mãe havia comprado para mim. Era uma coletânea de contos de diferentes religiões e de todo o mundo — cristãos, judaicos, da Grécia Antiga, da Índia — sobre a criação da Terra. Tudo isso me levava a fazer algumas perguntas difíceis. Por que Deus deixou uma serpente causar tanta confusão no Jardim do Éden? Como a tartaruga das histórias hindus carregava o peso do mundo em suas costas? Por que meu pai não voltava?

Passei a infância morando com minha mãe e meus avós, Stanley e Madelyn Dunham. Eu chamava minha avó de Toot, que vem de *tutu*, "vovó" em havaiano. Toot decidiu no dia em que nasci que era jovem demais para ser chamada de "vovó".

Eu amava o Havaí. Aquilo tudo me inebriava: o mormaço aromático; o azul cintilante do oceano Pacífico; as falésias cobertas de musgos; a torrente fresca das cataratas de Manoa, com suas flores de gengibre, suas copas altas e o som dos pássaros invisíveis; as ondas ensurdecedoras do litoral norte, tão imensas que, quando quebravam, parecia que eu estava vendo o oceano em câmera lenta.

Havia um único problema: meu pai não estava lá. E nada que minha mãe ou meus avós me dissessem faria com que eu esquecesse isso. Suas histórias não revelavam o motivo de ele ter ido embora. E eles não tinham como saber como teria sido se meu pai tivesse ficado.

Nas fotos, dava para ver que ele não se parecia em nada com as pessoas à minha volta — era preto como a noite, enquanto minha mãe era branca como leite. Porém não era algo que nós discutíamos, e eu não me dava realmente conta disso.

Na verdade, só me lembro de uma história sobre meu pai relacionada a raça. Depois de longas horas de estudo, ele havia se juntado a meu avô e vários amigos em um bar que ficava em Waikiki, à beira-mar. Todos estavam animados, comendo e bebendo ao som de música havaiana, quando um homem branco de repente anunciou ao atendente, alto o bastante para todos ouvirem, que ele não devia ser obrigado a beber "ao lado de um crioulo". O bar ficou em silêncio e as pessoas se viraram para meu pai, esperando uma briga. Ele, no entanto, só se levantou, foi até o homem, sorriu e lhe deu uma aula sobre a idiotice da intolerância, a promessa do sonho americano e a universalidade dos direitos humanos.

— O cara se sentiu tão mal quando Barack terminou — disse meu avô — que enfiou a mão no bolso e deu uma nota de cem para o seu pai na mesma hora. Pagou toda a nossa comida e bebida pelo resto da noite. E o aluguel dele pelo restante do mês.

No entanto, ser negro no Havaí, onde a maioria das pessoas tinha pele mais escura que no restante dos Estados Unidos, era uma coisa. Ser negro e *se casar* com alguém branco era algo completamente diferente. Em 1960, o ano em que meus pais se casaram, mais da metade dos estados do país considerava um crime grave que pessoas de raças diferentes tivessem filhos juntas. Mesmo nas cidades mais sofisticadas, as pessoas olhavam com hostilidade e comentavam. Uma mulher branca grávida de um homem negro provavelmente consideraria se manter afastada da vida social até ter o bebê e depois entregá-lo para adoção. Talvez decidisse até mesmo interromper a gravidez.

Foi só em 1967 — quando completei seis anos, três anos depois do dr. Martin Luther King Jr. ter recebido o prêmio Nobel da paz — que a Suprema Corte dos Estados Unidos decidiu que a proibição do casamento inter-racial pelo estado da Virgínia ia contra a Constituição americana.

Assim, é bastante surpreendente que meus avós tenham aceitado o casamento dos meus pais. Eu ainda me pergunto o que exatamente na criação deles os tornou tão diferentes de tantas outras pessoas naquele tempo.

MEUS AVÓS FORAM CRIADOS NO KANSAS, no centro dos Estados Unidos, na década de 1930, durante a Grande

Depressão. Os habitantes do estado eram pessoas modestas e trabalhadoras. Ainda tinham o que chamavam de "espírito pioneiro". Porém, sua coragem vinha acompanhada de características menos dignas. Eles desconfiavam de todo mundo que fosse diferente e podiam ser bastante cruéis com tais pessoas. Muitos que não se encaixavam acabavam partindo.

Meus avós cresceram a mais ou menos trinta quilômetros de distância um do outro e gostavam de contar histórias sobre a vida no interior: os desfiles de Quatro de Julho e os filmes projetados na lateral de um celeiro; prender vaga-lumes em potes de vidro; o gosto do tomate maduro, doce como maçã; as tempestades de areia, as chuvas de granizo, as salas de aula cheias de garotos do campo, que vestiam roupas de baixo de lã sem botões no começo do inverno e fediam como porcos com o passar dos meses. A Depressão trazia muitas dificuldades. Bancos perderam dinheiro e fecharam. Famílias pobres perderam suas terras. No entanto, meus avós falavam daquela época de um jeito que fazia tudo parecer uma grande aventura. Todo mundo tinha os mesmos problemas, e a experiência os unia.

Meus avós faziam questão de que eu soubesse da existência de algo chamado "respeitabilidade" — algumas pessoas eram respeitáveis e outras nem tanto. Embora não fosse preciso ser rico para ser respeitável, certamente quem não era precisava trabalhar muito para atingir tal status.

A família de Toot era respeitável. Os avós dela eram de origem escocesa e inglesa. Seu pai se manteve em um emprego estável em uma grande empresa de petróleo durante toda a Depressão, e sua mãe trabalhou como professora até ter filhos. A família mantinha a casa impecável e encomendava livros clássicos pelo correio. Eles liam a Bíblia. Tinham escolhido ser metodistas, e por isso valorizavam a calma e o bom senso. Não se inflamavam tanto quanto os batistas, que faziam reuniões de avivamento grandiosas e barulhentas em tendas.

A família do meu avô era diferente. Ele foi criado pelos avós, que eram batistas decorosos e tementes a Deus. Antes, no entanto, teve problemas em casa. Quando meu avô tinha oito anos, sua mãe se matou, e foi ele quem encontrou o corpo. Os boatos eram de que ela havia tirado a própria vida porque o marido tinha sido infiel.

Fosse ou não verdade, meu avô se perdeu um pouco. Aos quinze anos, foi expulso da escola por dar um soco no nariz do diretor. Nos três anos que se seguiram, fez bicos e viajou clandestinamente em trens de carga para ir a lugares como Chicago e Califórnia. Acabou se estabelecendo em Wichita, no Kansas, para onde a família de Toot havia se mudado.

Os pais dela ouviram boatos sobre o jovem que cortejava a filha deles e não o aprovavam. Quando Toot levou meu avô para conhecer sua família, o pai dela deu uma única olhada no cabelo preto e penteado para trás do meu avô e no seu sorriso espertalhão e concluiu que ele não prestava.

Minha avó não se importou. Tinha acabado de se formar em economia doméstica — o que significava que tinha aprendido sobre cozinha, nutrição e costura. Ela não queria mais saber de respeitabilidade. E meu avô não devia ser de se jogar fora. Eu às vezes imagino os dois nos anos antes da guerra: ele de calça larga e camisa de baixo, o chapéu inclinado para trás; ela, uma moça que falava com eloquência, usava batom vermelho demais, tingia o cabelo de loiro e tinha pernas bonitas o bastante para servir de modelo de meias para a loja de departamentos local. Ele contando sobre a cidade grande e seu desejo de escapar daquelas planícies vazias e empoeiradas. Dizendo que não queria ficar em um lugar onde no dia em que a pessoa nasce já sabe onde vai morrer e quem vai enterrá-la. Insistindo que não ia acabar assim, porque tem sonhos, tem planos. E ela começando a sentir o mesmo desespero por aventura que ele.

Os dois fugiram para se casar bem na época do bombardeio de Pearl Harbor pelos japoneses, em 1941, e meu avô se alistou no Exército. Eles não me contaram muita coisa sobre os anos de guerra. Sei que minha mãe nasceu na base militar para onde meu avô tinha sido designado; que minha avó, como muitas mulheres nos anos 1940, foi trabalhar na linha de montagem de aviões de bombardeio; e que meu avô serviu na França, entre as tropas do general George S. Patton, embora nunca tenha entrado em combate.

Quando ele voltou da guerra, a família se mudou para a Califórnia. Meu avô entrou na Universidade Berkeley, por conta de uma lei que permitia que veteranos de guerra como ele pagassem muito pouco para estudar. No entanto, ele era ambicioso e inquieto demais para a universidade. A família voltou para o Kansas, depois passou por uma série de cidades pequenas do Texas, finalmente se instalando em Seattle, onde eles compraram uma casa e meu avô começou a trabalhar vendendo móveis. Meus avós ficavam satisfeitos com o fato de minha mãe ser uma aluna excelente. No entanto, quando ela foi aceita pela Universidade de Chicago, meu avô a proibiu de ir, dizendo que ela era nova demais para morar sozinha.

A história poderia ter terminado aí: um lar, uma família, uma vida respeitável. Só que meu avô estava sempre procurando por um novo começo, estava sempre fugindo do que era conhecido. Um dia, o gerente da empresa de móveis em que ele trabalhava mencionou por acaso que iam abrir uma loja em Honolulu, no Havaí, que na época estava prestes a se tornar o quinquagésimo estado americano. Meu avô correu para casa e convenceu minha avó a vender o imóvel e fazer as malas outra vez, para embarcar na última parte de sua viagem, rumo ao oeste e ao sol poente…

COMO MUITOS AMERICANOS de sua geração, meu avô acreditava na liberdade individual. Acreditava que os homens deviam ser livres para fazer o que queriam e que ninguém poderia lhes impedir. Para a época, ele era liberal, e gostava de pensar em si mesmo como um adepto do livre-pensamento. Meu avô às vezes escrevia poesia, ouvia jazz e tinha amigos próximos que eram judeus, que conhecera no trabalho, muito embora cristãos e judeus nem sempre se misturassem naquele tempo. Ele envolveu a família no unitário-universalismo porque gostava da ideia de que aquela igreja às vezes pegava emprestado conceitos de outras religiões.

— É como ter cinco religiões em uma — dizia meu avô.

Minha avó era cética por natureza. Considerava todas as questões cuidadosamente e trazia meu avô de volta à realidade quando seus planos eram muito fantasiosos.

Apesar disso, quando a filha deles declarou que queria se casar e constituir família com um homem negro do Quênia, os dois se mostraram leais e amorosos, e a apoiaram.

E parecia que eles gostavam que eu soubesse, quando pequeno, quão diferentes os dois eram do resto. Meu avô me lembrava de que o Kansas havia lutado do lado da União na Guerra Civil e que alguns de seus antepassados tinham sido contra a escravidão. Ele me falava sobre meu tataravô Christopher Columbus Clark, que tinha sido um soldado condecorado. E Toot às vezes me mostrava seu nariz adunco e seus olhos pretos como tinta e dizia que tinha sangue cheroqui nas veias.

No entanto, conforme fui ficando mais velho, descobri que havia mais naquelas histórias. O Kansas tinha aprovado uma lei contra a escravidão, porém somente depois de quatro anos de batalhas violentas. Descobri que havia rumores de que um antepassado de meu avô era primo de Jefferson Davis, presidente da Confederação, que era a favor da escravidão. E descobri que a mãe de Toot havia tentado manter em segredo o fato de que havia alguém nativo-americano em sua família, por vergonha.

A verdade era que, como a maioria dos brancos nos Estados Unidos da época, meus avós nunca haviam pensado muito a respeito dos negros. As regras tácitas que governavam a vida das pessoas brancas mantinham o contato pessoal entre as raças o menor possível; quando pessoas negras apareciam nas lembranças do Kansas dos meus avós, eram imagens passageiras — homens negros que apareciam nos campos de exploração de petróleo de tempos em tempos, atrás de trabalho braçal; mulheres negras que lavavam as roupas dos brancos ou ajudavam a limpar suas casas. Os negros estavam e não estavam lá, como Sam, o pianista, Beulah, a criada, ou Amos e Andy no rádio* — sombras, presenças silenciosas que não despertavam paixão ou medo.

Conforme eu começava a fazer perguntas sobre raça, ouvia histórias acerca do papel que ela desempenhou no passado deles.

Logo depois que minha mãe e meus avós se mudaram para o Texas em 1950, meu avô recebeu um conselho amigável de outro vendedor de móveis sobre o atendimento a clientes negros e mexicanos:

* Aqui ele cita personagens negros estereotipados que ficaram marcados no imaginário americano da época. Sam, o pianista, do filme *Casablanca* (1942), Beulah, protagonista de um sitcom transmitido no rádio e na TV entre 1945 e 1954, assim como os personagens Amos e Andy, que ficaram no ar entre 1926 e 1960. (N. E.)

— Se tiver gente de cor querendo dar uma olhada na mercadoria, precisa vir depois do expediente e transportar o que comprou por conta própria.

No banco onde Toot trabalhava, havia um zelador que ela chamava de sr. Reed, um homem negro alto e solene, que havia lutado na Segunda Guerra Mundial. Os dois estavam conversando no corredor uma vez quando uma secretária apareceu para dizer que minha avó nunca, nunca, devia chamar "nenhum crioulo de 'senhor'". Não muito depois, Toot encontrou o sr. Reed em um canto, chorando baixinho. Quando ela lhe perguntou qual era o problema, ele endireitou as costas, secou os olhos e respondeu com outra pergunta:

— O que fizemos para ser tratados tão mal assim?

Minha avó não soube o que responder aquele dia, porém a questão não saiu de sua cabeça. Às vezes, ela e meu avô conversavam a respeito depois que minha mãe já havia ido para a cama. De acordo com Toot, a palavra "racismo" não fazia parte do vocabulário deles na época.

— Seu avô e eu só achávamos que tínhamos que tratar as pessoas com decência, Bar — ela me contou. — Só isso.

Eles decidiram que Toot continuaria chamando o sr. Reed de "senhor". No entanto, o zelador passou a manter uma distância cautelosa quando passava por ela no corredor. Temia tanto por si próprio quanto por Toot. Já meu avô passou a se incomodar tanto com falas racistas que começou a recusar convites de colegas de trabalho para tomar uma cerveja, dizendo apenas que precisava ir para casa. Ele e Toot de repente se sentiam estranhos em sua própria cidade.

Quem foi mais atingida pelo desconforto no ar foi minha mãe. Ela tinha onze ou doze anos, era filha única e se recuperava de uma crise feia de asma. A doença, assim como as mudanças constantes de cidade, haviam-na tornado uma criança solitária — alegre, mas com uma tendência a enfiar a cabeça nos livros e sair para caminhar sozinha. Minha mãe fez poucos amigos na nova escola. Tiravam sarro dela por conta de seu nome, Stanley Ann (uma das ideias tolas de meu avô, que queria um menino). Chamavam-na de Stanley Steamer, como o carro. Stan Musial, como o jogador de beisebol. Quando Toot chegava em casa do trabalho, em geral a encontrava sozinha no jardim, balançando as pernas para fora da varanda ou deitada na grama, perdida em seu próprio mundinho.

A não ser por aquele dia quente e abafado em que Toot voltou do trabalho e encontrou um grupo de crianças reunido do lado de fora da cerca da casa deles. Conforme se aproximou, ouviu risadas forçadas e viu raiva e nojo no rosto delas, que se alternavam cantando com a voz aguda:

— Amiguinha de crioulo!

— Ianque nojenta!

— Amiguinha de crioulo!

As crianças se dispersaram quando viram Toot, mas não antes de um dos meninos atirar a pedra que tinha na mão por cima da cerca. Ela caiu ao pé de uma árvore, e ali Toot viu a causa de toda a comoção: minha mãe e uma menina negra mais ou menos da mesma idade, deitadas de bruços na grama lado a lado, com as saias emboladas acima dos joelhos, os dedos dos pés na terra e a cabeça apoiada nas mãos diante de um dos livros dela. À distância, as duas meninas pareciam perfeitamente serenas sob a sombra das folhas. Foi só quando abriu o portão que Toot se deu conta de que a menina estava tremendo e lágrimas se acumulavam nos olhos da minha mãe. As duas permaneceram imóveis, paralisadas de medo, até Toot se inclinar e levar a mão à cabecinha delas.

— Se vão brincar juntas, então, por favor, entrem. Vamos. As duas — disse ela.

Toot ajudou minha mãe a se levantar e foi tentar pegar a mão da outra menina, mas ela saiu correndo a toda velocidade e desapareceu rua abaixo antes mesmo que minha avó pudesse dizer mais alguma coisa.

Meu avô ficou muito zangado quando ouviu o que tinha acontecido. Falou com minha mãe e anotou o nome de todas as crianças envolvidas. Ele não foi trabalhar na manhã seguinte para falar com a direção da escola sobre o que havia acontecido. Ligou pessoalmente para os pais de algumas das crianças para lhes dizer o que pensava. Contudo, recebia a mesma resposta de todos eles:

— É melhor ter uma conversinha com sua filha, sr. Dunham. Nesta cidade, meninas brancas não brincam com crianças de cor.

ESSES EPISÓDIOS NÃO FORAM o principal motivo pelo qual meus avós deixaram o Texas, mas certamente tiveram seu impacto. Ao longo dos anos, eu me perguntei por que meu avô ficou tão bravo aquele dia. Talvez porque havia crescido sem pais, em um lugar onde sorrisos afetados, sussurros e boatos o tinham mantido à margem da sociedade, ele imaginasse que podia entender como o mundo parecia aos negros.

Anos depois, quando minha mãe chegou em casa um dia e mencionou um amigo que havia feito na Universidade do Havaí, um estudante africano chamado Barack, o primeiro impulso dos meus avós foi convidá-lo para jantar.

Por que eles haviam feito aquilo? Meu avô talvez pensasse: "O pobre garoto deve estar se sentindo sozinho, tão longe de casa". Toot era cautelosa, e talvez quisesse dar uma olhada no rapaz. Mas o que eles acharam quando Barack apareceu à sua porta? Se conheço meu avô, ele deve ter ficado impressionado com a semelhança entre meu pai e um de seus cantores preferidos, Nat King Cole. Toot deve ter sido educada independentemente de sua primeira impressão. Quando a noite terminou, os dois devem ter comentado quão inteligente o rapaz parecia, e quão fino, com aquele sotaque britânico!

Mas o que acharam do casamento de sua filha com um homem negro? Não sei como os dois reagiram ao noivado ou como foi a cerimônia. Não há nenhum registro de um casamento tradicional, com bolo, alianças, a noiva sendo conduzida ao altar. Apenas de uma cerimônia civil discreta, com um juiz de paz.

Meus avós devem ter ficado preocupados. Em muitas partes do Sul, meu pai seria morto simplesmente por flertar com minha mãe. Talvez meus avós não tenham dito nada porque não acreditavam que o casamento fosse durar.

Se foi o caso, os dois subestimaram a determinação da minha mãe. Logo um bebê chegou, com quatro quilos, duzentos gramas, dez dedos nos pés, dez dedos nas mãos e muita fome. Eles iam fazer o que agora?

Então o país começou a mudar, e meu avô não tinha a menor intenção de ser deixado pra trás. Ele ouvia seu novo genro falar sobre política ou economia, sobre lugares distantes como o Parlamento britânico ou o Kremlin, e imaginava um mundo muito diferente daquele que conhecia. Meu avô passou a ler os jornais com mais cuidado, dando atenção especial a cada artigo sobre direitos civis e integração racial. Ele acreditava que o mundo estava avançando para o sonho magnífico de Martin Luther King.

Começou a questionar como os Estados Unidos podiam ser tão avançados em conhecimentos científicos a ponto de mandar pessoas ao espaço e tão atrasados moralmente a ponto de impedir que os cidadãos negros tivessem as mesmas oportunidades que todos os outros. Ele se convenceu de que o mundo estava mudando e nós — nossa família, que havia saído de Wichita não fazia tanto tempo — estávamos na vanguarda daquela mudança. Uma das minhas primeiras lembranças é a de estar sentado nos ombros do meu avô quando os astronautas de uma das missões Apollo chegaram à Base Aérea de Hickam depois de pousar na água. Na minha memória, os astronautas, usando óculos escuros estilo aviador, estavam tão distantes que mal dava para vê-los. Meu avô, no entanto, jurava que um deles tinha acenado para mim — só para mim — e que eu acenei de volta. Era parte da história que ele contava a si mesmo. Com seu genro negro e seu neto de pele parda, meu avô entrava na era espacial.

O Havaí, último estado a compor os Estados Unidos, parecia o porto perfeito para embarcar naquela nova aventura. Ninguém parecia se lembrar de que a história do Havaí é cheia de injustiças. Tratados foram assinados e rompidos. Missionários chegaram à terra estrangeira para converter os havaianos ao cristianismo e trouxeram consigo doenças desconhecidas pelos locais, doenças que causaram a morte de muitos. Empresas americanas se aproveitaram do solo fértil para plantar cana-de-açúcar e abacaxi. Imigrantes japoneses, chineses e filipinos receberam centavos para trabalhar do nascer ao pôr do sol nessas plantações. E, depois do ataque japonês aos Estados Unidos na Segunda Guerra Mundial, nipo-americanos no Havaí foram confinados em campos de concentração e tratados como prisioneiros. Tudo isso na história recente. No entanto, quando minha família chegou, em 1959, todas as injustiças pareciam ter se apagado da memória coletiva. De repente, o Havaí era aclamado como um verdadeiro "caldeirão cultural", um experimento de harmonia racial.

Meus avós se jogaram de cabeça nessa experiência. Queriam fazer amizade com todo mundo. Meu avô tinha até um exemplar de *Como fazer amigos e influenciar pessoas*, livro famoso de Dale Carnegie que diz como as pessoas devem agir para que os outros gostem delas — e, em alguns casos, para que os outros comprem coisas delas. Eu ouvia meu avô falar de uma maneira relaxada que ele devia acreditar ser útil para os clientes. Ele mostrava fotos da família e contava tudo sobre sua vida para desconhecidos; apertava a mão do carteiro e fazia piadas de mau gosto para garçonetes.

Às vezes, eu sentia vergonha do comportamento dele, porém muita gente gostava de sua curiosidade, e seu círculo de amizades de fato se expandiu. Um homem nipo-americano que tinha um mercadinho perto da nossa casa guardava os melhores pedaços de peixe para a gente fazer sashimi e me presenteava com umas balinhas de arroz com embalagem comestível. De vez em quando, os havaianos que trabalhavam fazendo entregas para a loja de móveis nos convidavam para comer porco assado e um prato nativo chamado *poi*, que meu avô devorava. (Minha avó preferia preparar ovos mexidos para si mesma ao chegar em casa.)

Às vezes eu acompanhava meu avô ao parque Ali'i, onde ele gostava de jogar damas com alguns senhores filipinos que fumavam charutos baratos e mascavam noz-de-areca. O sumo vermelho que aquilo soltava parecia sangue. E ainda me lembro da vez que, horas antes do nascer do sol, um cliente português do meu avô nos levou para fazer pesca submarina na baía de Kailua. À luz de uma lanterna a gás pendurada na cabine do pequeno barco de pesca, eu vi os homens mergulharem na água preta como tinta e depois suas lanternas brilharem debaixo da água até que eles emergissem com peixes grandes e iridescentes, debatendo-se na ponta de um arpão. Meu avô me disse o nome havaiano daquilo, *humu-humu-nuku-nuku-apuaa*, e nós o repetimos um para o outro durante todo o caminho para casa.

Considerando tudo isso, minha pele parda causava poucos problemas a meus avós, e eles se irritavam quando visitantes faziam estardalhaço a respeito disso. Às vezes, quando meu avô notava turistas me observando brincar na areia, aproximava-se deles e dizia que eu era o bisneto do rei Kamehameha, o primeiro rei do Havaí. Era brincadeira, claro. No entanto, às vezes eu me perguntava se meu avô não gostaria que fosse verdade. Seria muito mais fácil que dizer "a mãe dele é branca e o pai é negro".

Também havia vezes que meu avô não conseguia evitar corrigi-los. Um dia, um turista me viu na água e ficou muito impressionado.

— Nadar deve ser algo que vem naturalmente às crianças havaianas — comentou ele.

Então meu avô respondeu que era difícil saber, porque:

— Aquele garoto é meu neto. A mãe dele é do Kansas e o pai é do interior do Quênia, e ambos os lugares ficam a quilômetros de distância do mar.

Para meu avô, raça não era mais algo com que as pessoas precisassem se preocupar. E, se alguns ainda se preocupavam, não demoraria muito para que não se preocupassem mais.

Talvez a postura dele diga tanto sobre aquela época quanto a seu próprio respeito. Meu avô era um expoente do espírito que, por um breve período, tomou os Estados Unidos. Começou com a eleição do jovem e esperançoso John F. Kennedy como presidente em 1960 e se estendeu até 1965, quando o Congresso aprovou a Lei do Direito ao Voto, que garantia esse direito às pessoas negras. Muitos achavam que ali nascia um novo mundo, sem preconceitos, de mente aberta. Eles sabiam que diferenças continuariam existindo, porém, em vez de odiar e temer uns aos outros, ririam delas e aprenderiam com a cultura alheia.

As histórias que minha mãe e meus avós contavam sobre meu pai eram parte desse sonho de um mundo justo no qual todas as barreiras raciais se dissolveriam. Esse sonho se transformou em um feitiço.

Quando ele finalmente foi quebrado, quando as pessoas se deram conta de que não era fácil escapar dos mundos que pensavam ter deixado para trás, eu continuava ali, ocupando o espaço onde o sonho delas estivera.

2

QUANDO EU TINHA SEIS ANOS, minha mãe me contou que ia se casar outra vez e que íamos nos mudar para um lugar distante.

Ela namorava um homem chamado Lolo desde os meus quatro anos, portanto eu o conhecia bem. Lolo era (como meu pai tinha sido) um estudante da Universidade do Havaí e vinha de um país no Sudeste Asiático chamado Indonésia. "Lolo" significava "maluco" em havaiano, o que sempre fazia meu avô rir. No entanto, o nome não tinha nada a ver com a pessoa. Ele era educado e encantador. Tinha pele parda e cabelo preto bem grosso, era baixinho e bonito, e jogava tênis muito bem. Nos dois anos anteriores, havia suportado horas infinitas de xadrez com meu avô e luta-livre comigo.

Não fui contra o casamento. Perguntei se ela amava Lolo — eu já tinha idade o bastante para saber que aquilo era importante. O queixo da minha mãe tremeu e ela pareceu que ia chorar. Então me puxou para um abraço demorado que fez com que eu me sentisse muito corajoso, embora não soubesse bem o motivo.

Lolo deixou o Havaí logo depois para escolher uma casa e preparar nossa mudança para a Indonésia. Minha mãe e eu passamos grande parte do ano seguinte nos preparando também. Precisávamos de passaportes, vistos, passagens de avião, reservas de hotel e muitas vacinas. Enquanto fazíamos as malas, meu avô pegou um atlas e me mostrou onde eu moraria. A Indonésia é um arquipélago, com mais de *17 mil ilhas*, embora apenas cerca de 6 mil sejam habitadas. Meu avô foi marcando o nome das mais famosas: Java, Bornéu, Sumatra, Bali. Quando ele tinha minha idade, chamavam o lugar de Ilhas das Especiarias — um nome maravilhoso, envolto em mistério.

— Aqui diz que ainda tem tigres lá — comentou meu avô. — E orangotangos. — Quando ele tirou os olhos do livro, estavam arregalados. — Diz aqui que tem *caçadores de cabeças*!

O governo do país havia sido derrubado pouco antes por um grupo de militares, porém os jornais americanos diziam que sem muita violência. Toot ligou para o Departamento de Estado para descobrir se a Indonésia era um país estável e lhe disseram que a situação estava "sob controle". Ainda assim, ela insistiu que levássemos várias malas de comida caso houvesse uma emergência: suco e leite em pó, latas de sardinha.

— Vai saber o que aquelas pessoas comem — disse Toot, firme.

Minha mãe suspirou, porém minha avó incluiu várias caixas de doce para que eu ficasse do lado dela.

Minha mãe me avisou que a Indonésia era um país muito pobre. Disse que talvez tivéssemos disenteria — uma infecção bacteriana que causa diarreia forte — e que eu precisaria me acostumar com a ideia de banhos frios e dias ocasionais sem energia elétrica. No entanto, as inconveniências seriam poucas, ela insistiu. Dava para ver que a promessa de algo novo e importante a empolgava. Minha mãe achava que ela e o novo marido poderiam ajudar a reconstruir o país. E, ainda que amasse os pais, seria bom finalmente se afastar um pouco deles.

Pegamos um avião para viajar até o outro lado do mundo. Eu usava uma camisa branca de manga comprida e gravata cinza, e as comissárias me arranjaram quebra-cabeças, amendoim extra e um broche de metal igual ao da equipe de bordo. Quando saímos do avião para a capital do país, Jacarta, o sol me pareceu quente como um forno. Segurei a mão da minha mãe. Estava determinado a protegê-la do que quer que fosse.

Lolo estava lá para nos receber, com alguns quilos a mais e um bigode farto. Ele abraçou minha mãe e me levantou no ar, depois disse para seguirmos um homenzinho magro carregando nossa bagagem. Passamos direto pela longa fila da alfândega para entrar no carro que já nos esperava. Minha mãe disse algo ao homem, que riu e assentiu, embora claramente não compreendesse uma palavra de inglês. As pessoas eram um turbilhão à nossa volta, falando depressa em uma língua que eu não conhecia e com um cheiro estranho.

O carro era emprestado, disse Lolo, mas ele tinha comprado uma moto nova. A casa estava praticamente terminada, faltavam apenas alguns detalhes. Eu já tinha sido matriculado em uma escola próxima, e os pais, primos e amigos de Lolo estavam ansiosos para nos conhecer. Enquanto ele e minha mãe conversavam, enfiei a cabeça para fora da janela de trás do carro e fiquei olhando para a paisagem marrom e verde, sentindo cheiro de diesel e madeira queimada. Homens e mulheres pareciam garças nos arrozais, com o rosto escondido sob o chapéu de palha. Um menino, parecendo molhado e escorregadio como uma lontra, montava um búfalo-asiático e batia em seu lombo com um pedaço de bambu. Então as ruas pareceram mais congestionadas. Lojinhas surgiram, assim como homens puxando carrinhos carregados de pedra e madeira. As construções começaram a ficar mais altas, como as do Havaí.

— Aquele é o Hotel Indonésia — disse Lolo. — Muito moderno. Aquele é o shopping novo.

Apenas alguns prédios, no entanto, eram mais altos que as árvores que agora deixavam a estrada mais fresca.

Quando passamos por uma fileira de casas grandes com cercas vivas e guardas, minha mãe disse algo que não entendi sobre o governo e um homem chamado Sukarno.

— Quem é Sukarno? — perguntei do banco de trás, porém Lolo pareceu não me ouvir. Ele só tocou em meu braço e apontou para cima.

— Veja — disse Lolo. Ali, ao lado da estrada, havia um gigante de pelo menos dez andares, com o corpo de um homem e o rosto de um macaco. Era uma estátua. — Este é Hanuman, o deus-macaco.

Fiquei impressionado com a figura solitária, tão escura contra o sol. Parecia estar prestes a pular para o céu, enquanto os carros insignificantes circulavam aos seus pés.

— É um grande guerreiro — explicou Lolo. — Tem a força de cem homens. Quando luta contra demônios, nunca é derrotado.

Nossa casa ficava na periferia da cidade. Quando passamos por uma ponte estreita, vi moradores nas margens do rio largo que passava embaixo, tomando banho e lavando roupa na água marrom. O asfalto da estrada se transformou em cascalho e depois em terra batida conforme passava por lojinhas e bangalôs caiados, gradualmente se transformando até enfim dar lugar às calçadas estreitas do *kampong*, a vila. Nossa casa era modesta, de estuque e tijolos, mas era aberta e arejada, e tinha uma grande mangueira no quintal pequeno da entrada.

Quando passamos pelo portão, Lolo anunciou que tinha uma surpresa para mim; antes que pudesse se explicar, ouvimos um uivo ensurdecedor vindo do alto de uma árvore. Minha mãe e eu demos um pulo para trás e depois vimos uma criatura grande e peluda com uma cabeça pequena e achatada e braços compridos e ameaçadores passar para um galho mais baixo.

— Um macaquinho! — gritei.

— Um macacão — minha mãe me corrigiu.

Lolo tirou um amendoim do bolso e o entregou nos dedos ansiosos do animal.

— O nome dele é Tata — disse ele. — Eu o trouxe da Nova Guiné só para você.

Fiz menção de me aproximar para olhar de perto, porém Tata ameaçou dar o bote, seus olhos escuros ferozes e desconfiados. Decidi ficar onde estava.

— Não se preocupe — disse Lolo, dando mais amendoim ao animal. — Ele está de coleira. Venha. Tem mais.

Olhei para minha mãe, que me abriu um sorriso hesitante. No quintal aos fundos da casa, deparamos com o que parecia um pequeno zoológico: galinhas e patos correndo em todas as direções, um cachorrão amarelo uivando, duas aves-do-paraíso, uma cacatua-branca e dois filhotes de crocodilo parcialmente submersos em uma lagoa cercada. Lolo olhou para os répteis.

— Eram três — disse ele —, só que o maior conseguiu passar por um buraco na cerca. Entrou em um arrozal e comeu um dos patos de um homem. Tivemos que caçar o animal carregando tochas.

O sol já estava quase se pondo, porém fizemos uma curta caminhada por uma trilha enlameada até o centro da vila. As crianças da vizinhança acenavam de suas casas, dando risadinhas. Alguns senhores descalços vieram apertar nossa mão. Paramos no pasto comunitário, onde um homem que Lolo conhecia pastoreava algumas cabras. Um menino se aproximou de mim com uma libélula presa a um barbante.

Quando voltamos para a casa, o homem que havia carregado nossas malas estava nos fundos, com uma galinha cor de ferrugem debaixo do braço e um facão na mão. Ele disse algo a Lolo, que assentiu e nos chamou. Minha mãe me disse para esperar onde eu estava e olhou para Lolo, em dúvida.

— Não acha que ele é pequeno demais? — perguntou ela.

Lolo deu de ombros e olhou para mim.

— O menino tem que saber de onde vem o jantar. O que acha, Barry?

Olhei para minha mãe, depois me virei para o homem com a galinha na mão. Lolo assentiu outra vez e eu vi o homem prender a galinha com cuidado sob um joelho e apoiar o pescoço dela em uma canaleta. Por um momento, a ave se agitou, batendo as asas contra o chão, e algumas penas dançaram ao vento. Então ela ficou totalmente imóvel. O homem passou o facão no pescoço da galinha de uma vez só. Sangue escorreu, um fluxo vermelho vivo. O homem se levantou, mantendo a ave longe do corpo, e de repente a lançou para o alto. A galinha aterrissou com um baque, depois se pôs de pé, suas patas frenéticas traçando um círculo amplo e cambaleante. Fiquei vendo o círculo diminuir até ela cair sem vida na grama.

Lolo fez carinho na minha cabeça e disse para eu e minha mãe irmos tomar um banho antes do jantar. Nós três comemos em silêncio sob a luz fraca e amarela de uma lâmpada — ensopado de frango e arroz, e de sobremesa uma fruta vermelha com casca peluda, tão doce que só uma dor de barriga me faria parar de comer. Mais tarde, deitado sozinho sob o mosquiteiro, fiquei ouvindo o som dos grilos sob o luar e me lembrei dos últimos espasmos da galinha. Mal podia acreditar na minha sorte.

UM DIA, NÃO MUITO DEPOIS da minha chegada à Indonésia, eu estava jogando futebol com um amigo quando um garoto mais velho entrou no meio e saiu correndo com a bola. Fui atrás dele, porém, quando cheguei perto, o menino pegou uma pedra e atirou em mim. Quando voltei para casa, tinha um galo do tamanho de um ovo na cabeça. Lolo, que estava lavando a moto, me viu e perguntou o que havia acontecido. Contei tudo a ele.

— Não é justo — falei, com a voz vacilando. — Ele roubou.

Lolo afastou meu cabelo com os dedos para examinar o machucado.

— Não está sangrando — disse ele em seguida. Então voltou à sua moto.

Achei que a história tinha acabado aí. No entanto, quando Lolo voltou do trabalho no dia seguinte, trouxe dois pares de luvas de boxe, cheirando a couro novo. O par maior era preto e o menor era vermelho. Coloquei o par vermelho e Lolo amarrou para mim, depois se afastou para me inspecionar. Minhas mãos pendiam uma de cada lado como algodão na ponta de um cotonete. Ele balançou a cabeça e ergueu as luvas para cobrir meu rosto. Treinamos um pouco no quintal.

— A primeira coisa que você precisa lembrar é como se proteger. Aqui. Mantenha as mãos altas. — Ele ajustou meus cotovelos, então agachou um pouco, entrou em posição e começou a balançar de um lado para o outro. — Não pare de se mexer, mas se mantenha sempre baixo. Não ofereça nada que possam acertar. Que tal?

Assenti, copiando seus movimentos o melhor que pude. Depois de alguns minutos, Lolo parou e espalmou a mão diante do meu nariz.

— Está bem — disse ele. — Agora vamos ver seu soco.

Aquilo eu podia fazer. Levei um pé para trás, me preparei e dei meu melhor soco na mão dele, que quase não se moveu.

— Nada mal — disse Lolo, assentindo sem que sua expressão se alterasse. — Nada mal mesmo. Ah, mas veja só onde suas mãos estão agora. O que foi que eu falei? Para cima...

Ergui os braços e dei alguns jabs leves na palma de Lolo, olhando para ele de tempos em tempos e me dando conta de quão familiar seu rosto havia se tornado para mim naqueles dois anos de convivência, tanto quanto a terra na qual pisávamos.

LEVEI MENOS DE SEIS MESES para aprender a língua, os costumes e as lendas da Indonésia. Sobrevivi à catapora, ao sarampo e ao ardor da vara de bambu dos professores. Filhos de agricultores, empregados e funcionários de baixo escalão do governo se tornaram meus melhores amigos, e juntos corríamos pelas ruas de manhã e à noite, fazíamos bicos e caçávamos grilos. Uma das nossas brincadeiras era tentar cortar a linha das pipas uns dos outros. Quem perdia via a sua ir embora com o vento enquanto as outras crianças a perseguiam, esperando que seu prêmio aterrissasse. Com Lolo, aprendi a comer umas pimentinhas verdes cruas no jantar (com muito arroz) e, longe da mesa, fui apresentado a carne de cachorro (dura), carne de cobra (ainda mais dura) e gafanhotos assados (crocantes). Como muitos indonésios, Lolo seguia um ramo da religião islâmica que incluía elementos de outras fés. Como os hindus, ele acreditava que um homem absorvia os poderes daquilo que comia. Por isso, prometeu que um dia levaria para casa um pedaço de carne de tigre para dividirmos.

A vida era assim, uma grande aventura. Meus avós me mandavam chocolate e manteiga de amendoim, e eu escrevia para eles religiosamente. No entanto, algumas coisas naquela terra distante eram difíceis de explicar.

Não contei a eles sobre o homem que apareceu à nossa porta um dia com um buraco no lugar do nariz, nem sobre o assovio que saiu dali quando o homem pediu comida à minha mãe.

Não mencionei a história que um amigo tinha me contado sobre o vento ter trazido um espírito maligno na noite anterior e matado seu irmão, ainda bebê. Ele não estava tentando me assustar. Havia terror em seus olhos.

Não escrevi sobre a expressão no rosto dos agricultores quando não chovia, sobre seus ombros curvados enquanto vagavam descalços pela terra árida e rachada. Não escrevi sobre o desespero dos mesmos agricultores quando choveu por mais de um mês sem parar e o rio transbordou, alagando as ruas até a água bater na minha cintura. Não escrevi sobre as famílias que tentavam salvar suas cabras e galinhas enquanto pedaços de suas casas eram levados pela correnteza.

Eu estava descobrindo que o mundo era violento, imprevisível e muitas vezes cruel. Meus avós não sabiam nada sobre aquele mundo, concluí, portanto não fazia sentido incomodá-los com perguntas que não seriam capazes de responder. Às vezes, quando minha mãe voltava do trabalho na embaixada americana, eu lhe contava o que tinha visto ou ouvido, e ela fazia carinho na minha testa e se esforçava para me explicar tudo da melhor maneira possível. Eu gostava da atenção —

sua voz e o toque de sua mão faziam com que me sentisse seguro. No entanto, minha mãe também não sabia nada sobre inundações e ventos malignos. Depois, eu ficava com a impressão de que minhas perguntas só a deixavam preocupada sem necessidade.

Então me voltava para Lolo, atrás de orientação. Ele não falava muito, mas era fácil de conviver. Me apresentava à família e aos amigos como filho, porém não fingia ser meu pai de verdade. Isso não me incomodava. Eu gostava que ele me tratasse mais como um homem que como um menino. E seu conhecimento do mundo parecia inesgotável. Lolo não sabia apenas como trocar um pneu furado ou abrir um jogo de xadrez. Também conhecia maneiras de me ajudar a lidar com minhas emoções. Sabia explicar os mistérios que me cercavam.

Por exemplo, a lidar com pedintes. Eles pareciam estar em toda parte — homens, mulheres, crianças, usando roupas sujas e esfarrapadas, alguns sem braço, outros sem pé, vítimas de doenças que não podiam ser tratadas, como poliomielite ou lepra, andando sobre as mãos ou descendo as ruas lotadas em carrinhos improvisados. No começo, eu via minha mãe dar dinheiro a qualquer pessoa que aparecesse à nossa porta ou nos estendesse a mão na rua. Depois, quando ficou claro que a maré de sofrimento era infinita, ela passou a dar dinheiro a menos pessoas, tentando discernir quem precisava mais de ajuda. Lolo ficava comovido com seus cálculos, mas também achava tolice. Sempre que me pegava seguindo o exemplo dela e dando algumas moedas, me puxava num canto.

— Quanto dinheiro você tem? — perguntava ele.

Eu esvaziava o bolso.

— Trinta rúpias.

— Quantos pedintes tem aqui?

Eu tentava calcular quantos haviam passado pela casa ao longo da semana.

— Viu? — dizia Lolo, quando ficava claro que eu havia perdido a conta. — É melhor economizar seu dinheiro e se certificar de que não vai terminar na rua também.

Ele tinha a mesma opinião sobre os criados. Eram na maioria jovens que haviam acabado de chegar de povoados menores à cidade grande. Muitas vezes, trabalhavam para famílias que não tinham muito mais dinheiro que eles. Enviavam para casa a pequena soma que recebiam, ou tentavam economizar para abrir seu próprio negócio. Se trabalhavam duro, Lolo tentava ajudá-los. Mas demitia sem pensar duas vezes quem considerava desajeitado ou esquecido, ou quem lhe custava dinheiro. E ficava chocado quando eu ou minha mãe os defendíamos.

— Sua mãe tem coração mole — Lolo me disse uma vez, depois que ela tentara assumir a culpa por ter derrubado um rádio da cômoda. — É algo bom em uma mulher. Mas você vai ser um homem um dia, e um homem precisa ter mais bom senso.

Não tinha nada a ver com ser bom ou mau, ele explicou, com gostar ou não gostar. Era uma questão de ver a vida como ela é.

SENTI UM GOLPE FORTE NO QUEIXO. Lolo queria lutar comigo.

— Preste atenção. Mantenha as mãos levantadas.

Trocamos socos por mais meia hora antes de Lolo decidir fazer uma pausa. Meus braços queimavam; minha cabeça latejava sem parar. Pegamos um jarro de água e sentamos perto da lagoa dos crocodilos.

— Cansado? — ele me perguntou.

Desabei para a frente, mal assentindo. Ele sorriu e subiu uma perna da calça para coçar a panturrilha. Notei uma série de cicatrizes indo desde o tornozelo até metade da canela.

— O que é isso?

— São marcas de sanguessugas — respondeu Lolo. — De quando estive na Nova Guiné. Elas entram nas botas enquanto a gente atravessa o pântano. Só à noite, ao tirar a meia, que a gente vê que estão lá, gordas de tanto chupar sangue. É só jogar sal que elas morrem, mas mesmo assim só saem com uma faca quente.

Passei o dedo por uma das estrias ovais. Eram lisas e não nascia pelo nelas. Perguntei a Lolo se tinha doído.

— Claro que doeu — disse ele, tomando um gole d'água. — Às vezes, a gente não pode se preocupar com a dor. Só com chegar aonde se tem que ir.

Ficamos em silêncio, e eu o observei de canto de olho. Percebi que nunca o tinha visto falar sobre como se sentia. Nunca o tinha visto ficar bravo ou triste de verdade. Tive uma ideia estranha de repente.

— Você já viu um homem ser morto? — perguntei.

Ele baixou os olhos, pego de surpresa.

— Já viu? — insisti.

— Já — respondeu ele.

— Teve muito sangue?

— Teve.

Pensei por um momento.

— Por que o mataram? O homem que você viu ser morto?

— Porque ele era fraco.

— Só isso?

Lolo deu de ombros e voltou a abaixar a perna da calça.

— Em geral já é o suficiente. Homens tiram vantagem da fraqueza de outros homens. Nesse sentido, parecem países.

O mais forte rouba a terra do mais fraco. E obriga o mais fraco a trabalhar em seus campos. Se a esposa do mais fraco é bonita, então o mais forte a pega para si. — Ele fez uma pausa e bebeu um gole d'água, depois perguntou: — Quem você prefere ser?

Não respondi, e Lolo olhou para o céu.

— É melhor ser forte — disse ele afinal, pondo-se de pé. — Se não conseguir ser forte, seja esperto e faça um acordo de paz com alguém forte. Mas é sempre melhor você mesmo ser forte. Sempre.

MINHA MÃE JÁ ESPERAVA que aquela nova vida fosse ser difícil. Antes de deixar o Havaí, ela havia procurado aprender tudo o que podia sobre a Indonésia. Tinha aprendido que era o país com a quinta maior população do mundo, com centenas de grupos étnicos e dialetos. Também aprendeu que o lugar havia ficado muito tempo sob o controle de outros países, interessados em suas vastas reservas de petróleo e madeira. Os neerlandeses haviam governado a Indonésia por mais de três séculos, e os japoneses haviam assumido seu controle durante a Segunda Guerra Mundial. Minha mãe aprendeu sobre a batalha pela independência. Um rebelde chamado Sukarno se tornou o primeiro presidente do país, mas acabou sendo substituído fazia pouco tempo. Alguns diziam que ele era corrupto. Outros diziam que tolerava demais os comunistas.

Era um país pobre, diferente daquele que minha mãe conhecia, e ela estava preparada para as dificuldades. Estava preparada para se agachar sobre um buraco para fazer xixi. Estava preparada para o calor e os mosquitos. Mas não estava preparada para a solidão. Era constante, como se lhe faltasse ar. Não havia nada de específico que minha mãe pudesse apontar como causa. Lolo era gentil e se esforçava ao máximo para fazer com que ela se sentisse em casa. A família dele era muito generosa com ela.

No entanto, algo havia acontecido entre minha mãe e Lolo no ano em que haviam passado separados. No Havaí, ele parecia cheio de vida, fazendo planos com animação. À noite, quando estavam sozinhos, Lolo lhe contava sobre sua infância durante a guerra, sobre o pai e o irmão mais velho que partiram para se juntar ao exército revolucionário, sobre quando recebeu a notícia de que ambos estavam mortos, sobre como tinham perdido tudo. Ele contava à minha mãe sobre como o Exército neerlandês havia colocado fogo na casa da família, sobre como tinham precisado fugir para o interior e sobre como a mãe dele havia sido forçada a vender uma joia de ouro por vez, para comprar comida. Ele dizia que agora que os neerlandeses haviam deixado o país tudo ia mudar. Falava sobre como pretendia voltar, dar aulas na universidade e ser parte da mudança.

Agora, Lolo não falava mais daquele jeito. Na verdade, mal falava com ela, a menos que fosse sobre o conserto de um vazamento ou para planejar uma visita a um primo distante. Era como se ele tivesse se escondido em um lugar escuro, e levado consigo sua parte mais cheia de vida. Algumas noites, ela o ouvia andando pela casa depois de todos terem ido para a cama, bebendo uísque da garrafa. Outras noites, ele colocava uma arma debaixo do travesseiro antes de se deitar. Sempre que minha mãe lhe perguntava qual era o problema, Lolo dizia que só estava cansado.

Ela desconfiava de que os problemas estivessem relacionados ao trabalho dele. Lolo era geólogo do Exército, e vistoriava estradas e túneis. Era um trabalho monótono e que não pagava muito bem. Só a nossa geladeira custava dois meses de salário. Agora ele tinha uma esposa e um filho para sustentar... Não era à toa que andava deprimido. Minha mãe decidiu que não havia viajado até ali para ser um fardo. Ia contribuir com a renda da casa.

Ela conseguiu um emprego rapidamente, dando aulas de inglês para um executivo indonésio na embaixada americana. O dinheiro ajudava, mas ela continuava se sentindo terrivelmente sozinha. Os americanos da embaixada eram em sua maior parte homens mais velhos, que faziam piadas grosseiras sobre os indonésios até descobrirem que ela era casada com um. Apesar disso, em almoços ou conversas casuais, eles lhe diziam coisas sobre a Indonésia que minha mãe não leria nos jornais. Explicaram que o governo americano tinha ficado incomodado com as inclinações comunistas de Sukarno e concluído que ele não era amigo dos Estados Unidos. Boatos diziam que a Agência Central de Inteligência americana (a CIA) havia desempenhado um papel na operação militar que o tirou do poder, embora na época ninguém tivesse certeza daquilo. Depois, os militares tinham varrido o país e matado todo mundo que supostamente fosse simpatizante comunista. Ninguém sabia ao certo o número de mortos: algumas centenas de milhares, talvez meio milhão.

Foi um choque para minha mãe descobrir que havíamos chegado a Jacarta menos de um ano depois dessa onda de assassinatos brutais. Era assustador que a história pudesse ser engolida tão completamente, que as pessoas seguissem com a vida sob cartazes gigantes do novo presidente como se nada tivesse acontecido. Conforme seu círculo de amigos indonésios se ampliou, alguns deles lhe contaram histórias — sobre a corrupção do novo governo, os subornos exigidos pela polícia e pelo Exército, as atividades suspeitas da família e dos amigos do presidente. A cada nova história, ela perguntava a Lolo, em particular:

— É verdade?

Ele nunca respondia.

— Por que você se preocupa com essas coisas? — Lolo lhe perguntava. — Por que não compra um vestido novo?

Finalmente, minha mãe reclamou com um primo de Lolo, um pediatra que tinha ajudado a cuidar dele durante a guerra.

— Você não entende — disse o primo, com delicadeza.

— Não entendo o quê?

— Lolo não planejava voltar do Havaí tão cedo. Durante o golpe militar, todos os alunos estudando no exterior foram convocados a retornar imediatamente, sem explicação, e o passaporte deles foi confiscado. Quando Lolo desceu do avião, não tinha ideia do que ia acontecer. Os militares o levaram para interrogatório. Então informaram que o estavam recrutando e que ele precisaria ficar um ano em Nova Guiné. Lolo ainda teve sorte. Alguns estudantes que precisaram voltar continuam presos. Ou desapareceram.

"Você não devia ser dura demais com ele", disse o primo. "É melhor esquecer certas coisas."

Minha mãe saiu atordoada da casa do primo de Lolo. Lá fora, o sol estava alto e o ar, empoeirado, porém em vez de pegar um táxi para casa, ela começou a andar sem rumo.

Não conseguia parar de pensar na palavra "poder". Nos Estados Unidos, o poder era algo velado. Todos supostamente eram iguais, e as pessoas acreditavam naquilo — a menos que visitasse uma reserva indígena ou falasse com uma pessoa negra que confiasse em você. Então qualquer um veria com clareza o que havia por baixo dos panos. Na Indonésia, no entanto, nada disso era disfarçado. Quem tinha poder o escancarava na cara dos outros. Quem não tinha, como Lolo, sabia que não era dono da própria vida. As coisas eram assim; impossível mudar, só se podia seguir as regras, muito simples depois de aprendidas. Assim, Lolo havia feito as pazes com o poder. Havia aprendido a esquecer que não era livre. O cunhado dele também tinha "esquecido" isso e conseguia ser bem-sucedido, fazendo fortuna em um cargo alto na empresa petrolífera nacional. Um irmão de Lolo, no entanto, havia cometido erros. Roubava talheres de prata sempre que aparecia para visitar. Lolo entendia que, naquele país, bastava um deslize para um homem como ele acabar destruído.

Minha mãe era estrangeira, de classe média e branca. Podia ir embora se as coisas se complicassem. A diferença de posição criou um abismo entre os dois que nunca poderia ser transposto.

Não sei bem se Lolo algum dia compreendeu de verdade aquilo que minha mãe estava enfrentando, por que tudo que ele se esforçava tanto para oferecer parecia apenas aumentar a distância entre ambos. Ele não era do tipo que se fazia tais perguntas. Em vez disso, se concentrava em escalar socialmente. Com a ajuda do cunhado, conseguiu um emprego no departamento de relações governamentais de uma petrolífera americana. Nos mudamos para uma casa em um bairro melhor; um carro substituiu a moto; uma televisão e um aparelho de som substituíram os crocodilos e Tata, o macaco. Às vezes, eu ouvia minha mãe e Lolo discutindo no quarto, em geral quando ela se recusava a ir aos jantares da empresa, onde executivos brancos do Texas e de Louisiana davam tapinhas nas costas de Lolo e se gabavam dos subornos que pagavam pelos direitos de extração offshore, enquanto as esposas reclamavam com minha mãe da incompetência das criadas indonésias. Lolo dizia que não podia aparecer sozinho e a lembrava de que aquelas pessoas eram como ela, o que fazia minha mãe subir o tom até quase gritar:

— *Não* são como eu.

Tais discussões eram raras, no entanto. Minha mãe e Lolo mantiveram boas relações durante o nascimento da minha irmã Maya, a separação e o posterior divórcio deles. Dez anos depois, quando eu era adolescente, minha mãe até ajudou Lolo a viajar a Los Angeles para tratar a doença hepática que acabaria por matá-lo. Foi a última vez que o vi.

No fim das contas, a tensão que eu notava tinha a ver principalmente comigo. Minha mãe sempre havia me encorajado a me adaptar à Indonésia, e foi o que eu fiz. Cuidava de mim mesmo, não reclamava de não ter dinheiro e era extremamente bem-educado em comparação a outras crianças americanas. Com frequência, os americanos no exterior não aprendiam sobre os lugares que visitavam e agiam como se fossem superiores, mas minha mãe me ensinou a não ser assim. No entanto, ela enfim se deu conta de que eu teria mais oportunidades nos Estados Unidos do que na Indonésia, e que minha verdadeira vida estava em outro lugar.

O PRIMEIRO PASSO era garantir que eu tivesse uma boa educação. Como minha mãe e Lolo não tinham dinheiro para que eu estudasse na Escola Internacional, onde a maior parte das crianças estrangeiras de Jacarta estudava, ela deu um jeito de complementar minha educação indonésia com um curso americano por correspondência — ou seja, as aulas chegavam pelo correio. Cinco dias por semana, minha mãe aparecia no meu quarto às quatro da manhã, me obrigava a tomar café e me dava aulas de inglês por três horas, antes de eu ir para a escola e ela, para o trabalho. Eu relutava. Dizia que estava com dor de barriga. Às vezes meus olhos se fechavam a cada cinco minutos. No entanto, minha mãe estava determinada, e dizia com toda a paciência:

— Não é fácil para mim também, rapazinho.

Não era só com minha educação que ela se preocupava. Quanto mais tempo ficávamos ali, mais minha segurança se tornava uma preocupação.

Uma noite, um amigo e eu pegamos carona até a propriedade da família dele. Começou a chover, e havia um lugar incrível para deslizar na lama. Só que ao fim da colina tinha uma cerca de arame farpado...

Cheguei em casa depois de escurecer e encontrei um grupo de busca composto por vizinhos no nosso jardim. Minha mãe não parecia feliz, porém ficou tão aliviada em me ver que levou vários minutos para notar a meia molhada, marrom por conta da lama, envolvendo meu antebraço.

— O que é isso?

— O quê?

— Isso. Por que você está com uma meia enrolada no braço?

— Eu me cortei.

— Deixa eu ver.

— Não é nada de mais.

— *Barry*. Deixa eu ver.

Desenrolei a meia, expondo o corte comprido que corria do pulso ao cotovelo. Não tinha pegado a veia por um triz, porém ficava mais profundo no músculo, onde uma carne rosada escapava da pele.

Minha mãe não ficou nada feliz quando Lolo sugeriu que esperássemos até a manhã seguinte para suturar a ferida. Ela convenceu nosso único vizinho que tinha carro a nos levar para o hospital. A maior parte das luzes já estava apagada quando chegamos. Não havia ninguém na recepção e os passos frenéticos da minha mãe pelo corredor eram o único barulho que se ouvia. Finalmente, ela encontrou dois jovens de samba-canção jogando dominó em uma salinha nos fundos. Quando perguntou onde os médicos estavam, eles responderam, animados:

— Somos nós.

Então terminaram o jogo, se vestiram e me deram dez pontos que deixariam uma cicatriz feia no braço.

Anos depois, minha mãe me disse que teve a sensação de que minha vida escaparia por entre seus dedos quando ela não estivesse olhando, que todo mundo em volta estaria ocupado demais tentando sobreviver para notar.

No entanto, havia algo ainda mais importante para ela que meu histórico escolar ou serviços médicos, e esse se tornou o foco de suas aulas comigo. Minha mãe tinha medo de que eu aprendesse as lições erradas na Indonésia e queria me ensinar as virtudes que havia aprendido na infância no Meio-Oeste.

— Se quiser se tornar um ser humano — dizia ela —, vai precisar ter valores.

E se explicou usando exemplos da nossa vida.

Honestidade: Não imite Lolo, que esconde a geladeira no depósito quando os fiscais vêm para não precisar pagar imposto. Na Indonésia, até mesmo os fiscais esperam esse tipo de comportamento, mas nem por isso é certo, nem aqui nem em lugar nenhum.

Justiça: Os pais dos alunos mais ricos não deveriam dar televisões aos professores na esperança de conseguir notas melhores para os filhos. E, se os filhos receberem mesmo notas melhores, não devem se orgulhar.

Franqueza: Se você não gostou da camisa que comprei no

seu aniversário, deveria ter dito, em vez de atirá-la no fundo do armário.

Opinião própria: Não é porque as outras crianças provocam um menino pobre por causa do corte de cabelo dele que você também precisa fazer isso.

Infelizmente, não havia muito que reforçasse suas lições. Eu concordava, obediente, porém achava que suas ideias não eram práticas. À minha volta, via apenas pobreza, corrupção, cinismo e pessoas que fariam qualquer coisa por um pouco de segurança. Elas tinham uma vida difícil e pareciam aceitar seu destino. Eu não tinha a fé da minha mãe na bondade das pessoas e em sua capacidade de governar seu próprio futuro. Foi só muito tempo depois que passei a valorizar o poder do humanismo dela e a vê-lo como parte de uma ampla tradição americana — dos valores que nos deram coisas como o New Deal de Franklin Delano Roosevelt e o Corpo da Paz.

O exemplo mais persuasivo que ela tinha a oferecer, estranhamente, era o do meu pai distante. Minha mãe me lembrava da história dele, que havia crescido pobre, em um país pobre, em um continente pobre; me lembrava de como sua vida tinha sido difícil, tão difícil quanto qualquer coisa pela qual Lolo pudesse ter passado. E, no entanto, ele não havia buscado atalhos, ou maneiras de se dar bem. Meu pai era trabalhador e honesto, não importava o que isso lhe custasse. Vivia de acordo com princípios que exigiam um tipo diferente de resiliência, princípios que levavam a uma forma de poder mais elevada. Eu seguiria o exemplo dele, minha mãe concluiu. Não tinha escolha, segundo ela. Estava no meu sangue.

Minha mãe começou a me ensinar sobre a experiência das pessoas negras nos Estados Unidos. Chegava em casa com livros sobre o movimento dos direitos civis, gravações da cantora gospel Mahalia Jackson, discursos de Martin Luther King. Quando ela me contava histórias de crianças do Sul que estudavam com livros de segunda mão de escolas para brancos ricos e acabavam se tornando médicas, advogadas e cientistas, eu sentia vergonha de minha relutância em acordar cedo para estudar. De acordo com ela, todo homem negro poderia ser Thurgood Marshall, juiz da Suprema Corte, ou o ator Sidney Poitier; toda mulher negra podia ser Fannie Lou Hamer, líder da campanha pelo direito ao voto, ou a magnífica cantora de jazz Lena Horne. Ser negro era herdar um destino especial. Havia fardos, mas nós éramos os únicos fortes o bastante para suportá-los. E deveríamos suportá-los com estilo. Mais de uma vez, minha mãe me disse que o cantor de calypso Harry Belafonte era o "homem mais bonito do planeta".

No entanto, aprendi que nem toda pessoa negra valorizava aquela herança. Um dia, minha mãe me levou à embaixada americana, e fiquei na biblioteca enquanto ela trabalhava. Depois que terminei de fazer a lição de casa e de ler meus quadrinhos, encontrei uma coleção de revistas americanas bem-arrumada em plástico transparente. Em uma delas, deparei com uma foto de um senhor de óculos escuros e capa de chuva caminhando por uma rua vazia. Na outra página, havia outra fotografia, uma ampliação das mãos do mesmo homem. Elas eram estranhamente brancas, de uma maneira pouco natural, como se todo o sangue tivesse se esvaído de sua pele. Quando voltei para a primeira foto, vi que o cabelo crespo, os lábios grossos e o nariz largo tinham o mesmo tom pálido e irregular.

Pensei que pudesse ser um efeito do excesso de radiação, ou que ele talvez fosse albino — já tinha visto uma pessoa albina na rua, e minha mãe tinha me explicado tudo. Só que, quando vi as palavras que acompanhavam a foto, constatei que não era nada daquilo. O homem havia recebido tratamento médico, explicava o artigo, para clarear a pele de modo a se passar por branco. Ele havia pagado do próprio bolso. E agora estava arrependido. O tratamento fora malsucedido e era irreversível.

Aparentemente, havia milhares como ele, pessoas negras nos Estados Unidos que haviam passado pelo mesmo tratamento por conta de anúncios que prometiam deixar qualquer um branco e feliz.

Senti o rosto e o pescoço arderem. Meu estômago se revirou; o homem começou a parecer fora de foco. Minha mãe sabia daquilo? Fiquei com uma vontade desesperada de pular da cadeira e exigir uma explicação ou confirmação. Algo, no entanto, me segurou. Como em um pesadelo, minha voz não saiu na hora de dizer à minha mãe como estava me sentindo. Quando ela apareceu para me levar para casa, eu a esperava com um sorriso no rosto, as revistas já devidamente guardadas.

Nunca superei o choque daquela revelação. Ainda penso nas crianças negras que passaram por algo similar — no garoto a quem os pais dizem para não sair de certo bairro, na garota frustrada porque não tem o cabelo igual ao da Barbie, não importa o quanto o penteie. Talvez um pai ou avô lhes conte uma história sobre ter sido humilhado por um funcionário ou um policial. Quando imagino essas pequenas doses de más notícias, semana após semana, desconfio que tive sorte de crescer como cresci. Vivi um longo período da infância livre de tal falta de autoconfiança.

Minha mãe me avisou sobre pessoas preconceituosas, claro. Disse que eram ignorantes e sem educação, e que eu devia evitá-las. Aquela fotografia, no entanto, me contava algo diferente: que havia um inimigo oculto, um inimigo que poderia me atingir sem que eu soubesse. Quando cheguei da biblioteca da embaixada naquela noite, fui ao banheiro e fiquei diante do espelho, olhando para mim mesmo e me perguntando se havia algo de errado comigo.

Minha ansiedade diminuiu, e passei meu último ano na Indonésia como os anteriores: confiante e um tanto travesso. No entanto, minha visão havia sido permanentemente alterada. Nos programas de TV americanos que começaram a passar à noite, notei que o personagem negro de *Missão: Impossível* ficava o tempo todo no subterrâneo. Notei que não havia ninguém como eu nos catálogos de Natal das lojas de departamentos que meus avós me mandavam, e que o Papai Noel era branco.

Eu não compartilhava essas observações, decidindo que ou minha mãe não enxergava ou estava tentando me proteger. Ainda acreditava no amor dela — porém agora encarava a possibilidade de que seu relato do mundo, e do lugar do meu pai nele, era um tanto incompleto.

3

QUANDO TERMINEI TODAS AS LIÇÕES do curso por correspondência, minha mãe disse que era hora de eu voltar ao Havaí, para morar com meus avós e estudar em uma escola americana. O novo acordo não me pareceu tão ruim a princípio. Minha mãe me explicou que ela e minha irmã Maya se juntariam a mim muito em breve — um ano no máximo. Também me lembrou do quanto eu tinha me divertido no verão anterior com meus avós — de todo o sorvete, desenho animado e dias na praia.

— E você não vai mais precisar acordar às quatro da manhã — disse ela.

Era a melhor parte.

No entanto, quando aterrissei em Honolulu, não me senti tão seguro. Levei um tempo para reconhecer meus avós em meio ao borrão de rostos sorridentes e ansiosos. Até que identifiquei um homem alto e grisalho ao fundo da multidão, com uma mulher baixinha que mal dava para ver e lembrava uma coruja ao seu lado. Eu estava carregando uma máscara de madeira, presente do copiloto indonésio, um amigo da minha mãe que havia me acompanhado até o avião enquanto ela e Lolo acenavam em despedida. A madeira cheirava a castanhas e canela, e o odor me fazia atravessar os oceanos e sobrevoar as nuvens, de volta ao lugar de onde viera. Sem pensar, levei a máscara ao rosto e balancei a cabeça, fazendo uma dancinha estranha. Meus avós riram.

Então um funcionário da alfândega tocou meu ombro e perguntou se eu era americano. Assenti e entreguei meu passaporte a ele.

— Pode ir — disse o homem, depois pediu à família chinesa à minha frente na fila para aguardar.

Lembrei da animação deles durante o voo, mas estavam totalmente imóveis quando passei, e vi mãos revirando seus passaportes e suas malas.

Toot me deu um abraço e colocou um colar havaiano feito de bala e chiclete no meu pescoço. Meu avô passou um braço por cima do meu ombro e brincou que a máscara fazia maravilhas pelo meu rosto. Os dois me levaram até seu carro novo, e meu avô me mostrou como ligar o ar-condicionado. Pegamos a estrada, passando por restaurantes de fast food, hotéis baratos e lojas de carros usados. Falei da viagem e de como estavam todos em Jacarta. Meu avô me disse que eles tinham planejado um jantar de boas-vindas. Toot deu uma olhada no que eu estava vestindo e comentou, com delicadeza, que eu precisaria de roupas novas para a escola.

Então, de repente, a conversa parou. E eu me dei conta de que ia morar com desconhecidos.

Os dois haviam mudado. Depois da nossa partida para a Indonésia, eles haviam vendido a casa grande e velha perto da universidade e alugado um apartamento pequeno de dois quartos em um prédio alto. Meu avô havia deixado a loja de móveis e virado corretor de seguros de vida. No entanto, como não conseguia convencer a si mesmo de que as pessoas precisavam do que ele vendia e ficava magoado com a rejeição, as coisas andavam mal. Todo domingo à noite, eu o via ficar mais e mais irritável conforme chegava a hora de nos tirar da sala para tentar marcar reuniões com possíveis clientes pelo telefone.

Às vezes, eu ia até a cozinha na ponta dos pés para pegar um refrigerante e ouvia o desespero em sua voz, o silêncio que se seguia quando as pessoas com quem ele falava diziam não, quinta-feira não é um bom dia, e terça-feira pior ainda. Meu avô remexia na papelada sobre suas pernas e soltava um suspiro pesado depois de desligar o telefone.

Uma hora, no entanto, ele acabava convencendo algumas pessoas a encontrá-lo, o desânimo passava e meu avô ia até meu quarto me contar histórias de sua juventude ou uma piada nova que havia lido na *Reader's Digest*. Quando as ligações iam especialmente bem, ele às vezes falava para mim sobre seus planos — o livro de poemas que tinha começado a escrever, o rascunho que pretendia transformar em um quadro, a planta de sua casa ideal. Quanto mais ousados os planos, menos prováveis pareciam, porém eu reconhecia parte do velho entusiasmo nele e tentava pensar em perguntas animadoras para manter seu bom humor. Então, em algum momento, ambos notávamos Toot parada no corredor.

— O que você quer, Madelyn?

— Já fez as ligações, querido?

— *Sim, Madelyn.* Já fiz as ligações. São dez da noite!

— Não precisa gritar, Stanley. Eu só queria saber se posso ir à cozinha.

— Não estou gritando!

Toot ia para o quarto deles e meu avô deixava o meu parecendo abatido e furioso ao mesmo tempo.

O que era aquilo? Cenas do tipo se tornaram familiares, e logo me dei conta de que a tensão estava relacionada ao fato de que Toot vinha ganhando mais dinheiro que meu avô, algo raras vezes mencionado. Naquela época, as esposas quase nunca ganhavam mais que os maridos, porém Toot foi uma pioneira. Ela foi a primeira mulher vice-presidente do banco local, e embora meu avô gostasse de dizer que incentivava sua carreira, não conseguia evitar sentir vergonha do fato de pagar cada vez menos contas da família.

Toot não imaginou que fosse ser tão bem-sucedida. Não tinha feito faculdade e só havia começado a trabalhar como secretária depois que eu nasci, para ajudar minha mãe financeiramente. No entanto, tinha raciocínio rápido, discernimento e trabalhava duro. Havia subido na hierarquia devagar, seguindo as regras do jogo — até chegar ao teto da época para as mulheres. Não importava quão competente fosse. Por vinte anos, Toot teve que ver seus colegas homens a ultrapassarem e enriquecerem.

Mais de uma vez, minha mãe lhe disse que o banco não podia escapar ileso de um machismo tão flagrante — promovendo homens em detrimento de mulheres mais qualificadas. No entanto, Toot fazia pouco-caso desses comentários, dizendo que as pessoas sempre encontravam motivo para reclamar. Ela não reclamava. Acordava às cinco todas as manhãs, passava pó no rosto e vestia um terninho e sapatos de salto alto. Depois pegava o ônibus das 6h30 para chegar ao escritório no centro da cidade antes de todo mundo. Toot se orgulhava de seu trabalho. Gostava de ler artigos sobre finanças e poder nos contar os bastidores, a história real.

No entanto, conforme fui ficando mais velho, ela me confidenciava que nunca havia deixado de sonhar com um estilo de vida diferente: uma casa com cerca branca, passar os dias cozinhando ou jogando bridge ou trabalhando como voluntária na biblioteca local. Fiquei surpreso, porque ela raramente mencionava esperanças ou arrependimentos. E não sei se ela *de fato* teria preferido essa outra vida, a vida de uma mulher que não precisava trabalhar. Ainda assim, passei a entender que, na época em que ela construiu sua carreira, ter ou ser uma esposa que trabalhava fora não era motivo de orgulho para nenhum dos meus avós. Toot fazia aquilo por mim.

— O que importa é que vocês se saiam bem, Bar — disse ela mais de uma vez. — Isso é tudo o que importa.

Eles quase não recebiam mais convidados para o jantar. Não íamos à praia ou saíamos para caminhadas. À noite, meu avô via televisão enquanto Toot ficava no quarto, lendo romances de crime e mistério. Os dois deveriam estar aproveitando a meia-idade, época em que as pessoas começam a se sentir satisfeitas com suas conquistas e ainda têm bastante tempo pela frente. No entanto, estavam só sobrevivendo, seguindo o fluxo. Em algum momento enquanto eu estava na Indonésia, haviam desistido dos sonhos que os tinham levado ao Havaí. Não viam mais futuro com o qual sonhar.

HAVIA ALGO DE QUE MEUS AVÓS se orgulhavam muito: o fato de eu ter conseguido entrar na prestigiosa Punahou Academy. Fundada por missionários em 1841, a Punahou agora era a escola em que os ricos e poderosos do Havaí matriculavam seus filhos. Entrar não tinha sido fácil; a lista de espera era longa. Porém, a escola concordou em avaliar meu pedido depois que o chefe do meu avô, que havia estudado lá anos antes, entrou em contato. Ou seja, minha primeira experiência com "cotas" não teve tanto a ver com raça, e sim com as conexões da minha família.

Quando fiz minha inscrição, meu avô e eu demos uma volta pelo campus e ficamos impressionados com os gramados imensos e as árvores frondosas, as construções de alvenaria antigas e as estruturas modernas de aço e vidro. O lugar tinha quadras de tênis, piscinas e estúdios de fotografia. Em determinado momento, meu avô segurou meu braço.

— Isso não é uma escola — sussurrou ele. — É o paraíso. Já estou até querendo voltar para o ensino fundamental com você.

Recebi um envelope grosso cheio de informações junto com minha carta de aprovação, que dizia: "Bem-vindo à família Punahou". Eu teria um armário, almoçaria lá e tinha uma lista de coisas a comprar — uniforme para a aula de educação física, tesoura, régua, lápis nº 2, calculadora (opcional). Meu avô passou a noite lendo o manual da escola, que incluía tudo o que seria esperado de mim ao longo dos sete anos seguintes. A cada nova informação, ele ficava mais e mais animado; chegou a se levantar várias vezes, mantendo o polegar no ponto onde havia parado e indo até o quarto, claramente deslumbrado, para interromper a leitura de Toot:

— Madelyn, veja só isso!

Ele estava ansioso para me levar ao primeiro dia de aula. Insistiu que chegássemos cedo, tanto que o Castle Hall, o prédio onde ficavam as turmas do quinto e do sexto ano, nem estava aberto. Ficamos sentados ao lado de um menino de ascendência chinesa bem magro que tinha um aparelho dental enorme que prendia atrás do pescoço.

— Olá — meu avô o cumprimentou. — Este aqui é o Barry. Sou o avô dele. Pode me chamar de "vovô". — Ele apertou a mão do menino, cujo nome era Frederick. — Barry está começando hoje.

— Eu também — disse Frederick, e os dois prosseguiram em uma conversa animada.

Fiquei ali, envergonhado, até que finalmente abriram as portas e pudemos subir para a sala. À porta, meu avô nos deu tapinhas nas costas.

— Não façam nada que eu não faria — disse ele, com um sorriso.

— Seu avô é engraçado — comentou Frederick, enquanto o víamos se apresentar para a srta. Hefty, nossa professora.

— É, sim.

Sentamos a uma mesa com outras quatro crianças, e a srta. Hefty, uma mulher de meia-idade enérgica e com cabelo curto e grisalho, fez a chamada. Quando leu meu nome completo — Barack Hussein Obama —, ouvi risadinhas. Frederick se inclinou para mim e disse:

— Achei que seu nome fosse Barry.

— Prefere que a gente chame você de Barry? — perguntou a srta. Hefty. — Barack é um nome muito bonito. Seu avô me contou que seu pai é queniano. Eu morei no Quênia, sabia? Dava aulas para crianças da idade de vocês. É um país maravilhoso. Você sabe de que etnia seu pai é?

A pergunta dela rendeu mais risadinhas, e por um momento perdi a voz.

— Luo — respondi afinal, e um menino loiro atrás de mim repetiu a palavra de um jeito que lembrava um macaco.

As crianças não conseguiram se segurar mais, e foi necessária uma bronca da srta. Hefty para que a turma sossegasse e pudéssemos avançar para a próxima pessoa na lista.

Passei o restante do dia atordoado. Uma menina ruiva pediu para pôr a mão no meu cabelo e pareceu magoada quando não deixei. Um menino de rosto vermelho me perguntou se meu pai comia gente. Quando cheguei em casa, meu avô estava fazendo o jantar.

— Como foi? Não é incrível que a srta. Hefty tenha morado no Quênia? Isso deve ter tornado seu primeiro dia um pouco mais fácil, imagino.

Fui direto para o quarto e fechei a porta.

Minha presença na classe logo deixou de ser novidade para as outras crianças, porém a sensação de que eu não me encaixava só aumentou. As roupas que meu avô e eu tínhamos escolhido para mim eram antiquadas; as sandálias indonésias que em Jacarta serviam bem pareciam deselegantes ali. A maioria dos meus colegas estudava junto desde o jardim de infância; morava no mesmo bairro, em sobrados com piscina; os pais treinavam as equipes infantis, as mães organizavam vendas de bolos para arrecadar fundos. Ninguém jogava futebol, badminton ou xadrez, como as crianças em Jacarta, e eu não fazia ideia de como lançar uma bola de futebol americano ou me equilibrar em um skate, como faziam no Havaí.

Era o pesadelo de qualquer menino de dez anos. Eu entrava na mesma categoria de outras crianças "desajustadas" — as meninas que eram altas ou tímidas demais, um menino que era ligeiramente hiperativo, os alunos que não faziam educação física porque tinham asma.

Havia uma outra criança na minha turma, no entanto, que me lembrava de um tipo diferente de dor. Seu nome era Coretta, e antes da minha chegada ela era a única aluna negra do nosso ano. Coretta era gorda, tinha pele escura e não parecia ter muitos amigos. Nos evitamos desde o primeiro dia, porém observávamos um ao outro à distância, como se o contato pudesse de alguma maneira fazer com que nos sentíssemos ainda mais diferentes e solitários.

Finalmente, em um dia quente e sem nuvens, por acaso acabamos no mesmo canto do parquinho durante o recreio. Não me lembro do que dissemos um ao outro, mas de repente ela estava correndo atrás de mim por entre os trepa-trepas e balanços, tentando me pegar. Coretta ria animada, e eu a provocava e me esquivava, para um lado e para o outro, até que por fim ela me pegou e caímos no chão, sem fôlego. Quando olhei para cima, tinha um grupo de crianças cujo rosto eu não conseguia ver por causa do sol apontando para nós.

— Coretta tá namorando! Coretta tá namorando!

A cantoria foi ficando mais alta conforme outras crianças se juntaram ao círculo.

— Ela não é minha n-namorada — gaguejei.

Olhei para Coretta em busca de ajuda, porém ela só ficou ali, olhando para o chão.

— Coretta tá namorando! Por que não dá um beijo na sua namorada?

— Não sou namorado dela! — gritei.

Fui até Coretta e a empurrei de leve; ela cambaleou para trás e olhou para mim sem dizer nada.

— Me deixa em paz! — gritei.

De repente, Coretta saiu correndo, muito rápido, e sumiu de vista. Todo mundo à minha volta riu, satisfeito. Então o sinal tocou e os professores apareceram para nos levar de volta para a sala.

Pelo restante da tarde, a expressão de Coretta antes de sair correndo me assombrou: sua decepção por eu tê-la abandonado. Eu queria explicar que não era pessoal; nunca havia namorado e não via necessidade de namorar agora. Mas não sabia se aquilo era verdade. Só sabia que era tarde demais para explicações, que havia sido um teste e eu não havia passado. Sempre que arriscava olhar para a carteira dela, eu a via debruçada na mesa, fechada, sem pedir nada a ninguém.

Como Coretta, passei a ficar quase sempre sozinho. Aprendi a falar com menos frequência durante a aula, para não chamar atenção. Fiz alguns amigos e aprendi a lançar uma bola de futebol americano sem muita firmeza. Porém sentia que parte de mim tinha sido esmagada. Quando as aulas terminavam, eu fazia o trajeto de cinco quarteirões até nosso apartamento a pé. Se tinha algum trocado, às vezes parava em uma banca de jornal, e o dono, que era cego, me dizia que gibis tinham chegado. Meu avô abria a porta para mim e eu assistia a desenhos e reprises de sitcoms enquanto ele tirava uma soneca. Às 16h30, eu o acordava e pegávamos o carro para ir buscar Toot. Eu fazia a lição de casa antes do jantar e comíamos na frente da televisão. Então passava o restante da noite lá, negociando com vovô ao que assistiríamos, comendo qualquer porcaria que ele tivesse comprado no mercado. Às dez, eu ia para o quarto e pegava no sono ouvindo no rádio as quarenta músicas mais tocadas.

Porcarias, TV, rádio. Cercado por isso, eu me sentia seguro, como se entrasse em uma longa hibernação. Me pergunto quanto tempo teria ficado "adormecido" se não fosse pelo telegrama que Toot encontrou na caixa de correio um dia.

— Seu pai está vindo ver você — disse ela. — No mês que vem. Duas semanas depois da chegada da sua mãe. Os dois vão passar o Ano-Novo aqui.

Toot dobrou o telegrama com cuidado e o guardou na gaveta da cozinha. Ela e meu avô ficaram em silêncio. Por um momento, pareceu que todo o ar tinha sido sugado da sala. Ficamos sozinhos com nossos pensamentos.

— Bom — disse Toot afinal —, acho que é melhor começarmos a procurar um lugar para ele ficar.

Meu avô tirou os óculos e esfregou os olhos.

— Vai ser um Natal animado.

DURANTE O ALMOÇO, expliquei a um grupo de meninos que meu pai era um príncipe.

— Meu avô é o chefe. É tipo o rei da tribo dele, sabe? Que nem com os índios. Então meu pai é o príncipe. Porque vai assumir o lugar do meu avô quando ele morrer.

— E depois disso? — perguntou um dos meus amigos, enquanto esvaziávamos nossas bandejas no lixo. — Tipo, você vai para lá ser príncipe?

— Bom... se eu quiser, posso. É meio complicado, porque tem muitos guerreiros na tribo. Obama significa "lança ardente". Todos os homens querem ser chefe, então meu pai vai precisar resolver essas disputas antes de eu ir.

Enquanto as palavras saíam da minha boca e eu sentia que os meninos se interessavam por mim, uma parte minha começou a acreditar de verdade na história. Outra parte, no entanto, sabia que eu estava mentindo, que aquilo era algo que eu havia construído a partir de informações soltas que tinha conseguido com minha mãe.

Na verdade, eu não sabia o que esperar do meu pai. Ele ainda era um desconhecido para mim, vagamente ameaçador.

Minha mãe percebeu meu nervosismo nos dias que antecederam a chegada dele — e acho que estava nervosa também. Ela tentou me assegurar de que o reencontro seria tranquilo.

Os dois haviam trocado cartas quando estávamos na Indonésia, e meu pai sabia tudo sobre mim. Como minha mãe, ele se casou de novo, e eu agora tinha cinco irmãos e uma irmã no Quênia. Meu pai havia sofrido um acidente grave de carro, e aquela viagem contribuiria para sua recuperação depois de um longo período no hospital.

— Vocês dois vão se tornar grandes amigos — concluiu ela.

Além de informações sobre meu pai, minha mãe passou a me encher também de fatos sobre o Quênia e sua história. Eu havia tirado o nome "lança ardente" de um livro que ela tinha me dado sobre Jomo Kenyatta, o primeiro presidente do Quênia. Porém, no geral eu não lembrava de muita coisa que minha mãe havia me contado. Ela conseguiu despertar meu interesse só uma vez, quando contou que os luos eram um povo "nilótico": tinham se deslocado a partir das margens do maior rio do mundo, o Nilo, para o Quênia. Aquilo parecia promissor. Meu avô ainda tinha um quadro que havia pintado uma vez, uma réplica de alguns egípcios esguios de pele parda em uma carruagem de ouro. Pensei nos grandes reinos do Antigo Egito sobre os quais havia lido, com pirâmides e faraós, rainhas com nomes como Nefertiti e Cleópatra.

Em um sábado, fui à biblioteca pública perto de casa e encontrei um livro sobre a África Oriental. Havia só um parágrafo curto sobre os luos. Fiquei sabendo que o termo "nilota" se aplicava a vários povos que tinham se originado no Sudão, ao longo do Nilo Branco, muito ao sul dos impérios egípcios. Os luos criavam gado, moravam em cabanas de barro e comiam fubá, inhame e algo chamado painço. O traje tradicional era uma espécie de sunga de couro que cobria a virilha. Não havia nenhuma menção a pirâmides. Deixei o livro aberto na mesa e fui embora, decepcionado.

O grande dia finalmente chegou. A srta. Hefty me deixou sair mais cedo da aula e me desejou boa sorte. Eu sentia as pernas pesadas, e a cada passo na direção do apartamento dos meus avós as batidas do meu coração se tornavam mais altas. Entrei no elevador e não apertei o botão. A porta se fechou e voltou a abrir. Um senhor filipino que morava no quarto andar entrou.

— Seu avô disse que seu pai vai chegar hoje — comentou o homem, animado. — Você deve estar muito feliz.

Por fim, quando achei que não tinha escapatória, toquei a campainha. Toot abriu a porta.

— Aí está ele! Venha, Bar... venha conhecer seu pai.

E então, do corredor mal iluminado, eu o vi, uma figura alta e de pele escura, que mancava um pouco. Ele se agachou e me abraçou, mas deixei os braços caídos. Minha mãe estava atrás dele, com o queixo tremendo.

— Olá, Barry — disse meu pai. — É bom ver você depois de todo esse tempo. Muito bom.

Ele pegou minha mão e me levou até a sala de estar, onde todos sentamos.

— Sua avó me disse que você tem ido muito bem na escola, Barry.

Dei de ombros.

— Acho que ele está um pouco envergonhado — Toot comentou, e então sorriu e acariciou minha cabeça.

— Bom — continuou meu pai —, não é preciso ter vergonha de ir bem na escola. Sabia que seus irmãos também têm se saído muito bem? Acho que está no sangue — brincou, e deu risada.

Enquanto os adultos conversavam, eu o observava com atenção. Meu pai era muito mais magro do que eu esperava, e os ossos de seus joelhos despontavam sob a calça. Eu não conseguia imaginá-lo tirando um homem do chão e o segurando sobre um penhasco. Havia uma bengala com castão de marfim apoiada ao seu lado na parede. Ele usava paletó azul, camisa branca e um lenço vermelho. Seus óculos de armação grossa refletiam a luz, o que me impedia de ver direito seus olhos. Quando os tirou para esfregar a ponte do nariz, no entanto, notei que eram amarelados: os olhos de alguém que teve malária mais de uma vez. Meu pai parecia frágil e cansado.

Depois de cerca de uma hora, minha mãe sugeriu que tirasse um cochilo, e ele concordou. Começou a procurar algo na mala, até que encontrou três estatuetas de madeira — um leão, um elefante e um homem de ébano usando um adorno de cabeça com penas e tocando um tambor — e as deu para mim.

— Agradeça, Bar — minha mãe disse.

— Obrigado — murmurei.

Meu pai e eu olhamos para as estatuetas sem vida em minhas mãos. Ele tocou meu ombro.

— Só uma lembrança — falou, baixo.

Então assentiu para meu avô e os dois pegaram as malas e desceram para o apartamento onde ele ficaria hospedado.

UM MÊS. FOI TODO O TEMPO que tivemos juntos. Nós cinco passávamos a maior parte das noites na sala de estar dos meus avós. Durante o dia, passeávamos de carro pela ilha ou fazíamos caminhadas curtas até os lugares que meu pai queria me mostrar: o terreno onde o prédio em que ele morava ficava, o hospital onde nasci, a primeira casa dos meus avós no Havaí. Havia tanto a contar naquele único mês, tanto a explicar, e ainda assim, quando procuro na lembrança pelas palavras de meu pai, elas parecem perdidas. Muitas vezes, eu ficava calado quando estávamos juntos, e ele nunca me pressionava a falar. Restam apenas imagens, que parecem desbotar: sua cabeça jogada para trás enquanto ria de uma piada de meu avô; sua mão no meu ombro ao me apresentar para um velho amigo da faculdade; seus olhos estreitos enquanto passava a mão no cavanhaque ralo ao ler seus livros importantes.

Lembro dessas coisas — e do efeito que ele causava nos outros. Sempre que meu pai falava — com as pernas cruzadas, suas mãos grandes espalmadas para direcionar ou desviar a atenção, sua voz grave e segura, doce ou divertida —, uma mudança repentina ocorria na família. Meu avô se tornava mais vigoroso e reflexivo, minha mãe, mais tímida; até mesmo Toot, que em geral ficava no quarto, debatia política ou finanças com ele, golpeando o ar com suas mãos marcadas por veias azuis para argumentar. Era como se a presença do meu pai trouxesse de volta a alma esperançosa de antes. Da última vez que meu pai estivera no Havaí, Martin Luther King ainda não havia sido assassinado; John F. Kennedy era presidente, seu irmão Robert continuava vivo. Agora, de novo, parecia que tudo era possível, desde que houvesse coragem para fazer a mudança acontecer.

Eu ficava fascinado com aquele estranho poder dele, e comecei a pensar no meu pai como algo real e imediato, talvez até mesmo permanente.

Fazíamos coisas juntos. Fomos a um concerto do pianista de jazz Dave Brubeck, e fiquei tentando entender os acordes incomuns e as mudanças de ritmo, prestando atenção em meu pai e aplaudindo quando ele aplaudia. Tiramos fotos em uma árvore de Natal, as únicas que tenho de nós dois juntos. Eu não largava a bola de basquete que tinha ganhado dele, e ele não tirava a gravata que tinha ganhado de mim. ("Ah", disse quando a viu, "com uma gravata dessas vão saber que sou uma pessoa muito importante.") Às vezes, durante o dia, eu deitava ao lado dele em seu apartamento e cada um lia seu livro. Embora eu não sentisse que o conhecia melhor do que antes, comecei a imitar seus gestos e seu modo de falar. Me acostumei à companhia dele.

Depois de algumas semanas, no entanto, senti que as coisas começaram a ficar mais tensas. Meu avô reclamava se via meu pai sentado em sua poltrona. Enquanto lavava a louça, Toot murmurava que não era empregada dele. Uma noite, liguei a TV para ver um desenho de Natal — *O Grinch* —, e logo os sussurros se transformaram em gritos.

— Barry, você já viu TV demais hoje — meu pai disse. — Vá para o seu quarto estudar e deixe os adultos conversarem.

Toot se levantou e desligou a TV.

— Por que não assiste no seu quarto, Bar?

— Não, Madelyn — meu pai disse. — Não foi isso que eu quis dizer. Ele está sempre vendo televisão. Agora é hora de estudar.

Minha mãe tentou explicar que as férias estavam chegando e que aquele era um desenho de Natal tradicional, que eu tinha esperado a semana toda para ver.

— Não vai demorar muito.

— Tolice, Ann — meu pai insistiu. — Se o menino já fez a lição de casa de hoje, pode começar a fazer a de amanhã. Ou qualquer trabalho que precise entregar na volta das férias. — Ele se virou para mim. — Você não se esforça tanto quanto deveria, Barry. Agora vá, antes que eu perca a paciência.

Fui para o quarto e bati a porta, enquanto ouvia as vozes dos adultos cada vez mais exaltadas. Meu avô repetia que estavam na casa dele, Toot dizia que, depois de todo aquele tempo, meu pai não tinha o direito de chegar intimidando todo mundo, inclusive a mim. Ele retrucou que estavam me mimando, que eu precisava de um pulso firme, depois minha mãe acusou meus avós de continuarem se metendo na vida dela. Sobrou para todo mundo.

Mesmo depois que meu pai foi embora e Toot veio me dizer que eu podia assistir aos últimos cinco minutos do desenho, senti como se um abismo tivesse se aberto entre nós; como se duendes travessos escapassem de seu covil até então fechado. Fiquei vendo o Grinch, que queria destruir o Natal, ter seu coração tocado pela fé dos Quem de Quemlândia e pensei: *Até parece. As pessoas não mudam assim.*

Comecei a contar os dias para meu pai ir embora e as coisas voltarem ao normal.

No dia seguinte, Toot me mandou até o apartamento onde ele estava hospedado para perguntar se tinha roupa para lavar. Bati e meu pai abriu a porta sem camisa. Lá dentro, vi minha mãe passando as roupas dele. Com um rabo de cavalo e olhos de quem tinha chorado. Meu pai me mandou ir sentar ao lado dele na cama, porém eu disse que Toot precisava da minha ajuda e voltei lá para cima depois de dar o recado. Eu estava arrumando meu quarto quando minha mãe entrou.

— Você não deveria ficar bravo com seu pai, Bar. Ele te ama muito. Só é um pouco teimoso às vezes.

— Tá — falei, sem levantar a cabeça. Senti seus olhos me seguindo pelo quarto até que ela finalmente soltou o ar devagar e se dirigiu à porta.

— Sei que tudo isso deve ser confuso para você. Para mim também é. Mas tente lembrar do que eu disse, tá? — Ela apoiou a mão na maçaneta. — Quer que eu feche a porta?

Fiz que sim, porém em menos de um minuto minha mãe enfiou a cabeça no quarto de novo.

— Aliás, esqueci de dizer que a srta. Hefty convidou seu pai para ir à escola na quinta-feira. Ela quer que ele fale com a classe.

Aquela era a pior notícia possível. Passei a noite e o dia seguinte inteiro tentando não pensar no inevitável: o rosto dos meus colegas quando ouvissem sobre as cabanas de barro, minhas mentiras sobre chefes e príncipes reveladas, as piadinhas cruéis que viriam. Sempre que pensava naquilo, meu corpo estremecia como se tivesse levado um choque.

Eu continuava tentando descobrir como me explicar quando meu pai apareceu na classe, no dia seguinte. A srta. Hefty o recebeu com animação, e, enquanto sentava, ouvi as crianças perguntando umas às outras o que estava acontecendo. Fiquei ainda mais desesperado quando o sr. Eldredge, um professor de matemática havaiano e corpulento que era muito direto, entrou na sala, seguido pelos trinta alunos da turma ao lado, todos confusos.

— Tenho uma surpresa para vocês hoje — a srta. Hefty começou a falar. — O pai de Barry Obama está aqui. Ele é do Quênia, na África, e vai nos contar um pouco sobre seu país.

As outras crianças olharam para mim enquanto meu pai levantava. Desviei o olhar e me concentrei em uma marquinha de giz na lousa atrás dele. Já fazia um tempo que ele estava falando quando finalmente consegui voltar para o presente. Meu pai estava recostado na mesa de carvalho da srta. Hefty, descrevendo a fenda profunda na terra da qual a humanidade havia saído. Ele falou dos animais selvagens que ocupavam as planícies, de povos que ainda exigiam que um menino matasse um leão para provar que era homem. Falou dos costumes dos luos, de como os anciãos eram os mais respeitados entre todos e faziam as leis que os outros seguiriam. E falou da luta do Quênia para ser livre, dos ingleses que queriam continuar governando injustamente o povo queniano, como haviam feito com os Estados Unidos; falou que muitas pessoas haviam sido escravizadas apenas por causa da cor da pele, assim como nos Estados Unidos. E que os quenianos, como todos os outros naquela sala de aula, queriam ser livres e se desenvolver através do trabalho e do sacrifício.

Quando ele terminou de falar, a srta. Hefty não se aguentava de felicidade. Todos os meus colegas aplaudiram com vontade, e alguns criaram coragem para fazer perguntas. Meu pai pareceu considerar cada uma com cautela antes de responder. Quando o sinal do almoço tocou, o sr. Eldredge veio falar comigo.

— Seu pai é bem impressionante.

O menino de rosto vermelho que no passado havia me perguntado se ainda comiam gente na África disse:

— Seu pai é muito legal.

Em um canto, notei Coretta vendo meu pai se despedir de algumas crianças. Ela estava concentrada demais para sorrir; seu rosto demonstrava apenas pura satisfação.

DUAS SEMANAS DEPOIS, meu pai foi embora.

Nesse dia, enquanto minha mãe e eu o ajudávamos a fazer as malas, ele encontrou dois discos de vinil, as capas marrons sem graça e sujas.

— Barry! Olha isso. Esqueci que tinha trazido para você. O som do seu continente.

Ele precisou de um tempo para entender como a vitrola antiga dos meus avós funcionava, então o disco que havia escolhido finalmente começou a girar, e meu pai com cuidado apoiou a agulha nele. Ouvi primeiro um acorde de violão, depois cornetas agudas, o rufo da bateria e o violão de novo, e aí vozes limpas e animadas, que pareciam estar nos convidando.

— Venha, Barry — meu pai disse. — Você vai aprender com o mestre.

E, de repente, seu corpo magro começou a balançar para a frente e para trás, o som exuberante subia, os braços dele se sacudindo, seus pés se movendo no chão, apesar da perna ruim um pouco rígida. Com a cabeça jogada para trás, ele traçava um círculo com os quadris. O ritmo da música acelerou, as cornetas soaram de novo e meu pai fechou os olhos de prazer. Então abriu um olho para me espiar, e um sorriso bobo despontou em seu rosto solene. Minha mãe sorriu também, e meus avós entraram para ver o que estava acontecendo. Dei meus primeiros passos hesitantes com os olhos fechados: descendo, subindo, os braços balançando, as vozes me levando. Enquanto seguia meu pai, ele soltou um grito rápido e animado, um grito carregado que buscava mais, um grito que pedia uma risada.

Ainda posso ouvi-lo.

4

CINCO ANOS DEPOIS da visita do meu pai, quando eu já estava no ensino médio, as coisas haviam se complicado bastante.

Olhando de fora, parecia tudo bem. Eu vivia como qualquer adolescente americano. Trabalhava meio período em um fast food. Tirava algumas notas medianas e vira e mexe acabava na diretoria. Tinha espinhas, aprendi a dirigir e pensava bastante em garotas. Fiz minha cota de amigos e às vezes saía com alguma menina, o que era sempre desconfortável. De tempos em tempos, pensava nas mudanças de status social dos meus colegas de classe. Alguns ganhavam popularidade, enquanto outros a perdiam, a depender apenas de sua aparência ou do carro que tinham. Eu observava tudo em terceira pessoa, aliviado por minha posição seguir melhorando num ritmo constante.

Por dentro, no entanto, vivia em conflito. Estava tentando me preparar para ser um homem negro nos Estados Unidos, porém ninguém à minha volta sabia exatamente o que isso significava.

Eu passava bastante tempo com um amigo chamado Ray. Ele era dois anos mais velho e estava no último ano do ensino médio. Tinha se mudado de Los Angeles no ano anterior, por causa de uma transferência do pai, que era do Exército. Apesar da diferença de idade, logo nos tornamos amigos — em grande parte porque, juntos, éramos metade dos alunos negros da escola.

Eu gostava da companhia dele. Ray era caloroso e tinha senso de humor, o que compensava o fato de que estava sempre se gabando da sua vida em Los Angeles — das mulheres que supostamente continuavam ligando para ele toda noite, mesmo sendo interurbano, de seus triunfos no futebol americano e das celebridades que conhecia. Eu ignorava a maior parte do que ele me dizia, mas não tudo. Ray era mesmo um dos velocistas mais rápidos do Havaí. Alguns diziam que poderia até ir para a Olimpíada, apesar do barrigão que escapava por baixo da blusa empapada de suor quando ele corria, e que deixava os técnicos balançando a cabeça, sem conseguir acreditar.

Foi Ray quem me contou sobre festas negras nas universidades e nas bases do Exército, e eu contava com ele para me ajudar a me virar.

Em troca, ouvia quando ele queria desabafar suas frustrações. Um dia, estávamos almoçando e Ray declarou que nunca mais iria a festas escolares. Achava que as garotas da Punahou nem olhavam para um cara negro e que eram "racistas de carteirinha".

— Talvez seja só essa sua bunda gorda — falei. — Achei que você estivesse tentando entrar em forma, cara.

Peguei uma batatinha frita dele.

— Tira as mãos da minha batata. Se quiser, vai comprar.

— Não é porque uma garota não quer sair com você que ela é racista — continuei.

— Não se faça de tonto. Não estou falando de uma única vez.

Ray me contou de algumas garotas que o haviam rejeitado e depois ficado com caras que ele achava que tinham muito menos a oferecer.

— Mas beleza — Ray prosseguiu, agitado. — Tem muitas outras garotas por aí. Aí chamo a Pamela. Ela diz que não vai ao baile. Sem problema. Chego lá e adivinha quem eu encontro abraçando Rick Cook? "Oi, Ray", ela diz, se fazendo de sonsa. O *Rick Cook*, sabe? O cara não é melhor do que eu em nada. Nada. — E enfia um punhado de batatas na boca. — E não sou só eu, aliás. Você também não está muito melhor.

Porque sou tímido, pensei, mas nunca iria admitir isso a Ray.

— Agora, garotas *negras* iam ficar loucas com a gente — ele afirmou.

— Bom...

— Que foi? Por que você não é titular no time de basquete, hein? Pelo menos dois caras que jogam na sua posição são péssimos e você sabe disso. Eles também sabem. Já vi você acabar com eles, não foram nem páreo. Por que eu não estou entre os titulares do time de futebol americano este ano, não importa o número de recepções incompletas do outro cara? Me diz que não seríamos tratados de outra forma se fôssemos brancos. Ou japoneses. Ou havaianos. Ou esquimós!

Eu entendia o que ele estava dizendo, mas não concordava.

— É mais difícil conseguir um sim porque não tem nenhuma garota negra aqui — admiti. — Mas isso não quer dizer que todas as garotas do colégio sejam racistas. Talvez elas só estejam atrás de alguém que se pareça com o pai, ou o irmão, ou sei lá, e não somos nós. Beleza, talvez eu não tenha as mesmas chances que os outros caras do time, mas eles jogam como brancos, e esse é o estilo que o técnico prefere. O time tem ganhado jogando desse jeito, e eu não jogo assim. Quanto a você, com essa boca suja de gordura — acrescentei, pegando as últimas batatas dele —, os técnicos provavelmente não gostam de você porque é um garoto negro respondão, mas ajudaria se parasse de se encher de batata frita. Parece que está grávido de seis meses.

— Cara, não sei por que você está inventando desculpa pra essa gente. Esse seu modo de ver as coisas é complicado *demais* pra mim.

Talvez eu não tivesse as mesmas respostas fáceis que ele porque havia sido criado por pessoas brancas. Fazia três anos que morava com minha mãe e Maya em um apartamento pequeno a um quarteirão de distância da Punahou. Minha mãe havia se separado de Lolo e voltado ao Havaí pouco depois de mim, para fazer mestrado em antropologia, e nos sustentava com o dinheiro da bolsa estudantil. Às vezes, quando eu levava amigos para casa depois da escola, ela ouvia os comentários deles sobre a geladeira vazia ou a bagunça da casa, então me puxava num canto para reforçar que era uma mãe solo que tinha voltado a estudar e criava dois filhos, portanto assar biscoitos não era bem sua prioridade. Também dizia que gostava que eu estivesse tendo uma boa educação na Punahou, mas não ia tolerar nariz em pé vindo de mim ou de qualquer outra pessoa, entendido?

Sim, entendido.

Apesar do meu desejo de independência, nós dois continuávamos próximos, e eu fazia questão de ajudá-la quando podia, indo ao mercado, lavando roupa e cuidando da minha irmã mais nova.

No entanto, quando minha mãe quis voltar à Indonésia para conduzir sua pesquisa lá, eu disse que não iria de jeito nenhum. Não sabia se lá era o lugar certo para mim e não queria ser o garoto novo outra vez. Podia voltar a morar com meus avós. Eu sabia que eles me deixariam em paz desde que eu não trouxesse problemas, o que por mim tudo bem. Longe da minha mãe, longe dos meus avós, eu poderia continuar procurando o verdadeiro significado de ser negro nos Estados Unidos.

As cartas do meu pai davam poucas pistas. Chegavam de tempos em tempos, uma única folha azul com cola nas margens que escondiam o que pudesse estar escrito ali. Ele dizia que todos estavam bem, elogiava meu desempenho na escola e insistia que minha mãe, Maya e eu éramos bem-vindos no Quênia e que poderíamos ocupar nosso lugar de direito ao seu lado quando quiséssemos. Às vezes meu pai incluía conselhos, em geral na forma de ditos populares que eu não compreendia. ("Como a água se nivelando, você vai descobrir a carreira certa.") Eu respondia na mesma hora, em uma folha pautada, e suas cartas iam parar no armário, junto com as fotos que minha mãe guardava dele.

Meu avô tinha alguns amigos negros, a maioria companheiros do pôquer e do bridge, e quando mais novo eu o deixava me arrastar para os jogos. Eram velhos bem-vestidos, com voz rouca e que cheiravam a charuto. Sempre que me viam me davam tapinhas nas costas e perguntavam como minha mãe estava, porém quando era a hora do jogo só abriam a boca para reclamar com o parceiro de uma aposta.

Havia um deles que se diferenciava dos outros. Um poeta chamado Frank que vivia em uma casa detonada em uma parte precária de Waikiki. Ele havia morado em Chicago na mesma época que os grandes escritores negros Richard Wright e Langston Hughes, e também tinha sido razoavelmente conhecido. Meu avô uma vez me mostrou alguns trabalhos de Frank em uma antologia de poesia negra. Quando o conheci, ele devia beirar os oitenta, e tinha a pele do rosto flácida e um afro grisalho malcuidado que o fazia parecer um leão velho com a juba desgrenhada. Frank lia seus poemas para a gente sempre que o visitávamos. Depois de um tempo, os dois me pediam para ajudá-los a escrever versos obscenos. Até que começavam a reclamar de como era difícil lidar com as mulheres.

— Se deixar, elas arrastam a gente para o túmulo — Frank dizia, sério.

Eu ficava intrigado com o velho Frank, que parecia ter um tipo de conhecimento especial, conquistado a duras penas, porém as visitas à casa dele sempre me deixavam desconfortável. Qual era a relação dos dois, sendo que eram diferentes de tantas maneiras?

Eu me fazia a mesma pergunta quando meu avô me levava a um de seus bares preferidos ("Não conte à sua avó", dizia ele, com uma piscadela), onde era sempre o único branco. Alguns homens acenavam para nós, e a atendente, uma mulher corpulenta, negra de pele clara, trazia um uísque para meu avô e uma coca para mim. Se não houvesse ninguém jogando sinuca, ele me ensinava a jogar. Em geral, no entanto, eu ficava sentado nas banquetas altas do bar, com as pernas balançando, e soprava o canudo da minha coca para fazer bolhas enquanto olhava para as fotos das mulheres seminuas na parede. Quando um homem chamado Rodney, que usava um chapéu de aba larga, estava lá, ele vinha me cumprimentar.

— Como vai a escola, capitão?

— Normal.

— Você só tira nota dez, não é?

— Às vezes.

— Muito bem. Sally, vê mais uma coca pro carinha aqui — Rodney dizia, tirando uma nota de vinte de um maço gordo.

Ainda lembro da empolgação que sentia durante aquelas saídas à noite: o lugar escuro, o barulho das bolas de sinuca batendo, a jukebox piscando em vermelho e verde, as risadas cansadas dos homens. No entanto, mesmo novo como eu era, já começava a sentir que a maioria das pessoas naquele bar não se encontrava ali por escolha. Elas precisavam beber para esquecer os problemas. O que meu avô buscava eram pessoas que o ajudassem a esquecer os aborrecimentos de sua vida, pessoas que ele acreditava que não o julgariam, como outros brancos talvez julgassem. Talvez o bar realmente o ajudasse. Mas, quanto a não ser julgado, eu sabia que ele estava errado. Meu avô não pertencia àquele lugar. Quando cheguei à segunda metade do ensino fundamental, eu já tinha aprendido a recusar os convites dele. Seja lá do que eu precisasse teria que vir de outra fonte.

Televisão, filmes, rádio: eram bons lugares por onde começar. A cultura pop podia ser facilmente compreendida, e com ela um garoto podia aprender um modo de andar, um modo de falar, um passo de dança ou um estilo. Eu não era capaz de cantar como Marvin Gaye, mas podia aprender todos os passos do programa *Soul Train.* Não tinha arma, como o detetive negro Shaft, porém com certeza falava palavrões como o comediante Richard Pryor.

E sabia jogar basquete, com uma paixão que superava meu talento limitado. Meu pai havia me dado uma bola de presente de Natal bem quando o time da Universidade do Havaí entrava para o ranking de melhores do país, por conta de cinco titulares negros que haviam sido trazidos de fora das ilhas. Naquela mesma primavera, meu avô me levou para ver um jogo, e eu vi os atletas aquecendo. Ainda eram só meninos, porém para mim, na época, pareciam guerreiros elegantes e cheios de confiança, rindo de piadas internas e piscando para garotas no fundo das arquibancadas. Eles faziam bandejas com toda a tranquilidade e arremessavam de longe até o apito soar e os pivôs pularem, as equipes dando início a sua batalha furiosa.

Decidi me tornar parte daquele mundo e comecei a ir até uma quadra próxima ao apartamento dos meus avós depois da escola. Da janela do quarto, no décimo andar, Toot ficava me vendo jogar até bem depois que escurecia. A princípio, eu arremessava com as duas mãos, depois consegui arremessar pulando, meio sem jeito, e driblar com a bola de uma mão para a outra. Passava horas concentrado nos mesmos movimentos solitários.

Quando entrei no ensino médio, fazia parte do time da Punahou e podia jogar nas quadras universitárias, onde um punhado de homens negros me ensinaria uma postura que não tinha a ver apenas com o esporte. Com eles, aprendi que respeito dependia das atitudes que a pessoa tomava, e não de quem era o pai dela. Que você podia ficar falando besteira para desestabilizar um adversário, mas que era melhor calar a boca se não aguentasse o tranco depois. Que era melhor não deixar ninguém chegar por trás e ver emoções — como mágoa ou medo — que você não queria que vissem.

Eles me ensinaram outra coisa também, mesmo que não falassem a respeito: uma maneira de nos manter unidos quando o jogo estava apertado. Todo mundo, os melhores e os piores jogadores, ficava envolvido no momento e entrava em uma espécie de transe coletivo. Nessas horas, você às vezes fazia um lance ou dava um passe que surpreendia a si mesmo, e até mesmo o cara que estava te marcando abria um sorriso de admiração.

Quando olho para trás, jogar basquete parece uma escolha bastante comum para uma criança negra, quase um clichê. No entanto, ao contrário dos garotos à minha volta — os surfistas, os jogadores de futebol americano, os aspirantes a guitarristas de rock —, eu não via muitas opções disponíveis para mim. Na época, não havia tantas maneiras assim de crianças negras se relacionarem com outras pessoas sem que a raça fosse um lembrete de sua falta de status. Na quadra de basquete, no entanto, ser negro não era uma desvantagem. Era como se vestíssemos uma fantasia, desempenhássemos um papel e esquecêssemos a incerteza em todos os outros aspectos da vida. Foi na quadra que fiz meus melhores amigos brancos. E foi na quadra que conheci Ray e os outros garotos negros mais ou menos da minha idade que tinham começado a aparecer na ilha, adolescentes tão confusos e revoltados quanto eu.

— Brancos são assim — um desses amigos negros às vezes dizia quando estávamos a sós.

Todo mundo ria e balançava a cabeça, e minha mente repassava uma lista de humilhações. Teve o garoto do sétimo ano que me chamou de "macaco", e eu nunca esqueci suas lágrimas de surpresa quando dei um soco no nariz dele.

— Por que fez isso? — perguntou ele.

Teve o tenista profissional que me disse durante um torneio que eu não deveria tocar a programação no quadro de avisos porque minha cor poderia manchá-la, então seu rosto ficou vermelho e seus lábios finos se contraíram em um sorriso quando ameacei denunciá-lo.

— Não sabe brincar, não? — disse ele.

Teve uma senhora que morava no prédio dos meus avós e ficou preocupada quando entrei no elevador junto com ela; foi dizer ao zelador que eu a estava seguindo, depois se recusou a pedir desculpas quando lhe disseram que eu também morava lá. Teve o assistente técnico do time de basquete, um jovem magro de Nova York com um suéter caro, que depois de um amistoso contra um bando de jogadores negros meio tagarelas murmurou alto o suficiente para que eu e outros três colegas de time ouvíssemos que não deveríamos ter perdido para um bando de "crioulos". Quando, com uma fúria que surpreendeu até a mim mesmo, eu o mandei calar a boca, ele me disse, com toda a calma:

— Existem pessoas negras e existem crioulos. Aqueles caras eram crioulos.

Não era apenas a crueldade que me chateava; pessoas negras também podiam ser maldosas. Era um tipo específico de arrogância, uma falta de consciência. Era como se os brancos não soubessem que estavam sendo cruéis. Ou talvez pensassem que merecíamos seu desprezo.

Os brancos. O termo em si deixava um gosto estranho na boca, como uma expressão estrangeira. Às vezes eu estava falando com Ray sobre *os brancos* fazerem isso e aquilo, e de repente pensava no sorriso da minha mãe, e então as palavras me pareciam falsas e esquisitas. Ou então eu podia estar ajudando meu avô a secar a louça do jantar, e Toot entrava para dizer que ia dormir, e aquelas mesmas palavras — *os brancos* — surgiam na minha mente como uma placa de neon, e de repente eu ficava quieto, como se estivesse guardando um segredo.

Mais tarde, quando eu ficava sozinho, tentava separar aqueles pensamentos complexos. Era óbvio que certas pessoas brancas não mereciam entrar na categoria da nossa desconfiança geral: Ray vivia me dizendo que meus avós eram muito legais. Concluí que o termo "branco" era apenas uma simplificação para ele, outro nome para o que minha mãe chamaria de pessoa preconceituosa. E, embora eu reconhecesse os riscos da terminologia dele — como poderia facilmente cair no mesmo raciocínio simplista que o assistente técnico havia demonstrado quando disse "existem pessoas negras e existem crioulos" —, Ray me garantiu que nunca falaríamos sobre os brancos na frente de outros brancos sem saber exatamente o que estávamos fazendo, ou a gente ia ter que pagar o preço.

Mas aquilo era certo? Ainda tínhamos um preço a pagar? Eu lembrava a Ray que não vivíamos no Sul durante a segregação racial, onde por muito tempo as leis garantiam que negros e brancos fossem mantidos separados. Não éramos forçados a morar em um conjunto habitacional sem aquecimento no Harlem ou no Bronx. Estávamos no Havaí. Dizíamos o que queríamos, comíamos o que queríamos, não tínhamos que sentar no fundo do ônibus. Nenhum de nossos amigos brancos, caras como Jeff ou Scott, do time de basquete, nos tratavam diferente. Eles nos amavam, e nós também os amávamos. Parecia que metade deles imitava jogadores negros da NBA, por exemplo Julius Erving, o Dr. J, como se também quisessem ser negros.

Bom, isso é verdade, admitia Ray.

Talvez pudéssemos deixar a pose revoltada um pouco de lado, eu dizia. Guardá-la para quando realmente precisássemos.

Então Ray balançava a cabeça. Pose? Fale por você.

E assim eu sabia que Ray havia me posto em xeque, o que, devo dizer, ele raramente fazia. Eu era diferente, no fim das contas, um suspeito em potencial; eu mesmo não tinha ideia de quem era. Como não queria me arriscar a ser exposto, logo deixava o assunto de lado.

Se morássemos em Nova York ou Los Angeles, talvez eu tivesse compreendido mais rápido as regras do jogo arriscado que jogávamos. De qualquer maneira, aprendi a transitar entre o mundo negro e o mundo branco, com a consciência de que cada um tinha linguagem, estruturas e costumes próprios, e convencido de que, com certo esforço de tradução da minha parte, esses dois mundos uma hora se tornariam coesos. Ainda assim, a sensação de que havia algo errado permaneceu comigo, um aviso que soava sempre que uma garota branca mencionava no meio da conversa o quanto gostava de Stevie Wonder, ou quando uma mulher no mercado me perguntou se eu jogava basquete, ou quando alguém da diretoria da escola comentou que eu era "descolado". Eu gostava de Stevie Wonder, adorava basquete e me esforçava ao máximo para ser descolado. Então por que aqueles comentários mexiam comigo? Havia uma armadilha ali, embora eu não conseguisse visualizar o que era, quem a armara e quem tinha sido pego.

Um dia, no início da primavera, Ray e eu nos encontramos depois da aula e seguimos até um banco de pedra que ficava perto de uma figueira-de-bengala bem grande no campus. Era chamado de "banco dos veteranos", basicamente servindo como um ponto de encontro para os garotos populares do ensino médio, atletas, líderes de torcida e festeiros, enquanto os engraçadinhos, puxa-sacos e seguidores disputavam os lugares disponíveis nos degraus que rodeavam a árvore. Um dos veteranos, um jogador de futebol americano corpulento chamado Kurt, estava lá, e gritou bem alto assim que nos viu:

— Ei, Ray! E aí, mano? Que que tá pegando?

Ray foi até Kurt e o cumprimentou com um tapa na mão estendida dele. Quando Kurt repetiu o gesto comigo, eu me recusei a fazer o mesmo.

— O que deu nele? — ouvi Kurt perguntar a Ray enquanto eu me afastava.

Alguns minutos depois, Ray me alcançou e perguntou o que havia de errado.

— Aqueles caras só estão tirando sarro da gente — falei.

— Como assim?

— Esse lance todo de "E aí, cara? Toca aqui".

— Ah, olha só quem de repente resolveu se incomodar — comentou Ray. — Kurt não fez nada de mais.

— Se você acha…

De repente, Ray ficou furioso, e acabamos tendo uma discussão feia. Para ele, cumprimentar e falar daquele jeito com brancos era uma forma de se dar bem com eles. E quem era eu para discordar? Ray disse que era diferente para mim, que eu havia dominado a arte de puxar o saco dos professores brancos.

— Sim, professora Esnobe — ele disse, para me provocar. — Achei esse romance muito envolvente. Posso ter um diazinho a mais para fazer o trabalho?

E encerrou com:

— O mundo é deles, beleza? Os caras são os donos, e nós vivemos nele.

No dia seguinte, as coisas haviam esfriado, e Ray sugeriu que eu convidasse nossos amigos Jeff e Scott para uma festa na casa dele naquele fim de semana. Hesitei por um momento — nunca tínhamos levado amigos brancos em uma festa negra —, porém Ray insistiu, e não consegui pensar em uma boa razão para ser contra. Tampouco Jeff e Scott, que toparam ir, desde que eu desse carona. Assim, no sábado à noite, depois de um jogo, nós três entramos no velho Ford Granada do meu avô e seguimos para Schofield Barracks, que ficava a uns cinquenta quilômetros de distância.

Chegamos no auge da festa e fomos logo beber alguma coisa. A presença de Jeff e Scott não pareceu incomodar. Ray os apresentou a todos, eles conversaram um pouco e foram dançar com duas garotas. No entanto, percebi na mesma hora que a cena havia pegado meus amigos brancos de surpresa. Eles sorriam demais. Ficavam juntos em um canto. Balançavam a cabeça de um jeito mecânico no ritmo da música e pediam licença a cada poucos minutos. Depois de cerca de uma hora, eles perguntaram se eu podia levá-los embora.

— Como assim? — perguntou Ray em meio à música quando fui avisar que estávamos indo. — A festa está só começando.

— Acho que eles não estão no clima.

Trocamos um olhar, e por um longo momento só ficamos ali, ouvindo o barulho e as risadas à nossa volta. Ray parecia determinado a não piscar. Finalmente, ele estendeu a mão e eu a apertei, sem desviar os olhos.

— Até mais então — Ray disse, com sua mão já soltando a minha, e se enfiou na multidão.

Lá fora, o ar estava fresco. Não havia ninguém na rua, e só se ouvia o tremor distante do aparelho de som de Ray. No carro, Jeff apoiou a mão no meu ombro, meio pedindo desculpas e parecendo aliviado.

— Sabe, cara? Aprendi uma lição. Tipo, deve ser difícil para você e Ray às vezes, nas festas da escola... sendo os únicos negros e tal.

Ri com desdém.

— É. Pois é.

Jeff tinha falado aquilo com a melhor das intenções, mas uma parte de mim quis dar um soco na cara dele. Voltamos em silêncio enquanto eu repassava mentalmente a briga que havia tido com Ray no dia anterior. Quando deixei meus amigos em casa, já conseguia ver um novo mapa-múndi, assustador de tão simples. Estávamos sempre jogando na quadra dos brancos, Ray havia me dito, seguindo as regras deles. Se alguém da diretoria, ou o técnico ou um professor, ou mesmo Kurt, quisesse cuspir na nossa cara, podia, porque eles tinham poder, e nós, não. Se decidissem não fazer isso, se nos tratassem como pessoas ou nos defendessem, era porque sabiam que as palavras ditas por nós, as roupas que usávamos, os livros que líamos, nossos desejos e nossas ambições, eram, de certa maneira, ditados por eles. O que quer que decidissem, era decisão deles, e não nossa. O poder não tinha nada a ver com suas motivações ou mesmo com os sentimentos deles em relação aos negros, de modo que a distinção entre "brancos do bem" e "brancos do mal" não importava muito.

Em meu estado mental agitado, comecei a questionar tudo que eu pensava ser a livre expressão da minha negritude. Eu *escolhia* meu gosto musical, minhas gírias, meu senso de humor, meu estilo de jogar basquete? Ou me escondia atrás dessas coisas, junto com outras pessoas negras? Era uma lógica assustadora. Se eu pensasse daquele jeito, que opções tinha na vida? Podia me fechar cada vez mais em minha fúria, até que "ser negro" significasse simplesmente saber que não tinha poder e aceitar a derrota. Seria como aprisionar a mim mesmo. Ou então eu poderia enfrentar nossos "carcereiros" e me tornar o que chamavam de "militante", alguém que falava e agia com base em sua raiva — e assim talvez terminasse em um tipo diferente de prisão.

EU PRECISAVA DESCOBRIR se outros negros compartilhavam daquela visão pessimista. Ao longo dos meses seguintes, fui à biblioteca e peguei livros de James Baldwin, Ralph Ellison, Langston Hughes, Richard Wright e W.E.B. Du Bois. À noite, fechava a porta do quarto, dizendo a meus avós que tinha lição de casa a fazer, e ficava lendo e tentando entender como alguém com meu passado peculiar se encaixava no mundo. No entanto, não havia escapatória. Nas páginas de cada livro, em *Filho nativo*, de Richard Wright, e em *Homem invisível*, de Ralph Ellison, eu encontrava a mesma angústia, a mesma dúvida. Não importava quão eruditos, simpáticos ou irônicos aqueles escritores fossem, sempre havia uma espécie de autodepreciação operando. Ao fim, sua arte não foi capaz de ajudá-los. Todos tinham eventualmente saído de cena, exaustos e amargurados — Du Bois foi para a África, Baldwin, para a Europa, Hughes se enfiou no Harlem.

Só a autobiografia de Malcolm X parecia oferecer algo diferente. Antes de ser assassinado, ele estava sempre experimentando novos papéis, se reinventando a todo momento. Suas palavras eram de uma poesia franca. Acima de tudo, insistia no respeito e se esforçava ao máximo para consegui-lo. No entanto, tinha um outro lado, mais raivoso, que falava do "diabo de olhos azuis" e do apocalipse. Eu não prestava muita atenção naquele lado; sabia que Malcolm X havia abandonado esse tipo de discurso no fim da vida. Porém, uma frase do livro me assombrava. Malcolm falava do desejo de se livrar de qualquer sangue branco que corresse em suas veias. Eu sabia que ele falava sério. Também sabia que esse caminho não podia ser o meu. Minha jornada para o autorrespeito nunca me permitiria cortar laços com minha mãe e meus avós, minhas raízes brancas.

Mais para o fim da vida, Malcolm X parecia alimentar esperanças de que alguns brancos pudessem viver a seu lado em um futuro distante, em uma terra remota. Enquanto isso, eu queria ver de onde viriam as pessoas dispostas a trabalhar por aquele futuro e povoar esse novo mundo.

CERTA MANHÃ, por volta dessa época, acordei com uma discussão na cozinha — a voz tranquila da minha avó seguida pelos resmungos graves do meu avô. Abri a porta e vi Toot entrando no quarto deles para se arrumar para o trabalho. Perguntei a ela qual era o problema.

— Nada. Seu avô só não quer me levar para o trabalho hoje, nada de mais.

Quando entrei na cozinha, meu avô resmungava baixinho. Se serviu de uma xícara de café enquanto eu dizia que, se ele estava cansado, eu podia levar Toot ao trabalho. Era uma oferta ousada, porque eu não era uma pessoa muito matinal. Ele franziu a testa para mim.

— Não é disso que se trata. Ela só quer que eu me sinta mal.

— Tenho certeza de que não é isso.

— Claro que é. — Ele tomou um gole de café. — Ela pega ônibus desde que começou a trabalhar no banco. Sempre disse que é mais conveniente. Mas agora, só porque estão enchendo o saco dela um pouco, quer mudar tudo.

A figura diminuta de Toot apareceu no corredor, olhando para nós por trás das lentes bifocais dos óculos.

— Não é bem assim, Stanley.

Acompanhei minha avó até o outro cômodo e perguntei o que havia acontecido.

— Um homem me pediu dinheiro ontem. Enquanto eu esperava o ônibus.

— Só isso?

Toot franziu os lábios de irritação.

— Ele foi muito agressivo, Barry. Muito mesmo. Dei um dólar, mas o homem continuou insistindo. Se o ônibus não tivesse chegado, acho que ele teria me batido na cabeça.

Voltei para a cozinha. Meu avô estava lavando a xícara, de costas para mim.

— Olha — falei —, por que eu não levo Toot? Ela parece bem chateada.

— Só por causa de um pedinte?

— É, eu sei. Mas deve ter sido assustador para ela, ter um homem impedindo sua passagem. Posso levar sem problema.

Quando meu avô se virou, eu vi que ele estava tremendo.

— Tem problema, sim. Para mim. Outros homens já a assediaram. Sabe por que ela ficou tão assustada dessa vez? Vou dizer o motivo. Antes de você entrar, Toot falou que o homem era *negro*. — Ele sussurrou a última palavra. — É por isso que ela está tão incomodada. E eu não acho certo.

As palavras foram um soco no meu estômago.

Eu tentei me acalmar e disse a ele, com a voz mais firme possível, que aquela atitude me incomodava também. Porém, falei que o medo de Toot ia passar, e que enquanto isso a gente deveria dar carona para ela. Meu avô afundou na poltrona da sala e disse que sentia muito por ter me contado aquilo. Diante dos meus olhos, ele pareceu um homem pequeno, velho e muito triste. Levei a mão ao seu ombro e falei que entendia e que estava tudo bem.

Permanecemos assim, em um silêncio doloroso, por vários minutos. Finalmente, meu avô insistiu que ele mesmo levaria Toot e foi se arrumar. Depois que os dois saíram, sentei na beirada da minha cama e fiquei pensando nos meus avós.

Eles viviam se sacrificando por mim. Tinham depositado todas as esperanças no meu sucesso. Nunca haviam me dado motivo para duvidar de seu amor, e eu tinha certeza de que esse dia jamais chegaria. No entanto, eu sabia que homens que poderiam facilmente ser meus irmãos ainda inspiravam neles o mais profundo medo.

NAQUELA NOITE, fui até Waikiki, passando pelos hotéis de luzes fortes e seguindo até o canal Ala-Wai. Levei um tempo para reconhecer a casa, com a varanda instável e o teto baixo. A luz estava acesa lá dentro, e vi Frank, o velho poeta, sentado em sua poltrona, com um livro aberto no colo, os óculos de leitura escorregando do nariz. Fiquei no carro, observando-o por um tempo, até que finalmente desci e bati à porta. Ele mal olhou antes de levantar para abri-la. Fazia três anos que não nos víamos. Frank continuava o mesmo, com o bigode um pouco mais branco e a calça jeans um pouco mais esfarrapada, amarrada na cintura com uma corda. Ele me convidou a entrar.

— Como está seu avô?

— Bem.

— Então o que veio fazer aqui?

Eu não sabia ao certo. Contei a Frank parte do ocorrido.

— Seu avô é engraçado. Sabia que crescemos a uns oitenta quilômetros de distância?

Fiz que não.

— Pois é. Nós dois morávamos perto de Wichita. Mas não nos conhecíamos, claro. Antes de ele ter idade para lembrar de qualquer coisa eu já havia ido embora fazia tempo. Mas talvez eu tenha visto alguém da família dele. Esbarrado na rua. Se foi o caso, tive que dar passagem para eles. Seu avô fala sobre essas coisas com você?

Balancei a cabeça outra vez.

— É — Frank disse —, imaginei que ele não fosse falar disso. Stan não gosta de falar sobre aquela parte do Kansas. Fica desconfortável. Seu avô me contou uma vez sobre uma menina negra que eles contrataram para cuidar da sua mãe. Filha de um pastor, acho. Disse que ela se tornou parte da família. É o que ele guarda na lembrança, entende? Essa menina que cuidava dos filhos dos outros, enquanto a mãe lavava a roupa dos outros. Que ela fazia parte da família.

Frank não me encarava; seus olhos estavam fechados, sua cabeça estava apoiada no encosto da poltrona, seu rosto enrugado parecia esculpido em pedra.

— Não dá para culpar Stan pelo que ele é — disse Frank, em voz baixa. — No geral, é um bom homem. Mas não me *conhece*. Assim como não conhecia a menina que cuidava da sua mãe. Ele não tem *como* me conhecer, não como eu o conheço. Talvez alguns havaianos tenham, ou os indígenas nas reservas. Eles viram os pais serem humilhados, as mães serem estupradas. Mas seu avô nunca vai saber como é. Por isso pode vir aqui, beber meu uísque e pegar no sono na poltrona em que você está sentado agora. Dormir feito um bebê. Isso é algo que eu nunca poderia fazer na casa dele. *Nunca.* Não importa quão cansado eu esteja, ainda preciso cuidar de mim mesmo, pelo meu próprio bem.

Frank abriu os olhos.

— O que estou tentando dizer é que sua avó está certa de ter medo. Ela está no mínimo tão certa quanto Stanley. Porque sabe que há motivos para os negros terem ódio. É simples assim. Pelo seu bem, eu gostaria que não fosse dessa forma. Mas é. Então é melhor se acostumar.

Frank voltou a fechar os olhos. Sua respiração ficou mais lenta, até que ele pareceu ter pegado no sono. Pensei em acordá--lo, então decidi não fazer isso e fui para o carro. Eu sentia a terra tremer sob meus pés, pronta para se abrir a qualquer momento. Tentei me acalmar.

Pela primeira vez, vi que estava totalmente só.

5

QUANDO CHEGUEI AO SEGUNDO ANO do ensino médio, tinha parado de escrever para meu pai e ele tinha parado de me escrever de volta. Meu amigo Ray havia ido fazer faculdade em algum lugar e eu deixei os livros de lado. Estava cansado de tentar desvendar a confusão dos outros.

Havia aprendido a não ligar.

Maconha ajudava, e bebida também. No entanto, quando eu bebia ou fumava, não era para provar o quanto eu era legal. A ideia era justamente o contrário. Ficar chapado tirava as perguntas relacionadas a quem eu era da minha cabeça. Tinha descoberto que não fazia nenhuma diferença se você fumava maconha na van novinha em folha de um colega de classe branco, no quarto de um cara que tinha conhecido na academia ou na praia, com um casal de jovens havaianos que haviam largado os estudos. Ninguém perguntava se seu pai era rico ou pobre. Todo mundo era bem-vindo no clube da alienação. E se ficar chapado não resolvia qualquer que fosse o problema, pelo menos ajudava a dar umas risadas e ver toda a hipocrisia e moral de meia-tigela.

Era o que eu achava na época, pelo menos. Foi só no meu último ano da escola que vi a diferença que a cor da pele e o dinheiro faziam no fim das contas, em relação a quem sobrevivia e à brutalidade ou não da aterrissagem quando se caía na real. É claro que, de qualquer maneira, era preciso um pouco de sorte — algo que meu colega de classe Pablo não teve. Ele foi parado pela polícia e estava sem a carteira de motorista. O policial não tinha nada melhor a fazer, por isso revistou o porta-malas do carro. Ou Bruce, que usou LSD demais e acabou em uma instituição psiquiátrica. Ou Duke, que não escapou de um acidente de carro.

Tive que explicar isso a minha mãe uma vez, o papel da sorte no mundo, a roda da fortuna. Foi no início do meu último ano de escola; ela estava de volta ao Havaí depois de ter terminado sua pesquisa na Indonésia, e um dia entrou no meu quarto querendo saber detalhes sobre a prisão de Pablo. Abri um sorriso encorajador, dei alguns tapinhas em sua mão e disse que ela não precisava se preocupar: eu não faria nenhuma idiotice.

Aquilo não pareceu tranquilizá-la nem um pouco. Minha mãe ficou ali, olhando nos meus olhos, muito séria.

— Você não acha que está sendo um pouco descuidado demais com seu futuro? — perguntou.

— Como assim?

— Você sabe do que estou falando. Um amigo seu foi preso por porte de drogas. Suas notas estão caindo. Você ainda não começou a se candidatar a universidades. Sempre que tento tocar nesse assunto, você age como se eu estivesse sendo chata.

Eu não precisava ouvir aquilo. Não era como se fosse repetir de ano. Comecei a dizer que eu vinha pensando em não fazer faculdade fora. Em ficar no Havaí, assistir a algumas aulas e trabalhar meio período. Minha mãe me cortou na hora.

— Com um mínimo de esforço, você poderia entrar em qualquer faculdade do país. Lembra o que é isso? Esforço? Vamos, Bar, não pode ficar parado como um malandro, esperando as coisas caírem do céu.

— Como um o quê?

— Um malandro. Um vagabundo.

Olhei para minha mãe sentada ali, tão zelosa, tão certa do destino de seu filho. De repente, tive vontade de acabar com aquela certeza dela.

— Um malandro, é? — Dei risada. — Bom, por que não? Talvez seja isso que eu quero da vida. Tipo, olha só o vovô. Ele não fez faculdade.

A comparação a pegou de surpresa. Sua expressão murchou, seus olhos se agitaram. De repente, percebi que aquele era o maior medo dela.

— É isso que te preocupa? — perguntei. — Que eu termine como o vovô?

Ela balançou a cabeça na mesma hora.

— Você já tem mais educação formal que seu avô — minha mãe disse, porém a certeza finalmente havia deixado sua voz.

DEPOIS DA CONVERSA, fiquei me sentindo mal. Eu sabia que, de certa forma, minha mãe estava certa. Beber e usar drogas não impediam o tique-taque do relógio, não impedia a vida de passar em vão. O que eu tinha tentado explicar para ela era que sua fé na justiça e no comportamento racional era absurda. Que toda a educação e todas as boas intenções do mundo não davam a ninguém o poder de mudar o rumo cego e tolo da humanidade.

Mais tarde, pudemos lembrar aquela conversa e dar risada, porque os piores medos de minha mãe não se concretizaram. Eu me formei na época certa, fui aceito em várias universidades de prestígio e escolhi a Occidental College, em Los Angeles, principalmente porque gostava de uma californiana que havia conhecido quando ela passava as férias com a família no Havaí.

No entanto, eu continuava só seguindo o fluxo. Não me importava muito com a faculdade ou com qualquer outra coisa. Até mesmo Frank achava que minha postura não era boa, embora não deixasse muito claro qual era a melhor maneira de mudá-la.

Como era mesmo que ele se referia à faculdade? *Um diploma avançado em abrir mão das coisas.* Pensei na última vez que vi o velho poeta, alguns dias antes de deixar o Havaí. Frank havia me perguntado quais eram minhas expectativas. Eu respondi que não sabia, e ele balançou a cabeça.

— Bom — falou —, o problema é esse, não é? Você *não sabe*. É exatamente como os outros jovenzinhos. Tudo o que sabe é que a faculdade é o próximo passo esperado. E as pessoas negras que são velhas o bastante para ter sabedoria, que lutaram esses anos todos pelo seu direito de frequentar a universidade, estão tão felizes de ver você lá que não vão lhe dizer a verdade. O verdadeiro preço da entrada.

— E qual é?

— Sua raça fica da porta para fora — disse ele. — Sua gente fica da porta para fora. — Ele me avaliou por cima dos óculos de leitura. — Entenda uma coisa, rapaz. Você não vai ser educado na faculdade. Vai ser *treinado*. Vão treinar você para querer o que não precisa. Vão treiná-lo a manipular palavras para que não signifiquem mais nada. Vão treinar você para esquecer o que já sabe. Vão fazer isso tão bem que vai começar a acreditar no que lhe dizem sobre igualdade de oportunidades, estilo de vida americano e essas merdas todas. Vão te dar uma sala grande e te convidar para jantares refinados, e vão lhe dizer que você é um orgulho para sua raça. Até você querer começar a controlar as coisas, e aí eles vão puxar suas correntes e lembrar que você pode ser um crioulo bem treinado e bem remunerado, porém ainda é um crioulo.

— Então o que você está me dizendo é... que eu não deveria fazer faculdade?

Frank relaxou os ombros e se recostou na poltrona, com um suspiro.

— Não. Eu não disse isso. Você tem que fazer. Só quero que mantenha os olhos abertos. Que continue atento.

Manter os olhos abertos não era tão fácil quanto parecia. Não na ensolarada Los Angeles, para onde fui no outono seguinte. Não enquanto eu passeava pelo campus da Occidental, que ficava a alguns quilômetros de Pasadena, com suas ruas arborizadas e seus telhados ao estilo espanhol. Os estudantes eram simpáticos, e os professores, encorajadores. Estávamos em 1979, Jimmy Carter deixava o poder, Ronald Reagan prometia um otimismo renovado, "a manhã na América". Quando eu saía do campus, pegava a estrada para Venice Beach ou Westwood, e passava por bairros negros pobres do leste de Los Angeles ou por South Central sem nem saber, só via mais palmeiras despontando como dentes-de-leão acima dos muros altos de concreto. Los Angeles não era muito diferente do Havaí — não a parte visível, pelo menos. Só era maior, e lá era mais fácil encontrar um barbeiro que sabia cortar cabelo crespo.

De qualquer maneira, a maior parte dos alunos negros da Oxy não parecia muito preocupada com "abrir mão" de nada.

Havia o bastante de nós no campus para formar uma panelinha. Ficávamos juntos e andávamos em grupo. No primeiro ano, quando eu ainda morava no dormitório da universidade, reclamávamos das mesmas coisas que Ray, eu e os outros garotos negros do Havaí. Fora isso, tínhamos as mesmas preocupações que os jovens brancos à nossa volta. Sobreviver às aulas. Conseguir um trabalho que pagasse bem depois da formatura. Arrumar uma namorada. Eu havia me deparado com um dos segredos mais bem guardados sobre as pessoas negras: a maioria de nós não estava interessada em revolução, a maioria estava cansada de pensar em raça o tempo todo. Se preferíamos manter isso em sigilo, era principalmente porque aquele era o jeito mais fácil de parar de pensar no assunto. Era muito mais fácil que passar o tempo todo irritado ou tentando adivinhar o que os brancos pensavam a nosso respeito.

Então por que *eu* não conseguia parar de pensar em raça?

Não sei. Talvez porque não vinha de um bairro negro pobre, como Compton ou Watts. Para quem crescia naqueles lugares, sobreviver já era um ato revolucionário. Quando chegavam à faculdade, toda a família ficava lá atrás, torcendo por você. Ficavam felizes em ver que você escapou; não era uma questão de "trair a própria raça". Eu era mais como os estudantes negros que haviam sido criados em subúrbios. Dava para identificá-los pelo modo como falavam, pelas pessoas com quem sentavam no refeitório. Eles diziam que a cor da pele não os definia. Que eram *indivíduos*.

Era assim que minha amiga Joyce falava. Ela era bonita, com olhos verdes, pele castanha e lábios volumosos. Durante o primeiro ano, moramos no mesmo prédio, e praticamente todos os caras negros da faculdade ficavam atrás dela. Um dia, perguntei se Joyce ia à reunião da Associação de Estudantes Negros.

Ela me olhou de um jeito engraçado, depois balançou a cabeça como um bebê que não queria comer a próxima colherada.

— Não sou negra — respondeu. — Sou *multirracial.*

Então me falou sobre o pai, que *por acaso* era de família italiana e o homem mais doce do mundo; e a mãe, que *por acaso* era descendente de africanos, franceses, nativo-americanos e mais alguma coisa.

— Por que eu deveria escolher entre uma coisa e outra? — Joyce me perguntou. Sua voz falhou, e achei que ela fosse chorar. — Não são os brancos que me fazem escolher. Talvez antes fosse, mas agora eles parecem dispostos a me tratar como uma pessoa. Não. São os *negros* que sempre fazem tudo girar em torno da raça. São *eles* que querem que eu escolha. São *eles* que me dizem que não posso ser quem sou...

Eles, eles, eles. Eu tinha a impressão de que pessoas como Joyce muitas vezes falavam muito bem sobre a riqueza de sua herança multicultural, até eu perceber que elas evitavam outros negros. Não era necessariamente uma escolha consciente. A cultura branca estava em toda parte, e aquelas pessoas gravitavam em torno dela. Achavam que eram os brancos que não viam tudo em termos de raça, que estavam dispostos a aceitar alguém um pouco mais "exótico" em seus círculos. Que só a cultura branca tinha indivíduos. Que quem escolhia a cultura negra se tornava apenas membro de "uma minoria", incapaz de pensar por si próprio. Assim, pessoas multirraciais como Joyce ou como eu começavam a pensar: "Por que ser confundido sem necessidade com aqueles derrotados?".

Então faziam uma escolha, fingindo que não estavam fazendo, e aquilo funcionava por um tempo — até que ficavam ofendidas quando um táxi livre passasse direto por elas ou uma mulher no elevador agarrasse a bolsa junto ao corpo. Pessoas negras com menos sorte precisavam suportar tais insultos todo santo dia, mas não era aquilo que as deixava com raiva. Ficavam com raiva porque usavam ternos caros e falavam um inglês impecável. E mesmo assim eram confundidas com crioulos comuns.

Você não sabe quem eu sou? Sou um *indivíduo*!

O FATO É QUE EU VIVIA RECONHECENDO partes de mim em Joyce e em todos os jovens negros que se sentiam como ela, e aquilo me assustava. Eu precisava pôr distância entre mim e eles, para me convencer de que não estava "abrindo mão" de nada, como Frank havia dito que eu faria — que eu continuava de olhos abertos.

Para evitar ser confundido com um vira-casaca, eu escolhia meus amigos com cuidado. Os estudantes negros mais ativos politicamente. Os estrangeiros. Os latinos. Os professores marxistas e feministas, os poetas e os punks. Fumávamos cigarros e usávamos jaqueta de couro. À noite, no dormitório, discutíamos a literatura e a filosofia dos oprimidos, a história das nações europeias invadindo países menores e menos poderosos. Quando apagávamos nossos cigarros no carpete do corredor ou colocávamos música para tocar tão alto que as paredes começavam a tremer, pensávamos estar fazendo uma declaração política contra a sociedade "burguesa" que nos oprimia.

Ironicamente, foram amigos negros que me fizeram repensar aquelas ideias idiotas. Quando conheci Regina, por exemplo, um irmão chamado Marcus estava me dando um sermão sobre o que eu escolhia ler.

— Irmã Regina — Marcus disse —, você conhece Barack, não? Estou tentando explicar ao irmão Barack que o que ele está lendo é um tratado racista.

Marcus mostrou a ela um exemplar de *Coração das trevas*, de Joseph Conrad, sobre um homem branco no fim do século XIX que viaja para as profundezas da África Central e se torna uma espécie de rei insano do povo negro que vivia ali.

— Cara, para de sacudir esse negócio — falei, e tentei pegar o livro de volta.

— Só de ser visto com um livro desses você já fica envergonhado, não é? — Marcus comentou. — Estou dizendo, cara, esse negócio vai envenenar sua mente. — Ele olhou para o relógio. — Droga, estou atrasado para a aula. — E se inclinou para dar um beijo na bochecha de Regina. — Fala com ele, pode ser? Acho que esse irmão ainda pode ser salvo.

Regina sorriu e balançou a cabeça enquanto o observava sair pela porta.

— Então Marcus está bancando o pregador hoje?

Guardei o livro na mochila.

— Na verdade, ele está certo — falei. — É um livro racista mesmo. Conrad vê a África como a fossa do mundo e os negros como selvagens, e acredita que qualquer contato com eles é contagioso.

Regina soprou o café quente dela.

— Então por que você está lendo?

— Porque é leitura obrigatória. — Fiquei em silêncio por um momento, sem saber como continuar. — E porque esse livro está me ensinando algumas coisas. Sobre os brancos, digo. Não é um livro sobre a África. Ou sobre os negros. É sobre o homem que o escreveu. O europeu. O americano. Estou lendo esse livro para me ajudar a entender o que há nos negros que deixa os brancos com tanto medo. Ele está me ajudando a entender como as pessoas aprendem a odiar.

— E isso é importante para você — concluiu Regina.

Minha vida depende disso, pensei, mas o que disse, depois de sorrir, foi:

— É a única maneira de curar uma doença, não é? Com um diagnóstico.

Regina sorriu de volta e tomou um gole de café. Eu já a tinha visto por ali, em geral na biblioteca, com um livro na mão. Ela era uma mulher grande, de pele escura, que usava vestidos que pareciam feitos em casa e meia-calça, além de óculos coloridos de armação larga e um lenço sempre cobrindo a cabeça. Eu sabia que ela estava no terceiro ano, ajudava a organizar os eventos dos estudantes negros e não saía muito. Regina mexeu seu café e perguntou:

— Como foi que Marcus chamou você? Um nome africano, não foi?

— Barack.

— Achei que seu nome fosse Barry.

— Meu nome de verdade é Barack. É o nome do meu pai. Ele é queniano.

— Significa alguma coisa?

— "Abençoado". Em árabe. Meu avô era muçulmano.

Regina repetiu o nome, testando o som.

— Barack. É lindo. — Ela se inclinou para a frente sobre a mesa. — Então por que todo mundo chama você de Barry?

— Por força do hábito, imagino. Meu pai usou esse nome quando chegou aos Estados Unidos. Não sei se foi ideia dele ou de outra pessoa. Ele deve ter usado Barry porque era mais fácil de pronunciar. Sabe... deve tê-lo ajudado a se integrar. E o apelido passou para mim. Para que eu me integrasse.

— Você se importa se eu te chamar de Barack?

Sorri.

— Não, desde que você pronuncie direito.

Acabamos passando aquela tarde juntos, conversando e tomando café. Regina me contou sobre sua infância em Chicago. O pai dela tinha ido embora e a mãe precisou se virar para pagar as contas. O prédio em South Side onde elas moravam nunca era quente o bastante no inverno e ficava tão abafado no verão que os moradores iam dormir no lago. Ela me contou sobre o pessoal do bairro, sobre passar por bares comuns e bares de sinuca a caminho da igreja. Me contou sobre as noites na cozinha, com os tios, primos e avós, suas vozes se transformando em risadas. A sua própria voz evocava uma visão da vida negra em todas as suas possibilidades, uma visão que me encheu de anseio — anseio por um lugar, por uma vida que eu não conhecia. Quando estávamos nos levantando para ir embora, eu disse a Regina que tinha inveja dela.

— Inveja do quê?

— Não sei. Das suas lembranças, acho.

Regina deu risada, uma risada plena e profunda.

— Qual é a graça?

— Ah, Barack — disse ela, recuperando o fôlego. — A vida é engraçada mesmo. Eu fiquei aqui esse tempo todo pensando que gostaria de ter crescido no Havaí.

É ESTRANHO COMO uma única conversa pode mudar uma pessoa. Senti que minha voz genuína estava voltando depois daquela tarde com Regina. Conforme o tempo passava, eu a sentia cada vez mais forte, robusta, uma ponte entre meu futuro e meu passado. Lembrei de meus valores, coisas simples que tinha ouvido da minha mãe e dos meus avós, em séries de TV e livros de filosofia. Coisas como: olhe para si mesmo antes de julgar o outro; não deixe que outra pessoa tenha que resolver seus problemas por você; não fique obcecado pelas injustiças que acredita sofrer, porque nem sempre *você* é o centro das atenções.

E então comecei a ouvir as mesmas coisas de pessoas negras que respeitava, pessoas que tinham mais motivos para serem amargas que eu. Meus novos amigos me fizeram perceber que minhas ideias sobre quem eu era e quem poderia vir a ser haviam se atrofiado, se estreitado, perdido importância — que os valores que importavam não eram negros ou brancos.

Minha identidade podia começar na minha raça, porém não terminava, não podia terminar, ali.

Ou pelo menos foi no que escolhi acreditar.

NO MEU SEGUNDO ANO NA OCCIDENTAL, me envolvi com a campanha nacional para pressionar universidades a parar de investir na África do Sul, onde os negros eram submetidos ao sistema cruel conhecido como apartheid. A princípio, eu só estava seguindo a liderança de meus amigos mais politicamente ativos. No entanto, conforme os meses passavam, notei que as pessoas começavam a ouvir minhas opiniões, e uma sede de palavras se revelou em mim — palavras que transmitiriam uma mensagem, apoiariam uma ideia. Haveria em breve uma reunião do conselho de administração, as pessoas que decidiam onde o dinheiro da faculdade seria investido, e nosso grupo decidiu organizar um protesto diante do prédio administrativo. Quando alguém sugeriu que eu fizesse a primeira fala, concordei na mesma hora. Imaginei que estivesse pronto, que pudesse convencer as pessoas do que importava.

Haveria uma espécie de teatro de rua, uma pecinha encenando como era difícil para ativistas protestarem contra a injustiça na África do Sul. Eu faria alguns comentários iniciais, e depois estudantes brancos subiriam ao palco vestidos de paramilitares para me levar embora.

Eu havia ajudado a escrever o roteiro, porém quando sentei para preparar o que diria, algo aconteceu. Na minha cabeça, aquilo passou a ser mais que uma encenação de dois minutos, mais que uma maneira de provar que eu concordava com a política do protesto. Comecei a pensar na visita do meu pai durante a aula da srta. Hefty, na expressão de Coretta aquele dia e no poder de *transformar* as pessoas que as palavras dele tinham. Com o discurso certo, pensei, tudo podia mudar — a África do Sul, a vida das crianças nos guetos a alguns quilômetros de distância, meu próprio lugar instável no mundo.

Eu ainda estava em transe quando subi no palco, com o sol batendo nos olhos, diante de algumas centenas de estudantes inquietos em meio ao horário do almoço. Alguns deles jogavam frisbee no gramado; outros esperavam nas laterais, prontos para seguir em direção à biblioteca a qualquer momento. Fui até o microfone.

— Tem uma luta acontecendo — falei.

Minha voz mal alcançava além das primeiras fileiras. Algumas pessoas ergueram a cabeça, e eu esperei que a multidão se aquietasse.

— Eu disse que tem uma luta acontecendo!

O pessoal parou de jogar frisbee.

— Uma luta a um oceano de distância. Mas uma luta que diz respeito a cada um de nós. Quer a gente saiba ou não. Quer deseje ou não. Uma luta que exige a escolha de um lado. Não o dos negros ou o dos brancos. Não o dos ricos ou o dos pobres. Não. É uma escolha mais difícil que essa. É uma escolha entre a dignidade e a servidão. Entre a justiça e a injustiça.

Entre o comprometimento e a indiferença. Uma escolha entre o certo e o errado...

Parei de falar. A multidão estava em silêncio agora, me observando. Alguém começou a bater palmas.

— É isso aí, Barack — gritou outra pessoa. — Manda a real.

Então mais gente começou a gritar, a aplaudir, a comemorar, e eu sabia que eles estavam comigo, que uma conexão havia sido feita.

Então senti mãos me agarrando por trás. Foi como tínhamos planejado, meus amigos brancos de uniforme, parecendo sérios com óculos escuros. Eles começaram a me arrastar para fora do palco, e eu deveria agir como se estivesse tentando me soltar, só que parte de mim não estava atuando. Eu queria mesmo ficar ali.

Ainda tinha muito a dizer.

6

PASSEI MINHA PRIMEIRA NOITE em Manhattan encolhido em um beco.

Não era minha intenção. De Los Angeles, eu havia acertado o aluguel de um apartamento no Spanish Harlem, que ficava perto da Universidade Columbia, com o amigo de um amigo, que estava saindo de lá. Depois de arrastar minha mala pelo aeroporto, pelo metrô, pela Times Square e pela rua 109, desde a Broadway até a Amsterdam, finalmente cheguei à porta do lugar, um pouco depois das dez da noite.

Apertei a campainha várias vezes, mas ninguém atendeu. A rua estava deserta, os prédios de ambos os lados tinham tapumes. Depois de um tempo, uma jovem porto-riquenha saiu do prédio e me olhou com nervosismo antes de seguir pela rua. Me apressei para segurar a porta antes que fechasse e, puxando a mala, subi a escada para bater, eventualmente com mais força, na porta do apartamento. De novo, não houve resposta. Só ouvi o barulho de algum morador assustado passando o trinco mais adiante no corredor.

Nova York. Exatamente como eu havia imaginado. Olhei a carteira — não tinha dinheiro para pagar um hotel. Conhecia uma única pessoa na cidade, um cara chamado Sadik que havia passado por Los Angeles, mas ele tinha me dito que trabalhava a noite toda em um bar sei lá onde. Sem nada a fazer além de esperar, voltei a descer com a bagagem e sentei nos degraus da entrada. Depois de um tempo, peguei do bolso de trás a carta do meu pai que carregava comigo. Tinha sido enviada do Quênia.

Querido filho,

Foi um prazer receber notícias suas depois de tanto tempo. Estou bem e fazendo todas aquelas coisas que você sabe que esperam de mim neste país. Acabei de voltar de Londres, onde tratei de assuntos do governo, negociando finanças etc. Na verdade, é por causa das constantes viagens que lhe escrevo tão pouco. De qualquer modo, tentarei melhorar isso de agora em diante.

Você vai ficar feliz em saber que seus irmãos estão todos bem e mandam cumprimentos. Como eu, eles aprovam sua decisão de vir para casa depois da formatura. Quando vier, discutiremos a duração da sua estadia. Mesmo que seja de apenas poucos dias, Barry, o importante é que você conheça sua gente e o seu lar.

Cuide-se e, por favor, mande meus cumprimentos a sua mãe, Tutu e Stanley. Espero ouvir notícias suas em breve.

Com amor,

Papai

Dobrei a carta e a guardei de volta no bolso. Não tinha sido fácil escrever para ele; nossa correspondência havia praticamente morrido no decorrer dos quatro anos anteriores. Na verdade, eu havia precisado de vários rascunhos. Tinha riscado frases inteiras e tive dificuldade em encontrar o tom certo; precisei resistir ao impulso de me explicar demais. "Querido pai", "Papai", "Caro dr. Obama". Agora ele havia respondido, em um tom animado e tranquilo. Conheça o seu lar, ele me aconselhava. Fazia soar simples, como falar com a telefonista.

— Informações. Qual cidade, por favor?

— Hum... não sei bem. Esperava que você pudesse me ajudar. O nome é Obama. Onde é o meu lar?

Talvez de fato fosse simples para ele. Pensei no meu pai sentado à sua mesa em Nairóbi, a maior cidade do Quênia, um homem importante no governo, com assistentes e secretários lhe entregando papéis para assinar, um ministro ligando atrás de conselhos, uma esposa amorosa e filhos esperando em casa, o povoado do pai dele a apenas um dia de distância. A imagem me deixou um pouco bravo, e procurei afastá-la da cabeça, preferindo me concentrar no som da salsa que vinha de uma janela aberta em algum lugar mais afastado no quarteirão. Porém, o mesmo pensamento vivia retornando, persistente como as batidas do meu coração. Qual era o meu lugar?

Faltavam dois anos para terminar a faculdade, e eu não tinha ideia do que ia fazer com a minha vida, ou mesmo de onde moraria. O Havaí havia ficado para trás, como um sonho de infância; eu não conseguia mais me imaginar vivendo ali. Independentemente do que meu pai dissesse, eu sabia que era tarde demais para de fato reivindicar o Quênia como meu lar. E, muito embora eu tivesse passado a me entender como um homem negro americano, não tinha comunidade, lugar onde pudesse apostar tudo e testar meu compromisso com minha gente.

Assim, quando ouvi falar sobre um programa de transferência entre a Occidental e a Columbia, logo me inscrevi. Imaginava que, ainda que não houvesse mais estudantes negros na Columbia que na Oxy, pelo menos haveria bairros negros próximos ao campus. Talvez Nova York fosse se revelar o meu lugar. Não havia muito que me prendesse em Los Angeles. A maioria dos meus amigos ia se formar naquele ano. Regina estava a caminho da Espanha, para fazer intercâmbio, e Marcus havia largado o curso e desaparecido.

Então lá estava eu, sem ter onde dormir. Já era para lá de meia-noite quando passei por baixo de uma cerca próxima que fechava um beco. Encontrei um lugar seco, deitei sobre a mala e dormi.

ACORDEI DE MANHÃ com uma galinha branca bicando o lixo aos meus pés. Do outro lado da cerca, um morador de rua se lavava em um hidrante aberto e não fez objeção quando me juntei a ele. Ainda não havia ninguém no apartamento, porém Sadik atendeu a minha ligação e me disse para pegar um táxi até a casa dele, no Upper East Side.

Sadik era um paquistanês forte que havia chegado a Nova York vindo de Londres dois anos antes e agora se sustentava trabalhando como garçom — outro membro do grupo gigantesco de imigrantes sem documentação que trabalhavam na metrópole.

— O que te trouxe à nossa bela cidade, Barry? — ele perguntou quando sentamos juntos.

Eu disse que queria ser chamado de "Barack" e tentei explicar o verão que havia acabado de ter, remoendo a situação do mundo e da minha alma.

— Quero compensar — falei. — Ser útil de alguma forma.

— Bom, meu amigo... você pode falar o quanto quiser sobre salvar o mundo, mas essa cidade tem o costume de acabar com os sentimentos nobres. Olha só esse lugar. — Ele apontou para a multidão na Primeira Avenida. — Todo mundo quer ser o número um. É a sobrevivência dos mais aptos. Unhas e dentes. Nova York é assim. Mas... quem sabe? Talvez você seja a exceção. Se for, tiro meu chapéu.

Nos meses que se seguiram, Sadik me acompanhou enquanto eu percorria as ruas de Manhattan como um rato de laboratório. Tentou não sorrir quando levantei para ceder meu assento no metrô a uma mulher de meia-idade e um jovem grosseiro sentou antes dela. Me levou a lojas de departamentos refinadas e viu meus olhos saltarem ao ver o preço dos casacos. Também me recebeu quando tive que deixar o apartamento na rua 109 porque não tinha aquecimento. E me acompanhou ao tribunal quando as pessoas que me sublocaram o apartamento seguinte desapareceram com meu depósito.

— Unhas e dentes, Barack. Para de se preocupar com esses vagabundos e descubra um jeito de ganhar dinheiro com o diploma chique que você vai receber.

Quando o contrato de aluguel de Sadik terminou, fomos morar juntos. Depois de alguns meses, ele começou a perceber que a cidade havia mesmo surtido efeito em mim. No entanto, não o que ele esperava. Parei de fumar maconha. Passei a correr cinco quilômetros por dia depois da aula e fazia jejum aos domingos. Pela primeira vez em anos, me dediquei aos estudos e passei a escrever um diário com reflexões e poemas muito ruins. Sempre que Sadik tentava me convencer a ir a um bar, eu dava uma desculpa qualquer.

— Você está ficando um chato — dizia ele.

E estava certo. De certa forma, eu estava provando o que ele havia dito sobre o poder da cidade de corromper as pessoas. Era 1981. Wall Street estava bombando e homens e mulheres que mal tinham saído da casa dos vinte anos enriqueciam absurdamente. Parecia não haver limites para o desejo humano — um restaurante mais caro, roupas mais sofisticadas, casas noturnas mais exclusivas, mulheres mais bonitas, um barato mais potente. A beleza, a imundície, o barulho, o excesso, tudo aquilo atordoava meus sentidos. Eu não sabia se conseguiria resistir à tentação, por isso optava pelo outro extremo.

E havia outra coisa que me levava a manter aquele mundo à distância. Eu sentia que ele estava se tornando mais fragmentado. Tinha visto mais pobreza na Indonésia e quase tanta violência em Los Angeles; tinha me acostumado, em toda parte, à desconfiança entre as raças. No entanto, fosse pela densidade ou pela escala de Nova York, dava para ver mais claramente os abismos entre as raças e as classes sociais ali, e a ferocidade das guerras entre variados grupos. Nas cabines dos banheiros da Columbia, expressões como "crioulo" e "judeu imundo" infestavam as paredes, não importava quantas vezes tentassem pintar por cima.

Era como se todo o meio de campo tivesse sido eliminado. E o lugar onde isso ficava mais evidente era na comunidade negra à qual eu tanto havia sonhado em pertencer. Um dia, encontrei um amigo negro em um escritório de advocacia na Midtown e fiquei olhando pela janela de sua sala, em um andar alto, imaginando uma vida boa para mim — um trabalho de que eu gostasse, uma família, um lar. Até notar que ele era o único advogado negro no escritório. As outras pessoas negras ali eram todas mensageiras ou escriturárias.

Visitei o Harlem. Joguei basquete em quadras sobre as quais havia lido, sentei nos bancos do fundo da Igreja Batista Abissínia e fui arrebatado pelas músicas doces e tristes do coral gospel. Vislumbrei o mundo que eu buscava. Porém não conseguia encontrar um lugar onde morar ali. Os prédios elegantes da Sugar Hill estavam todos ocupados — e de qualquer maneira eram caros demais. Os poucos apartamentos com valor de aluguel razoável na vizinhança tinham lista de espera de dez anos. Os que continuavam disponíveis eram fileiras e fileiras de conjuntos habitacionais inabitáveis, diante dos quais jovens vendendo drogas contavam seus bolos de notas e bêbados cambaleavam chorando baixinho.

A princípio, tomei tudo como uma afronta pessoal, como se alguém zombasse de minhas ambições de unir meus mundos. No entanto, as pessoas que moravam em Nova York já fazia um tempo me diziam que não havia nada de especial na minha experiência. E que a cidade estava fora de controle. Mas desde que eu ganhasse algum dinheiro, seria livre para viver como a maior parte dos moradores negros de classe média de Manhattan. Eu podia esquecer o Harlem. Podia me vestir com mais classe, ir a restaurantes melhores e ter um grupo de amigos que ascendia socialmente.

Só que eu sentia que aquelas escolhas poderiam acabar sendo permanentes. Eu provavelmente colocaria meus filhos para estudar em uma escola particular e pegaria táxi à noite para evitar os perigos do metrô. Decidiria que precisava de um prédio com porteiro. E logo estaria do outro lado da linha, incapaz de retornar.

Como não queria fazer tal escolha, passei um ano indo de uma ponta à outra de Manhattan. Estudava o leque de possibilidades humanas. Olhava para a vida dos outros e me perguntava se podia ver neles o reflexo do meu próprio futuro.

FOI NESSE ESTADO DE HUMOR que minha mãe e minha irmã me encontraram quando foram me visitar no meu primeiro verão em Nova York.

— Ele está tão magro — Maya comentou com minha mãe.

— Ele só tem duas toalhas! — gritou minha mãe, enquanto inspecionava o banheiro. — E três pratos!

As duas começaram a rir.

Elas passaram algumas noites com Sadik e comigo, depois foram para um condomínio na Park Avenue que uma amiga da minha mãe que estava viajando lhe ofereceu.

Eu havia conseguido um trabalho temporário em uma construção no Upper West Side, por isso as duas passavam a maior parte dos dias explorando a cidade por conta própria. Quando nos encontrávamos para jantar, elas me davam relatórios detalhados de suas aventuras: comer morango com chantili no Plaza, pegar a balsa até a Estátua da Liberdade, visitar a exposição de Cézanne no Metropolitan Museum of Art. Eu comia em silêncio até que as duas terminassem de falar, então dava início a um longo discurso sobre os problemas da cidade e as pessoas que não tinham nada. Quando as duas se retiravam para a cozinha, ouvia Maya reclamando com minha mãe.

— Barry está bem, né? Espero que ele não perca a cabeça e acabe virando um desses malucos que a gente vê na rua.

Uma noite, minha mãe viu um anúncio de jornal de um filme chamado *Orfeu negro* e insistiu que fôssemos vê-lo naquela noite.

— Foi o primeiro filme estrangeiro que vi na vida! — ela comentou. — Aos dezesseis anos. Eu tinha acabado de ser aceita pela Universidade de Chicago e seu avô ainda não tinha dito que não ia me deixar estudar lá. Eu estava passando o verão na cidade, trabalhando como babá. Foi a primeira vez que estive por conta própria de verdade. Nossa, eu me sentia tão adulta. Então vi esse filme, e achei que era uma das coisas mais lindas que já tinha visto.

Orfeu negro era uma coprodução franco-ítalo-brasileira da década de 1950, revolucionária para sua época. O elenco era quase todo negro, e o filme tinha conquistado um público internacional. A história era simples, baseada no mito grego dos amantes desafortunados Orfeu e Eurídice, só que situada em uma favela do Rio de Janeiro durante o período conturbado do Carnaval. No esplendor do tecnicolor, brasileiros de pele negra e parda cantavam, dançavam e dedilhavam violões como pássaros despreocupados de plumagem colorida.

Mais ou menos na metade do filme, eu decidi que já tinha visto o bastante. *Orfeu negro* retratava as pessoas negras de forma infantilizada — quase o oposto dos selvagens de Joseph Conrad. Virei para minha mãe a fim de perguntar se podíamos ir embora. Sua expressão, no entanto, iluminada pelo brilho azul da tela, era ávida, melancólica. Naquele momento, senti que tinha uma janela para seu coração juvenil. Me dei conta de que aquele retrato de pessoas negras infantilizadas era o que minha mãe havia levado consigo para o Havaí tantos anos antes. Eram fantasias simples, porém proibidas, de uma jovem branca de classe média do Kansas. Ali residia a promessa de outra vida: quente, sensual, exótica, *diferente*.

Virei o rosto, constrangido por ela, me perguntando se emoções entre pessoas de raças diferentes poderiam ser puras. Até mesmo o amor era manchado pelo desejo de encontrar na outra pessoa um elemento que faltava em nós mesmos.

Nos dias seguintes, tentei evitar situações em que minha mãe e eu seríamos obrigados a conversar. Até que, alguns dias antes de ela e Maya voltarem para casa, passei no apartamento delas. Minha mãe notou a carta endereçada ao meu pai que eu tinha na mão.

— Vocês estão combinando uma visita?

Contei a ela que eu tinha começado a planejar uma viagem ao Quênia.

— Acho que vai ser maravilhoso vocês dois se conhecerem de verdade — disse ela. — Ele devia ser um pouco durão demais para um menino de dez anos, mas agora que você está mais velho…

Dei de ombros.

— Quem sabe?

— Espero que não guarde nenhuma mágoa dele.

— Por que guardaria?

— Não sei.

Ficamos sentados por um momento, ouvindo o barulho do tráfego lá embaixo. Então, sem nenhum aviso, minha mãe começou a contar uma história antiga outra vez, com uma voz distante, como se falasse consigo mesma.

— Seu pai não tem culpa de ter partido, sabe? Eu que me divorciei dele. Quando casamos, seus avós não ficaram felizes. Mas disseram que tudo bem. Provavelmente não teriam conseguido nos impedir, e uma hora acabaram concordando que era a coisa certa a fazer.

"Então o pai de Barack, seu avô Hussein, escreveu ao meu pai uma carta longa e desagradável, dizendo que não aprovava o casamento. Disse que não queria que o sangue dos Obama fosse manchado por uma mulher branca. Bom, você pode imaginar como o vovô reagiu. E ainda tinha a questão da primeira esposa do seu pai… Ele me disse que os dois estavam divorciados, mas o casamento tinha sido no povoado, então não havia nenhum documento legal que atestasse o divórcio…"

Seu queixo começou a tremer. Ela mordeu o lábio, tentando se acalmar.

— Seu pai respondeu à carta dizendo que ia seguir em frente com o casamento. Então você nasceu e concordamos que nós três iríamos para o Quênia depois que ele concluísse os estudos. Mas seu avô Hussein continuou escrevendo, ameaçando fazer com que revogassem o visto de estudante dele. Àquela altura, Toot já estava histérica. Tinha lido sobre uma rebelião no Quênia alguns anos antes, que os jornais internacionais tinham exagerado. Ela estava certa de que iam cortar minha cabeça fora e de que você seria raptado.

"Mesmo assim, podia ter dado certo. Seu pai recebeu duas ofertas de bolsas de estudos. Uma da New School, aqui em Nova York. A outra de Harvard. A New School concordou em pagar tudo: estadia, alimentação, arranjar um emprego no campus que sustentaria nós três. A bolsa de Harvard só incluía matrícula e mensalidade. Mas Barack era muito teimoso, queria Harvard. 'Como posso recusar a melhor educação?', ele perguntou. Seu pai só pensava nisso, em provar que era o melhor."

Ela suspirou e passou as mãos pelo cabelo.

— Éramos muito jovens, sabe? Eu era mais nova do que você é agora. Ele era só alguns anos mais velho. Depois, quando seu pai foi nos visitar no Havaí, queria que fôssemos morar com ele. Mas eu ainda era casada com Lolo, e a terceira esposa de Barack tinha acabado de deixá-lo, não achei que...

Ela parou e deu risada.

— Já contei que ele se atrasou da primeira vez que saímos? Íamos nos encontrar na frente da biblioteca da universidade. Quando cheguei, seu pai ainda não estava lá, mas dei alguns minutos a ele. Era um dia bonito, por isso me deitei em um banco e peguei no sono sem perceber. Bom, uma hora depois… uma hora!… ele aparece com alguns amigos. Eu acordei com os três me olhando, e ouvi seu pai dizer, sério como sempre: "Viram, rapazes? Eu disse que ela era uma boa menina e esperaria por mim".

Minha mãe riu mais uma vez, e de novo eu a vi como a garota que ela um dia havia sido. Só que também vi algo mais. Em seu sorriso e em sua expressão levemente intrigada, vi o que todos os filhos *precisam* ver em algum momento quando crescem: que a vida dos pais é independente da vida dos filhos. Eu vi a vida dos dois antes do casamento e do meu nascimento. Vi a vida deles se estendendo até avós e bisavós, um número infinito de encontros casuais, mal-entendidos, esperanças projetadas e circunstâncias limitadas.

Minha mãe era a garota que vira *Orfeu negro* na juventude, um filme cheio de pessoas negras lindas, e tinha ficado lisonjeada com a atenção do meu pai; confusa e sozinha, ela também precisava se libertar dos próprios pais. Sua inocência naquele dia em que esperou meu pai estava enraizada em suas próprias necessidades e em falsos juízos. Mas talvez o amor sempre começasse assim, com impulsos e imagens nebulosas do outro que nos ajudam a nos livrar de nossa solidão. E, se tivermos sorte, essas nuvens se transformam em algo sólido, algo capaz de durar.

No cinema, eu tinha concluído que as emoções entre as raças nunca poderiam ser puras, porém as palavras de minha mãe abalaram essa minha certeza. O que ouvi dela naquele dia, falando sobre meu pai, era algo que a maioria dos americanos achava que não existia entre negros e brancos: o amor de alguém que conhecia sua vida de todos os ângulos, um amor que sobrevive à decepção. Um amor tão generoso que minha mãe tentava me ajudar — um filho que não conhecia o pai — a vê-lo com os olhos dela.

* * *

ALGUNS MESES DEPOIS, recebi a ligação.

— Barry? Barry, é você?

A estática na linha era audível.

— Sim... Quem é?

— Barry... aqui é sua tia Jane, de Nairóbi. Está me ouvindo?

— Desculpa... quem você disse que é?

— Sua tia Jane. Ouça, Barry, seu pai morreu. Em um acidente de carro. Alô? Está me ouvindo? Eu disse que seu pai morreu. Por favor, Barry, ligue para seu tio em Boston e conte a ele. Não posso falar agora, está bem? Vou tentar ligar de novo depois...

E isso foi tudo.

Quando liguei e contei à minha mãe que meu pai havia morrido, ouvi-a chorar do outro lado da linha. No entanto, não senti dor, e não via nenhum motivo para fingir que sentia. Não fui ao enterro. Escrevi para a família dele em Nairóbi para expressar minhas condolências e pedi que me escrevessem de volta. Fiquei pensando em como eles estavam. Porém meus planos de viajar para o Quênia foram suspensos por tempo indeterminado.

OUTRO ANO SE PASSARIA antes que eu reencontrasse meu pai, em um sonho.

No sonho, eu estava viajando de ônibus com amigos cujo nome não lembro. Passávamos por campos verdes e colinas que se erguiam no céu laranja.

Tinha um senhor branco corpulento sentado ao meu lado, com um livro que dizia que a maneira como as sociedades tratam seus idosos revelava muito sobre elas. Ele me falou que estava viajando para encontrar a filha. Peguei no sono e quando acordei estava sozinho no ônibus.

Desci e entrei em um edifício de pedra áspera. Um advogado falava com um juiz. O juiz dizia que meu pai já havia passado tempo o bastante preso e era hora de soltá-lo. O advogado, no entanto, era vigorosamente contra. Disse que lei era lei e que precisávamos manter a ordem.

De repente, eu estava diante da cela do meu pai. Abri o cadeado e o apoiei com cuidado no parapeito da janela. Meu pai estava à minha frente, apenas com um pano ao redor da cintura. Estava muito magro, o que fazia sua cabeça parecer maior, e seus braços e seu peito não tinham pelos. Seus olhos pretos brilhavam em seu rosto pálido.

— Olhe só para você — disse ele. — Tão alto... e tão magro. Já tem até cabelo branco!

Eu vi que era verdade, então fui até ele e o abracei. Comecei a chorar e fiquei com vergonha, mas não conseguia parar.

— Barack. Sempre quis lhe dizer o quanto amo você — falou meu pai. Parecia menor nos meus braços, do tamanho de um menino.

Ele sentou no canto da cama, apoiou a cabeça nas mãos e ficou olhando para a parede. Uma tristeza se espalhou por seu rosto. Tentei brincar; disse que se eu era magro era porque tinha a quem puxar. No entanto, quando sussurrei que podíamos ir embora juntos, meu pai balançou a cabeça e falou que era melhor eu partir.

Acordei, ainda chorando, e foram as primeiras lágrimas de verdade que derramei por ele — e por mim, seu carcereiro, seu juiz, seu filho. Pensei em sua única visita, na bola de basquete com que ele havia me presenteado e em quando me ensinou a dançar. Então me dei conta de que, mesmo ausente, sua imagem forte tinha me dado algo no qual me inspirar.

Fui até a janela e olhei para fora, ouvindo os primeiros sons da manhã — o ruído dos caminhões de lixo, os passos no apartamento ao lado.

Sabia que precisava procurar meu pai, falar com ele outra vez.

PARTE DOIS
CHICAGO

7

EM 1983, DECIDI ME TORNAR um líder comunitário.

A ideia não vinha acompanhada de muitos detalhes; eu não conhecia ninguém que ganhava a vida assim. Quando meus colegas da faculdade me perguntavam o que um líder comunitário *fazia*, eu não conseguia nem responder de maneira direta. Falava apenas sobre a necessidade de mudança: mudança em uma Casa Branca que era indiferente às necessidades de tantas pessoas, em um Congresso obediente e corrupto demais, em um país muito instável e autocentrado para ver o que estava acontecendo. A mudança não viria de cima, eu dizia. Era preciso que as pessoas agissem no nível da base, dentro de suas próprias comunidades.

Então meus amigos, tivessem a pele negra, parda ou branca, me cumprimentavam por meus ideais e depois iam se inscrever na pós-graduação na esperança de ganhar muito dinheiro um dia.

Eu não podia culpá-los.

Em retrospectiva, vejo certa lógica no meu desejo de ser um líder comunitário. Eu ainda guardava lembranças da Indonésia, com seus pedintes e camponeses, e do meu padrasto, Lolo, que se viu impotente em sua tentativa de mudar o sistema.

Na época, no entanto, eu operava basicamente por impulso, como um salmão nadando às cegas contra a corrente. Nas aulas, eu revestia esse impulso com frases de efeito e teorias que encontrava nos livros. À noite, porém, deitado na cama, as teorias eram substituídas por imagens românticas de um passado que eu não tinha vivido.

Eram principalmente imagens do movimento pelos direitos civis, filmagens granuladas em preto e branco que apareciam todo fevereiro, o Mês da História Negra, e que minha mãe me mostrava quando eu era criança. Dois universitários de cabelo curto, com as costas eretas, fazendo seu pedido no balcão de uma lanchonete ou de pé em uma varanda no Mississippi, tentando convencer uma família de arrendatários a se registrar para votar. Uma prisão local lotada de crianças com as mãos entrelaçadas, cantando músicas pela liberdade.

Tais imagens me inflamavam de uma maneira que palavras nunca poderiam. Diziam que eu não estava sozinho em minha luta.

Também me diziam que eu não deveria menosprezar a existência da comunidade negra. Era preciso criar comunidades, lutar por elas, e cuidar delas como se fossem um jardim. Comunidades cresciam ou diminuíam com base nos nossos sonhos. E as pessoas que haviam marchado e sido presas pelos direitos civis tinham sonhado alto.

Ninguém se tornava membro de uma comunidade automaticamente. Era preciso fazer por merecer através do sacrifício compartilhado.

Se eu desse duro o bastante, talvez pudesse falar em nome da promessa de uma comunidade americana maior e mais inclusiva, com pessoas de pele negra, parda e branca — na qual a minha própria singularidade seria aceita.

Essa era a ideia que eu tinha de organização comunitária. Era uma promessa de redenção.

Então, alguns meses antes de me formar na Columbia, escrevi para todas as organizações de direitos civis em que consegui pensar, para todas as autoridades negras eleitas do país com uma visão progressista, para associações de bairro e para associações de inquilinos.

Não perdi a motivação quando ninguém respondeu. Decidi passar um ano em um trabalho mais convencional para pagar minha dívida estudantil e talvez até economizar um pouco. Líderes comunitários não ganhavam muito dinheiro.

Fui contratado por uma filial de uma grande corporação como assistente de pesquisa. Até onde sabia, eu era o único homem negro na empresa, o que era motivo de vergonha para mim e de um orgulho considerável para as secretárias. Aquelas senhoras negras me tratavam como um filho, diziam que torciam para que um dia eu comandasse a empresa. Às vezes, no almoço, eu lhes contava sobre meu maravilhoso plano de ser líder comunitário, e elas sorriam, dizendo:

— Que bom, Barack.

Embora seus olhos me dissessem que na verdade estavam decepcionadas.

Ike, o segurança negro impaciente que ficava no saguão, foi o único que não se importou em dizer na minha cara que eu estava cometendo um erro.

— Líder comunitário? Coisa de política, né? Por que vai querer se meter com algo assim?

Tentei explicar a importância de mobilizar os pobres e contribuir com a comunidade. Porém, Ike só balançou a cabeça.

— Sr. Barack, espero que não se importe se eu lhe der um conselho. Esqueça essa história de líder comunitário. Não precisamos de mais gente correndo de um lado para o outro e falando complicado. Você não tem como ajudar as pessoas que não vão se dar bem, e elas não vão nem gostar que tente. Quem quer se dar bem encontra um jeito de fazer isso sozinho.

"Faça alguma coisa que dê dinheiro. Não precisa ser ganancioso, entende? Mas ganhe o bastante. É disso que precisamos. Só estou falando porque acho que você tem potencial. Um jovem como você, com uma voz bonita... podia até ser locutor de TV. Ou vendedor... Tenho um sobrinho mais ou menos da sua idade ganhando bastante dinheiro com vendas. Quantos anos você tem?

— Vinte e dois.

— Viu? Não desperdice a sua juventude, sr. Barack. Ou vai acordar um dia, um velho como eu, e tudo o que vai ter para mostrar é cansaço.

NÃO DEI MUITO OUVIDOS PARA IKE NA HORA; achei que ele soava como meus avós. No entanto, conforme os meses passavam, a ideia de me tornar líder comunitário ia ficando mais distante. Fui promovido no trabalho. Tinha minha própria sala, uma secretária particular e dinheiro no banco. Às vezes, via meu reflexo nas portas do elevador — de terno e gravata, com uma pasta na mão — e por uma fração de segundo me imaginava sendo um executivo importante, dando ordens e fechando negócios, antes de lembrar quem eu havia dito a mim mesmo que queria ser. E então me sentia culpado.

Até que, um dia, sentei ao computador para escrever um artigo sobre taxas de juros e algo inesperado aconteceu. Minha meia-irmã Auma ligou.

Não nos conhecíamos pessoalmente, mas tínhamos trocado algumas cartas. Eu sabia que ela havia deixado o Quênia para estudar na Alemanha, e em nossas cartas mencionamos a possibilidade de eu visitá-la, ou de ela vir aos Estados Unidos. No entanto, os planos sempre eram vagos — nem eu nem ela tínhamos dinheiro, dizíamos; talvez no ano seguinte.

Agora, de repente, eu ouvia a voz dela pela primeira vez. Era uma voz suave e profunda, marcada pelo sotaque britânico devido aos anos de governo colonial no Quênia. Ela disse que estava vindo para os Estados Unidos com várias amigas. Poderia me visitar em Nova York?

— Claro — respondi. — Você pode ficar comigo. Mal posso esperar.

Nós dois rimos, e então só deu para ouvir a estática e o som da nossa respiração.

— Bom — disse Auma —, não posso falar muito, a conta fica muito cara.

Desligamos logo depois, como se só pudéssemos desfrutar do prazer do contato em doses homeopáticas.

Dois dias antes de sua chegada, Auma voltou a me ligar. Sua voz mal passava de um sussurro.

— Não vou poder ir. Um irmão nosso, David... ele morreu. Em um acidente de moto. É tudo o que sei. — Então começou a chorar. — Ah, Barack. Por que essas coisas acontecem com a gente?

Tentei reconfortá-la da melhor forma. Perguntei se podia ajudar em alguma coisa. Disse que haveria outros momentos para nos vermos. Depois de um tempo, ela se acalmou. Disse que precisava comprar a passagem de volta para o Quênia.

— Então tá, Barack. A gente se vê. Tchau.

Depois de desligar, saí da sala e disse à secretária que estava indo embora. Passei horas vagando pelas ruas de Manhattan, ouvindo a voz de Auma na minha cabeça o tempo todo. A um continente de distância, uma mulher chora. Em uma estrada de terra escura, um garoto perde o controle, bate no chão duro, as rodas girando até pararem. Perguntei a mim mesmo quem eram aquelas pessoas, aqueles desconhecidos que tinham o meu sangue.

AINDA ME PERGUNTO por que aquela primeira ligação de Auma e a notícia da morte de David mudaram minha vida. Não sei. A voz da minha irmã me lembrou que eu tinha feridas abertas que não conseguia curar sozinho. Alguns meses depois, pedi demissão e voltei a me lançar na busca por um trabalho como líder comunitário.

Recebi uma oferta de uma organização de direitos civis com um conselho de diretores composto de dez executivos brancos e um pastor negro. Eles queriam alguém negro, com educação formal e confiante o bastante a ponto de não se sentir desconfortável em salas de reunião coorporativas — exatamente onde eu não queria estar. Recusei a oferta.

Comecei a distribuir folhetos para um candidato no Brooklyn. Ele perdeu a eleição e não recebi nenhum pagamento.

Eu tinha praticamente desistido quando recebi uma ligação de um cara chamado Marty Kaufman. Ele explicou que tinha um projeto em andamento em Chicago e estava procurando um trainee. Quando me encontrei com ele em Nova York, achei que sua aparência não inspirava muita confiança. Era um homem branco de estatura média e corpo largo usando um terno amarrotado. Não devia fazer a barba havia uns dois dias, usava óculos de armação metálica grossa e parecia estar sempre estreitando os olhos.

Marty me perguntou por que alguém do Havaí queria ser líder comunitário.

— Você deve ter raiva de alguma coisa — disse ele, e acrescentou que aquilo era bom. Raiva, prosseguiu, era um pré-requisito para aquele trabalho. — Pessoas mais bem resolvidas encontram empregos mais tranquilos.

Marty estava tentando unir pessoas negras do centro e pessoas brancas do subúrbio em um projeto para salvar empregos no setor de indústria na região metropolitana de Chicago. Disse que precisava de alguém que trabalhasse com ele. Alguém negro.

— A maior parte do nosso trabalho é em igrejas — prosseguiu. — Com os sindicatos indo mal das pernas, elas são a única opção. É onde as pessoas e os valores estão. Só que os pastores não topam trabalhar com a gente só porque são bonzinhos. Eles dão sermões aos domingos, mas só se mexem para valer se dermos um jeito de mostrar que isso vai ajudar a pagar a conta do aquecedor.

Marty me perguntou o que eu sabia sobre Chicago.

Pensei por um momento.

— Carne de porco para o mundo — falei depois de um tempo, uma frase da ode de Carl Sandburg, de 1914, à cidade, que era conhecida por seus matadouros.

Marty balançou a cabeça.

— Os matadouros fecharam já faz um tempo.

— Os Cubs nunca ganham.

— Isso é verdade.

— É a cidade mais segregada dos Estados Unidos — falei. — Um homem negro, Harold Washington, acabou de se eleger como prefeito, e os brancos não gostaram disso.

— Então você tem acompanhado a carreira de Harold? — perguntou Marty. — Estou surpreso que não esteja trabalhando para ele.

— Eu tentei — admiti. — Não tive resposta.

Marty sorriu e tirou os óculos para limpá-los na ponta da gravata.

— Bom, é o caminho certo quando se é jovem, negro e interessado em questões sociais. Encontrar uma campanha política na qual trabalhar. Um benfeitor poderoso, alguém que possa ajudar na sua carreira. E Harold é poderoso, sem dúvida. Tem muito carisma. A comunidade negra inteira o apoia, e metade dos latinos e uma parte da esquerda branca. Mas você tem razão quanto a uma coisa. A atmosfera da cidade é de polarização. As pessoas escolheram um lado e não arredam pé. É tudo um grande circo midiático. Não tem dado para fazer muita coisa.

— E de quem é a culpa?

Marty voltou a colocar os óculos e olhou nos meus olhos.

— Não nos cabe achar culpados. O que nos cabe é descobrir se algum político, mesmo alguém tão talentoso quanto Harold, é capaz de quebrar esse círculo vicioso.

De início, Marty me ofereceu um salário anual de dez mil dólares e dois mil de bônus para comprar um carro; o salário melhoraria se as coisas dessem certo.

No caminho de casa, sentei num banco de parque e considerei minhas opções. Um jovem negro gritou:

— Com licença, senhor. Sabe por que às vezes o rio corre para um lado e às vezes para o outro?

Eu disse que devia ter a ver com a maré, e ele pareceu satisfeito.

Enquanto o via se afastar, me dei conta de que nunca havia notado a direção em que o rio corria.

Uma semana depois, coloquei as malas no carro e fui para Chicago.

8

CHEGUEI EM JULHO, e o sol brilhava entre as copas verde--escuras das árvores. Os barcos tinham deixado a marina, e as velas distantes pareciam as asas das pombas sobre o lago Michigan. Marty havia me dito que estaria ocupado aqueles dias, de modo que precisei me virar. Comprei um mapa e dei uma volta pela cidade.

Enquanto dirigia, pensava no que havia aprendido nas aulas de história: o assovio dos trens da Illinois Central Railroad, que carregaram o peso de milhares de pessoas que já tinham sido escravizadas e de seus descendentes chegando do Sul atrás de melhores oportunidades durante a Grande Migração; os homens, mulheres e crianças negros, sujos da fuligem dos vagões, agarrados a suas malas surradas, abrindo caminho rumo à Terra Prometida. Passei por um carteiro e imaginei que ele era o grande romancista Richard Wright, entregando correspondências antes que seu primeiro livro fosse publicado. Pensei em Frank, o amigo do meu avô, usando um terno largo na frente do velho Regal Theater, esperando para ver o grande

Duke Ellington. A menininha de óculos e maria-chiquinha poderia ser Regina pulando corda.

Um dia, passei por acaso pela Barbearia do Smitty, uma fachada de cinco por dez metros à beira do Hyde Park. A porta da barbearia estava aberta e eu entrei, sentindo imediatamente o cheiro de creme de cabelo e antisséptico e ouvindo as risadas dos homens e o zumbido dos ventiladores lentos. Smitty era um senhor negro, grisalho, magro e curvado. Sua cadeira estava livre, sentei e logo me juntei à familiar conversa fiada sobre esportes, mulheres e as manchetes do dia anterior.

Havia uma foto de Harold Washington, o novo prefeito de Chicago, na parede, e os homens falavam dele com muito afeto, como se fosse um parente. Smitty notou que eu olhava para a foto e perguntou se eu estivera em Chicago durante a eleição.

— Só estando aqui antes de Harold para entender o que ele significa para esta cidade — disse Smitty. — Antes dele, parecia que a gente ia ser para sempre cidadão de segunda classe.

— Só davam migalhas para ter o nosso voto — completou um homem com um jornal.

— Pois é — Smith continuou. — A gente ficava com os piores trabalhos. As piores casas. A brutalidade da polícia estava fora de controle.

Tufos de cabelo caíam no meu colo enquanto eu ouvia os homens falando sobre a ascensão de Harold. Ele já tinha concorrido à prefeitura uma vez, sem sucesso. A falta de apoio da comunidade negra tinha sido vergonhosa, eles me contaram. Então Harold se candidatou de novo, e dessa vez as pessoas estavam prontas para apoiá-lo. O índice de comparecimento na eleição foi recorde, pastores e membros de gangues apareceram, jovens e idosos.

E sua fé havia sido recompensada.

— Na noite em que Harold ganhou, as pessoas correram para as ruas — contou Smitty. — Não estavam apenas orgulhosas dele. Estavam orgulhosas de si mesmas também. Eu fiquei em casa, mas minha esposa e eu só conseguimos dormir às três da manhã, de tanta empolgação. Quando acordei na manhã seguinte, pareceu o dia mais bonito da minha vida...

A voz de Smitty havia se reduzido a um sussurro, e todo mundo na barbearia esboçava um sorriso.

À distância, lendo os jornais em Nova York, eu tinha compartilhado daquele orgulho. No entanto, havia algo de diferente no que ouvia agora; uma intensidade na voz de Smitty que parecia ir além da política.

"Só estando aqui para entender", ele havia dito. Estava falando de Chicago, mas também poderia estar falando que era preciso estar em seu lugar, no lugar de um senhor negro que ainda sofria uma vida inteira de insultos, de ambições frustradas ou abandonadas.

Perguntei a mim mesmo se eu podia entender aquilo verdadeiramente. Achava que sim. Eles também achavam. Mas se sentiriam da mesma forma se soubessem mais a meu respeito? Tentei imaginar o que aconteceria se meu avô entrasse na barbearia naquele momento. A conversa iria parar diante da visão de um homem branco, o feitiço seria rompido, eles começariam a me ver de maneira diferente.

Smitty me passou o espelho para que eu conferisse o resultado, depois tirou minha capa e espanou o cabelo das costas da minha camisa.

— Obrigado pela aula de história — falei, levantando.

— Essa parte é de graça. O corte custa dez dólares. Qual é seu nome, aliás?

— Barack.

Ele pegou o dinheiro e apertou minha mão.

— É melhor vir um pouco mais cedo da próxima vez, Barack. Seu cabelo estava todo desgrenhado quando você entrou.

MAIS TARDE NAQUELE DIA, Marty me buscou na frente do meu novo apartamento e fomos para o sudeste de Chicago, passando por fileiras de casinhas feitas de tábuas cinza ou tijolos, até chegarmos a uma fábrica antiga que se estendia por vários quarteirões.

— A velha Wisconsin Steel — anunciou Marty.

Ficamos ali, em silêncio, estudando o prédio. Estava vazio e tinha manchas de ferrugem. Era como um navio naufragado abandonado. Do outro lado da cerca, um gato malhado e sarnento correu pelo meio do mato.

— Tinha gente de todo tipo trabalhando aqui — Marty disse. — Negros. Brancos. Latinos. Todos no mesmo nível. Vivendo o mesmo tipo de vida. Só que fora da fábrica a maioria não queria nem saber dos outros.

— E o que te faz pensar que eles vão trabalhar juntos agora?

— Eles não têm escolha. Se quiserem recuperar seus empregos.

Quando voltamos para a estrada, Marty começou a me contar sobre a organização que havia criado. Com a ajuda de um bispo católico, ele havia se reunido com pastores e frequentadores da igreja local e ouvido tanto os fiéis negros quanto os brancos falarem sobre a vergonha do desemprego, o medo de perder a casa e de ficar sem pensão — e o sentimento de que haviam sido traídos.

Depois de um tempo, mais de vinte igrejas haviam concordado em formar uma coalização. Eu trabalharia especificamente com representantes das paróquias de dentro de Chicago, um braço da organização de Marty chamado Projeto de Desenvolvimento de Comunidades, ou PDC. Embora as coisas não viessem acontecendo tão rápido quanto ele esperava, haviam acabado de ter sua primeira vitória: a legislatura de Illinois tinha concordado em investir 500 mil dólares para ajudar desempregados a arranjar trabalho. Agora, Marty explicou, estávamos indo a um comício em comemoração.

— Reconstruir a indústria daqui vai levar um tempo. Pelo menos dez anos. Nossa posição vai ser mais forte quando os sindicatos se envolverem. Nesse meio-tempo, só precisamos dar às pessoas algumas vitórias no curto prazo. Algo para mostrar a elas quanto poder têm quando param de brigar entre si e começam a lutar contra o inimigo de verdade.

Perguntei quem era o inimigo de verdade.

— Os bancos de investimento. Os políticos. Os lobistas poderosos.

A noite já estava caindo quando cruzamos os limites da cidade e entramos no estacionamento de uma grande escola suburbana, onde uma multidão se dirigia para o auditório: metalúrgicos, secretárias e motoristas de caminhão demitidos, homens e mulheres que fumavam muito e não ficavam de olho no peso, que faziam compras em lojas de departamentos, dirigiam carros fabricados em Detroit de modelo antigo e comiam no Red Lobster em ocasiões especiais.

Marty se apressou em direção ao palco; porém, quando tentei segui-lo, tive meu caminho bloqueado por três mulheres negras. Uma delas, uma mulher bonita com cabelo ruivo-alaranjado, se inclinou para mim e sussurrou:

— Você é o Barack, né? — E depois, para uma das outras: — Ele é todo arrumadinho, não acha, Mona?

— Com certeza!

— Não me leve a mal — disse a primeira mulher —, não tenho nada contra o Marty. Mas a verdade é que só dá para ir até certo...

Marty acenou para nós do palco.

— Vocês podem falar com Barack o quanto quiserem depois. Agora preciso que subam aqui comigo.

A mulher de cabelo alaranjado se chamava Angela. As outras eram Mona e Shirley. Acabaríamos passando muito tempo juntos.

O auditório estava quase lotado: eram 2 mil pessoas no total, cerca de um terço delas eram moradores negros da cidade que haviam vindo de ônibus. Um coral cantou duas músicas gospel, depois houve uma sequência de discursos, terminando com o do governador, que ofereceu uma solene promessa de apoio ao novo banco de empregos.

A coisa toda parecia um pouco rasa e ensaiada demais para o meu gosto, como um programa ruim de luta livre na TV. De qualquer forma, a multidão parecia estar gostando, e ver todos aqueles rostos negros e brancos juntos me animou. Tive certeza de que compartilhava da visão que impulsionava Marty. Ele acreditava que, se todo mundo tivesse um lugar à mesa, sem a influência dos políticos, da mídia e dos burocratas, pessoas comuns sempre podiam encontrar um meio-termo. Esses foram os primeiros indícios de algo do qual eu precisaria nos meses e anos seguintes: fé.

NO DIA SEGUINTE, Marty decidiu que era hora de eu trabalhar de verdade e me entregou uma longa lista de pessoas com quem falar.

— Descubra qual é o interesse delas — sugeriu Marty. — É por isso que as pessoas se envolvem na organização comunitária: porque acham que vão receber algo em troca.

A princípio, fiquei preocupado que aquele pessoal talvez não estivesse disposto a falar comigo, mas quando ficávamos cara a cara eu percebia que gostavam da chance de dar sua opinião sobre um conselheiro municipal que não fazia nada ou o vizinho que se recusava a cortar a grama do jardim. Eu ouvia certas coisas várias vezes. A maioria dos moradores ali havia sido criada em bairros negros lotados e tido poucas opções. Pela maior parte de sua história, Chicago foi uma cidade com muitos "pactos restritivos": acordos legais privados entre brancos para não vender ou alugar propriedades para pessoas negras. Aqueles com quem eu falava tinham uma memória afetiva dos bairros que haviam construído, que soavam como mundos autossuficientes, porém também se lembravam de que nunca havia aquecimento, luz ou privacidade — e da visão de seus pais dedicando a vida ao trabalho braçal.

Alguns deles seguiram o caminho dos pais e viraram metalúrgicos ou foram trabalhar no chão da fábrica. No entanto, boa parte tinha encontrado trabalho como carteiro, motorista de ônibus, professor e assistente social — no setor público, onde as leis contra a discriminação racial vinham sendo mais fortemente aplicadas. Tais trabalhos tinham benefícios e ofereciam estabilidade o suficiente para que pensassem em comprar uma casa. E, com a aprovação de leis de moradia justa, que ajudavam a impedir os proprietários de se recusarem a alugar ou vender imóveis para pessoas negras, eles haviam se mudado, um a um, para os bairros brancos. Não porque estivessem necessariamente interessados em se misturar com eles, segundo me disseram, mas porque as casas tinham preços acessíveis e contavam com pequenos quintais para as crianças, as escolas eram melhores e as lojas eram mais baratas. Talvez também tivessem começado a comprá-las só porque *podiam*.

Muitas vezes, enquanto ouvia essas histórias, eu era lembrado daquelas que meus avós e minha mãe me contavam — histórias de sofrimento e migração, de busca por algo melhor. No entanto, havia uma diferença inescapável. Nas histórias que eu ouvia agora, as famílias brancas iam embora quando as negras chegavam, as placas de "vende-se" brotando como flores sob o sol de verão. Pedras estilhaçavam as janelas dos lares das famílias negras, pais ansiosos chamavam os filhos para entrar caso se envolvessem em brincadeiras inocentes. Quarteirões inteiros se transformaram em menos de seis meses; bairros inteiros em menos de cinco anos.

Naquelas histórias, sempre que negros e brancos se encontravam, o resultado era raiva e tristeza.

A área nunca havia se recuperado totalmente daquele levante racial. As lojas e os bancos tinham ido embora junto com os clientes brancos, e a qualidade dos serviços públicos decaiu. Ainda assim, quando as famílias negras que viviam naquelas casas havia dez ou doze anos olhavam para trás, para o que tinha acontecido, o faziam com satisfação. Contando com dois salários, elas haviam pago o financiamento do carro e da casa, talvez até a formação universitária dos filhos. Tinham mantido o lar de pé e as crianças fora das ruas; organizado associações de moradores e se certificado de garantir o mesmo para os outros.

Era quando falavam do futuro que pareciam preocupados. Quanto melhor seus filhos se saíam, mais provável era que se mudassem. No lugar deles, vinham famílias mais jovens e com menos estabilidade que nem sempre conseguiam dar conta dos custos da casa. Os roubos de carros vinham aumentando; o número de fiéis nas igrejas diminuiu; os parques frondosos andavam vazios. Agora, grupos barulhentos de pais adolescentes davam batatinhas para os bebês chorando, e as embalagens descartadas lotavam a vizinhança. As pessoas colocavam grades nas janelas e nas portas para se proteger dos ladrões; e se perguntavam se podiam se dar ao luxo de vender suas casas por menos do que haviam pago e se aposentar em um lugar de clima mais quente, talvez voltar para o Sul.

Os pais com filhos mais novos tinham decisões ainda mais difíceis a tomar. Ruby Styles era uma dessas pessoas. Seu filho Kyle era um menino inteligente e tímido, que estava começando a ter problemas na escola. Um amigo dele havia sido baleado na frente de casa. O menino estava bem, porém Ruby andava preocupada com a segurança do filho. As gangues vinham ganhando força.

Ela me apresentou a outros pais com os mesmos medos e que estavam frustrados com a resposta lenta da polícia. Quando sugeri que convidássemos o chefe de polícia local para uma reunião no bairro, na qual as famílias poderiam dividir suas preocupações com ele, todo mundo concordou que era uma boa ideia. Alguns pastores aceitaram nos ajudar a divulgar a reunião.

Foi um fracasso. Apenas treze pessoas compareceram, e ficaram espalhadas pelas fileiras de cadeiras vazias. O chefe de polícia cancelou e mandou alguém que cuidava das "relações comunitárias" no lugar. A cada poucos minutos, um casal de idosos entrava procurando pelo bingo. Passei a maior parte da noite indicando o andar de cima, enquanto Ruby ficou sentada na fileira da frente com uma expressão taciturna ouvindo o policial falar que os pais precisavam disciplinar os filhos.

Fiquei preocupado que o ocorrido a fizesse se afastar da organização comunitária, no entanto ela mergulhou de cabeça no nosso projeto, trabalhando duro para construir uma rede de vizinhos e pais de alunos. Ruby era o sonho de todo líder comunitário: uma pessoa com um talento inexplorado, inteligente, confiável, empolgada com a ideia da vida pública e disposta a aprender.

Surpreendentemente, quem mais resistiu aos meus esforços foram algumas das igrejas batistas. Em uma reunião com pastores locais, fui apresentado a um homem chamado reverendo Smalls. Ele era alto, tinha a pele negra nem muito escura nem muito clara e cabelo alisado penteado para trás, formando um topete. O reverendo disse:

— Veja, Obama, a última coisa de que precisamos é nos unir com dinheiro branco, igrejas católicas e líderes comunitários judeus para resolver nossos problemas. Os brancos vêm aqui pensando que sabem o que é melhor para nós, contratam um monte de irmãos com diploma universitário que falam difícil como você e não conhecem a nossa realidade. Tudo o que eles querem é assumir o poder.

O reverendo Smalls me disse que, com a eleição de Harold Washington, as coisas iam mudar. Os negros agora tinham uma linha direta com a prefeitura e podiam organizar seus próprios protestos. Então me deu um tapinha no ombro e disse que sabia que eu tinha boas intenções.

— Você só está do lado errado no momento — falou.

Marty deu risada quando descrevi minha interação com o reverendo Smalls.

— Eu disse que a cidade estava polarizada — ele comentou. — É até bom que você tenha aprendido a lição logo.

Eu me perguntava o que exatamente eu havia aprendido. Que a união histórica em nome dos direitos civis diante do Memorial Lincoln nos anos 1960 não passava de uma lembrança distante? Que, no fim das contas, cada um de nós reza para seus próprios deuses?

Marty e o reverendo Smalls tinham algo em comum, no entanto. Ambos sabiam que, quanto mais certeza se tinha de que seu ponto de vista estava certo, mais influente você se tornava e mais poder era capaz de obter. O problema era que a certeza de um sempre ameaçava a de outro, de modo que essas pessoas nunca podiam trabalhar juntas.

Tudo o que eu tinha eram dúvidas — e um trabalho que eu não estava certo de que podia realizar.

9

O LUGAR QUE SIMBOLIZAVA tudo o que eu lutava para mudar era o conjunto habitacional Altgeld Gardens.

Ficava no extremo sul de Chicago, e consistia em 2 mil apartamentos em uma série de prédios de dois andares feitos de tijolos, com porta verde-militar e venezianas falsas e encardidas. O lugar era conhecido apenas como Gardens — Jardins —, mas a maioria das crianças que moravam ali nunca tinha visto um de verdade. Ficava entre o maior aterro sanitário do Meio-Oeste e uma estação de tratamento de esgoto que exalava um cheiro forte e pútrido, o qual entrava pelas janelas mesmo bem fechadas. Agora que os empregos nas indústrias antes prósperas não existiam mais, parecia natural usar aquela área como um lixão.

Um lixão — e um lugar onde abrigar pessoas negras pobres.

No passado, boas pessoas e reformadores sociais haviam sonhado em construir moradias dignas para os pobres. No entanto, os políticos tinham lutado para manter tais lugares o mais longe possível dos bairros brancos. Quem tinha emprego não queria morar ali. Quem morava estava quase sempre na miséria. Aos poucos, as coisas começaram a se deteriorar.

O Altgeld não era tão ruim quanto alguns conjuntos habitacionais em prédios altos de Chicago, com suas escadas pretas, manchas de urina nos saguões e balas perdidas. Quem entrava em um apartamento ali, muitas vezes se deparava com um lugar arrumado, de decoração simples — uma manta estampada escondendo o estofado rasgado, um calendário com a imagem de uma praia tropical na parede —, que lembrava vagamente um lar.

No entanto, os edifícios se encontravam em um estado precário. Tetos ruindo, canos estourados, banheiros entupidos. O Departamento de Habitação de Chicago deveria fazer a manutenção do conjunto habitacional, porém a prefeitura havia parado até mesmo de fingir que reparos seriam feitos em breve.

Quando estacionei diante de uma igreja para uma das minhas primeiras reuniões como líder comunitário no Altgeld, fechei os olhos e apoiei a cabeça no encosto do carro, sentindo que era o primeiro imediato em um navio que afundava.

Eu estava lá para conhecer alguns dos principais líderes locais — incluindo Angela, Shirley e Mona — e conversar sobre como colocar as coisas de volta nos trilhos. As três eram mulheres bem-humoradas e espirituosas. Sem contar com a ajuda de maridos, elas haviam conseguido criar seus filhos, se desdobrar em uma variedade de bicos e organizar um grupo de escoteiras, além de desfiles de moda e acampamentos de verão para a infinidade de crianças que passavam pela igreja todo dia.

Naquele outono, no entanto, o moral andava baixo, e as três estavam irritadas, principalmente em relação ao novo banco de empregos que havíamos anunciado com tanta animação na noite do comício. O governo tinha escolhido uma universidade estadual que ficava num subúrbio para comandar o programa, mas os computadores estavam sempre dando problema. As pessoas eram enviadas para entrevistas de empregos que não existiam. Dois meses depois do suposto início, ninguém havia conseguido trabalho. Marty estava furioso, e pelo menos uma vez por semana ia até a universidade tentar arrancar respostas dos funcionários envolvidos. No entanto, as mulheres do Altgeld não queriam saber da frustração dele. Reclamavam que ele não ouvia suas sugestões. Tudo o que sabiam era que 500 mil dólares que deveriam financiar a operação do banco de empregos tinham ido para um subúrbio branco — e que sua própria vizinhança havia ficado sem nada.

Marty dizia que elas estavam chateadas porque ele tinha se recusado a contratá-las para gerenciar o programa.

— Se vai trabalhar conosco, Barack, tem que parar de se preocupar em agradar as pessoas. Porque elas nunca vão gostar de você.

Naquele dia, encontrei as três mulheres me esperando de cara feia.

— Desistimos — Angela anunciou. — Estamos cansadas. Faz dois anos que trabalhamos por isso e não conseguimos nada.

Comecei a dizer que precisávamos de mais tempo, porém Shirley me cortou.

— Não temos mais tempo. Não podemos continuar fazendo promessas ao pessoal sem que nada aconteça depois.

Do lado de fora, um grupo de garotos encapuzados jogava pedras nos tapumes que cobriam as janelas de um apartamento vazio. Parte de mim gostaria de me juntar a eles, de destruir toda aquela paisagem desolada, pedaço por pedaço. Tudo o que fiz, no entanto, foi perguntar a Angela:

— O que vai acontecer com aqueles garotos ali? Quem vai garantir que eles tenham uma chance? Os políticos? Os assistentes sociais? As gangues?

Eu disse a elas que tinha vindo a Chicago porque Marty havia me dito que ali existiam pessoas comprometidas a mudar o bairro onde moravam, então o mínimo que podiam fazer era me dar uma chance.

— Se depois de trabalhar comigo acharem que nada aconteceu, vou ser o primeiro a dizer para vocês desistirem — prossegui, erguendo a voz. — Mas, se vão desistir agora, respondam à minha pergunta. *O que vai acontecer com aqueles garotos?*

Seguiu-se um longo silêncio. Os garotos foram embora. Shirley pegou mais café.

Angela finalmente falou:

— Acho que podemos esperar mais alguns meses.

O INVERNO CHEGOU e a cidade se tornou monocromática — árvores pretas contra o céu cinza sobre a terra branca. A noite caía no meio da tarde, principalmente no caso de nevasca.

O trabalho ficava mais duro com aquele clima. Montes de um pó branco e fino entravam pelas frestas do meu carro, pelo meu colarinho e pelas aberturas do meu casaco. E eu atravessava a cidade para conversar com as pessoas, de modo que nunca passava tempo o bastante no mesmo lugar para descongelar. Com a neve, também ficava mais difícil encontrar vaga onde estacionar. Quando fazíamos reuniões à noite, com frequência as pessoas não iam; ligavam de última hora dizendo que estavam gripadas ou que o carro não pegava. Aqueles que apareciam chegavam com as roupas molhadas e a expressão ressentida.

Marty sugeriu que eu tirasse mais tempo para mim, construísse uma vida fora do trabalho. Sua preocupação era profissional, conforme explicou: sem uma rede de apoio, líderes comunitários perdiam a perspectiva e sofriam de esgotamento mental rapidamente. Havia certo sentido no que ele dizia. Eu costumava passar os fins de semana no apartamento vazio, com a companhia apenas dos meus livros.

Após um tempo, no entanto, os laços que me ligavam aos outros líderes comunitários da organização se tornaram mais fortes, e eles acabaram me oferecendo mais do que simples amizade. Depois das reuniões, eu às vezes ia com um dos caras a um bar próximo, assistir ao jornal ou ouvir as músicas antigas de uma jukebox detonada que ficava em um canto. Aos domingos, ia à igreja e deixava que as mulheres rissem da minha confusão em relação à comunhão e às orações. Em uma festa de Natal, dancei com Angela, Mona e Shirley, e conversei sobre esportes com os maridos que haviam sido arrastados até lá contra a vontade. Aconselhei filhos sobre se inscreverem nas universidades e brinquei com netos que sentavam no meu colo.

Em momentos assim, sentia que começava a compreender o verdadeiro significado do trabalho que havia escolhido. Lembro que uma vez me vi sentado ao lado da sra. Stevens enquanto esperava que uma reunião começasse. Eu não a conhecia muito bem — só sabia que estava muito interessada na reforma do hospital local.

Para puxar papo, perguntei por que ela se preocupava tanto em melhorar os cuidados de saúde na área, considerando que sua família parecia saudável. Então a sra. Stevens me contou que quando estava com vinte e poucos anos e trabalhava como secretária, recebeu o diagnóstico de uma catarata tão avançada que os médicos a declararam cega. Com medo de ser demitida, ela não revelou aquilo no trabalho. Dia após dia, ia para o banheiro ler com uma lupa o que a chefia escrevia, então decorava cada linha antes de voltar para a mesa e datilografar, de modo que precisava ficar no escritório até muito depois de todos os outros terem ido embora. Ela manteve segredo por um ano, até finalmente juntar dinheiro para a cirurgia.

Era isso que eu aprendia com os líderes comunitários todos os dias: uma força de vontade que eu nem julgava ser possível. Eles me contavam histórias que demonstravam quem eram. Histórias cheias de terror e admiração, sobre eventos que ainda os assombravam ou inspiravam. Histórias sagradas.

Foi essa constatação, acredito, que enfim permitiu que eu compartilhasse mais de mim com as pessoas com quem trabalhava, que rompesse o isolamento que havia levado comigo para Chicago. A princípio, eu tinha medo de que minhas experiências no Havaí ou na Indonésia soassem estranhas demais, que os moradores do South Side de Chicago ficassem incomodados com as nossas diferenças. No entanto, eles assentiam, riam e me contavam histórias parecidas com as minhas — de pais que os abandonaram, flertes adolescentes com o crime, momentos de pura alegria.

Porém, nem todas aqueciam o meu coração. Às vezes, eu me deparava com um tipo diferente de força, uma força destrutiva.

Um dia, pouco antes do Natal, Ruby foi até a minha sala. No minuto em que entrou, pensei ter visto algo diferente nela, ainda que não conseguisse dizer o quê. Finalmente, percebi que seus olhos, em geral de um castanho-escuro caloroso assim como sua pele, tinham assumido um tom de azul opaco, como se botões de plástico tivessem sido colados sobre as íris.

— O que aconteceu com seus olhos?

— Ah, isso? — Ruby balançou a cabeça e riu. — São lentes de contato. Gostou?

— Eu gostava mais antes.

— Achei que seria divertido — disse ela, olhando para baixo, de repente envergonhada. — Algo diferente, sabe?

Fiquei pensando nos olhos azuis de Ruby pelo restante do dia e no seguinte. Eu tinha lidado mal com a situação e a constrangido. Afinal, ela não era alguém que investia muito tempo ou dinheiro em si mesma — tinha todo direito a certa vaidade. Percebi que parte de mim esperava que Ruby e os outros líderes comunitários permanecessem imunes às imagens que bombardeavam a todos nós e nos deixavam inseguros — modelos magras nas revistas de moda, homens de rosto esculpido em carros rápidos, pessoas loiras com olhos azuis radiantes. Eu também era vulnerável àquilo, porém de alguma maneira acreditei que Ruby e os outros conseguiriam superar as dúvidas quanto à sua aparência.

Quando mencionei o incidente para uma amiga negra, ela abordou a questão de maneira mais direta:

— O que te surpreende exatamente? Que os negros ainda se odeiem?

Não, respondi, aquilo não me surpreendia. Desde minha descoberta sobre cremes clareadores na revista que havia encontrado na embaixada americana em Jacarta, eu estava familiarizado com a consciência de cor na comunidade negra — a divisão entre "cabelo bom" e "cabelo ruim", lábios grossos e finos, e a crença de que quanto mais clara sua pele, melhor.

Ao mesmo tempo, havia aprendido a não levar muito a sério quem dizia que a "autoestima" era a cura de todos os nossos males, quer estivessem falando de uso excessivo de drogas, gravidez na adolescência ou criminalidade entre pessoas negras. "Autoestima" era uma palavra vaga e fácil para as mágoas que carregávamos. Mas o que exatamente significava?

A pessoa não gostar de si mesma por causa de sua cor ou porque não sabia ler e não conseguia um emprego? A sensação de vazio que ela sentia era por conta do cabelo crespo ou porque seu apartamento não tinha móveis bons ou aquecimento? Tudo se misturava.

Talvez com mais autoestima menos pessoas negras fossem pobres, eu pensava. No entanto, não seria melhor nos concentrarmos em coisas além de tom de pele e cor dos olhos, coisas com que todos concordássemos, coisas que podíamos controlar? Dar aos adultos negros habilidades e um emprego. Ensinar crianças negras a ler e fazer contas em escolas seguras e com dinheiro. Tendo o básico, cada um de nós poderia buscar sua própria versão de autoestima.

Era assim que eu pensava — até ser sacudido por Ruby e suas lentes de contato. Talvez eu estivesse tão concentrado em melhorar a realidade prática das pessoas negras que não havia atribuído peso suficiente ao sofrimento e às distorções que permaneciam dentro de nós. Todo dia, eu via e ouvia provas desse tipo de ódio por si mesmo. Um líder negro uma vez explicou casualmente que nunca contratava empreiteiros negros:

— Um empreiteiro negro faria errado, e eu acabaria tendo que pagar um branco para fazer tudo de novo.

Uma líder negra disse que não conseguia mobilizar o pessoal da igreja porque:

— Os negros são preguiçosos. Não querem fazer nada.

Muitas vezes a palavra "crioulo" substituía "negro" nesses comentários. Era uma palavra que eu sempre achei que as pessoas negras usassem ironicamente, para provar que eram tão resilientes que podiam tirar sarro de como os outros nos rebaixavam. Isso até eu ouvir uma mãe jovem chamar o filho assim, dizendo que ele nunca seria nada. Isso até eu ouvir adolescentes a usarem para magoar uns aos outros. Mesmo quando era usada por pessoas negras, o sentido original da palavra nunca desaparecia por completo. Atacar a nós mesmos é um mecanismo de defesa contra ataques dos outros.

As histórias sagradas de coragem, sacrifício e superação de grandes adversidades que eu vinha ouvindo tinham um lado ruim: a maior parte delas era resultado da luta contra o ódio. E, bem lá no fundo, até mesmo de quem havia triunfado, persistia a imagem dos brancos que os tinham desvalorizado. Às vezes, era um único rosto branco. Às vezes, era a imagem sem rosto de um sistema que pretendia controlar nossa vida.

Seria possível que os laços de nossa comunidade fossem restaurados sem a rejeição da figura fantasmagórica que assombrava os sonhos das pessoas negras? Seria possível que Ruby amasse a si própria sem odiar olhos azuis?

RAFIQ AL-SHABAZZ já havia se resolvido quanto a tais questões, tendo construído uma carreira em Chicago incentivando a desconfiança em relação aos brancos. Ele era magro de cavanhaque e usava sempre touca. Tinha sido membro de uma gangue, mas depois formou uma organização que dizia se dedicar ao empoderamento e desenvolvimento econômico negro. De acordo com Rafiq, sua coalização, com sede em Roseland, um bairro predominantemente negro com dificuldades econômicas, tinha sido essencial na eleição de Harold para prefeito. Segundo os líderes comunitários com quem eu trabalhava, no entanto, Rafiq passava a maior parte de seu tempo intimidando negócios e autoridades locais a assinar contratos com ele para fornecimento de "divulgação comunitária" e outros termos vagos. Depois de termos negociado com a prefeitura para abrir um novo centro de treinamento profissional, Rafiq me ligou e disparou em um monólogo veloz.

— Temos que conversar, Barack. O que vocês estão tentando fazer com o treinamento profissional precisa se encaixar no plano de desenvolvimento em que venho trabalhando. Não podemos pensar nisso isoladamente... temos que ver o quadro geral. Vocês não entendem as forças operando aqui. É coisa grande, cara. Tem gente de todo tipo pronta para apunhalar pelas costas.

Apesar das minhas dúvidas, eu não queria deixar pessoas como Rafiq de fora, de modo que formamos uma aliança instável. Meus colegas não ficaram muito satisfeitos. Ele interrompia as discussões em grupo e começava a falar sobre conspirações e pessoas negras que prejudicavam outras pessoas negras, e então todo mundo ficava em silêncio, sem saber muito bem o que dizer.

Quando estávamos só nós dois, no entanto, Rafiq e eu às vezes tínhamos conversas normais, e passei a admirar sua determinação e coragem. Ele confirmou que havia sido líder de uma gangue durante sua adolescência em Altgeld Gardens. Depois tinha encontrado a religião, com a ajuda de um líder muçulmano local, segundo contou.

— Se não fosse pelo islã, eu provavelmente estaria morto. Eu fazia coisas erradas, sabe? Sendo criado em Altgeld, absorvi todo o veneno que os brancos dão para a gente. Esse pessoal com quem você trabalha tem o mesmo problema, você que ainda não percebeu. Passam metade da vida se preocupando com o que os brancos pensam. Sabem o que este país fez com a mãe deles, o pai deles, a irmã deles. Então a verdade é que odeiam os brancos, mas não conseguem admitir pra si mesmos. Guardam tudo, lutam contra si. Desperdiçam muita energia assim.

Rafiq via as coisas dessa forma. Ele era leal à família, à mesquita e à raça negra. Desconfiava de todo o restante. Para ele, o autorrespeito negro havia alçado Harold à prefeitura, assim como tinha transformado a vida de dependentes químicos sob a orientação dos irmãos muçulmanos. O progresso estava ao nosso alcance, desde que não traíssemos a nós mesmos.

Mas como se define a traição? Eu vinha remoendo essa questão desde que tinha lido a autobiografia de Malcolm X. Estava convencido de que a mensagem positiva da solidariedade, da autossuficiência e da disciplina negra não precisava depender do ódio em relação aos brancos. Podíamos dizer ao país onde ele estava errando sem deixar de acreditar em sua capacidade de mudar.

Para Rafiq, no entanto, culpar a nós mesmos pelo que quer que fosse significava aceitar as explicações que alguns brancos sempre davam para a pobreza negra: que éramos geneticamente inferiores, que nossa cultura era fraca. Ele dizia às pessoas que a aversão que sentiam de si próprias, a qual as fazia beber ou roubar, era plantada pelos brancos. Tirando-os da cabeça, os negros teriam seu verdadeiro poder liberado.

Apesar de todo o amor que declarava ter pelos negros, Rafiq também parecia desconfiar bastante deles. Uma vez, depois de uma reunião particularmente espinhosa com a prefeitura, perguntei se ele podia trazer seus seguidores se precisássemos de mais gente.

— Não tenho tempo para ficar distribuindo folhetos e tentando ensinar tudo ao público — Rafiq respondeu. — A maioria das pessoas aqui não se importa com o que acontece. E quem se importa vai bancar o negro traidor e tentar atrapalhar tudo.

Eu não concordava com seu modo de pensar e conhecia o verdadeiro motivo de sua falta de empenho. Nem sua organização nem sua mesquita tinham mais de cinquenta membros. Se tinha influência, era porque comparecia em várias reuniões e gritava com seus adversários até que concordassem com ele.

O programa de Rafiq de "nacionalismo negro" podia prosperar emocionalmente — conquistando os aplausos dos adolescentes desempregados ouvindo rádio ou dos homens de negócios vendo TV tarde da noite —, porém patinava na hora de fazer qualquer coisa de fato.

O que os nacionalistas negros não aceitavam era que os brancos não eram apenas fantasmas a serem apagados de nossos sonhos. Também eram parte da vida cotidiana. Até mesmo pessoas negras que simpatizavam com o nacionalismo negro precisavam fazer escolhas práticas no dia a dia. Uma pessoa negra que trabalhasse com contabilidade precisaria pensar duas vezes antes de escolher fazer negócios com um banco de propriedade negra se ele lhe cobrasse mais taxas e não pudesse correr o risco de lhe fornecer um empréstimo. Uma pessoa negra que trabalhasse com enfermagem poderia dizer: "As pessoas brancas com quem trabalho não são tão ruins assim, e mesmo que fossem não posso pedir demissão. Quem vai pagar o aluguel amanhã ou alimentar as crianças hoje?".

Rafiq não tinha respostas para tais perguntas; estava menos interessado em mudar as regras do poder do que na cor de quem o detinha e desfrutava de seus privilégios. Sua abordagem era exatamente aquela que Malcolm X tentava eliminar: a de alimentar uma fantasia que era mais uma desculpa para não agir.

Por sorte, ninguém com quem falei na vizinhança parecia levar o papo de Rafiq muito a sério. Todos o viam como o que era: papo furado. O que me preocupava mais era a distância entre o que dizíamos e fazíamos. A autoestima não dependia de nossa capacidade de transformar palavras em ações? Essa crença havia me levado à organização comunitária, e seria ela que me levaria a concluir que noções de pureza — de raça ou cultura — não podiam ser a base da autoestima negra.

Nossa noção de integridade teria que vir de algo mais refinado que uma herança sanguínea. Teria que vir das particularidades confusas e contraditórias de nossa própria experiência.

Meu pai, também chamado Barack Obama, cresceu no Quênia e estudou na Universidade do Havaí, onde conheceu minha mãe, Ann.

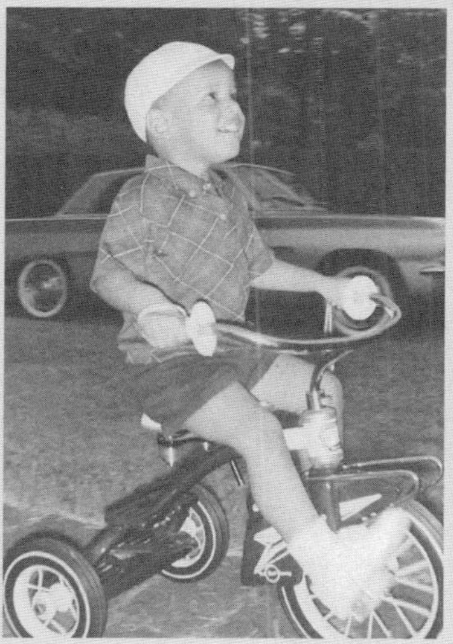

Eu quando pequeno, no Havaí, andando de triciclo.

Minha mãe, Ann Dunham, era aventureira e desconfiava de qualquer pessoa que achava fácil definir o mundo. "O mundo é complicado, Bar", ela me dizia. "Por isso é tão interessante."

Meu avô materno, Stanley Dunham, e minha avó materna, Madelyn Dunham. Os dois se casaram pouco antes do ataque a Pearl Harbor, em 1941. Meu avô serviu o Exército durante a Segunda Guerra Mundial e minha avó trabalhou na linha de montagem de aviões de bombardeio.

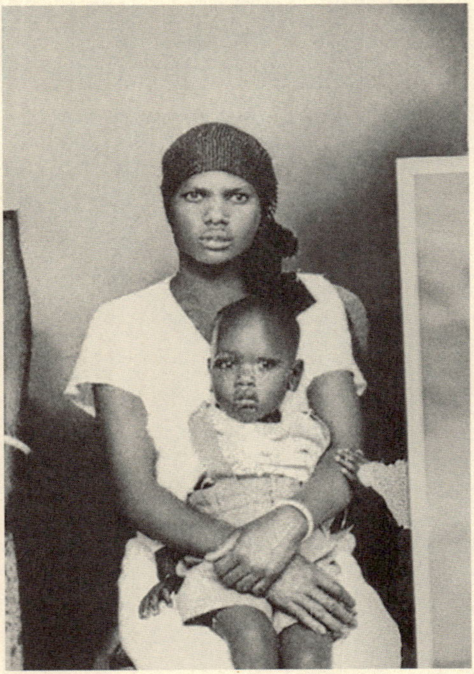

Este é meu pai quando criança, no colo da minha avó, Habiba Akumu Obama, a segunda esposa do meu avô. Minha família diz que ele herdou a teimosia e a rebeldia de Akumu, embora tenha sido criado pela terceira esposa do meu avô, Sarah.

Eu, brincando com meu avô em uma praia no Havaí. Ele gostava de pregar peças nos turistas dizendo que eu era bisneto do primeiro rei do Havaí, Kamehameha.

Minha mãe se casou com Lolo Soetoro, meu padrasto, quando eu tinha seis anos. Nós nos mudamos para a Indonésia, país de origem dele, e alguns anos depois minha meia-irmã Maya nasceu.

Este sou eu fazendo turismo na Indonésia, antes de voltar a morar com meus avós para terminar a escola no Havaí.

Meu pai era um desconhecido para mim quando veio nos visitar certo Natal. Foi a última vez que o vi, e as fotos dessa visita são as únicas em que aparecemos juntos.

Quando estava no ensino médio, eu usava o cabelo mais comprido e achava que ficava bem legal.

Toot, vovô e minha mãe na minha formatura da escola. No Havaí, colares de flores são um presente comum em formaturas e outras comemorações.

Troquei a Occidental, em Los Angeles, pela Universidade Columbia, em Nova York. Este sou eu no Central Park.

Depois de me formar na faculdade, me mudei para Chicago e comecei a trabalhar com liderança comunitária. Ia a reuniões como esta para saber mais sobre as necessidades das pessoas em lugares como o conjunto habitacional Altgeld Gardens.

Comecei a ter contato com minha meia-irmã Auma através de cartas. Quando ela veio me visitar em Chicago, nossa aproximação como irmãos foi fácil e rápida, embora tivéssemos sido criados em continentes diferentes.

Deixei Chicago e a liderança comunitária para fazer direito em Harvard, esperando aprender novas maneiras de ajudar a promover uma mudança real no mundo.

Minha primeira viagem ao Quênia foi em 1987. Este sou eu com a terceira esposa do meu avô, vovó Sarah.

Antes de nos casarmos, levei Michelle para conhecer a casa da minha família em Alego.

Meus irmãos Roy, Maya e Auma foram ao meu casamento com Michelle, em 1992. O irmão de Michelle, Craig, e a esposa dele na época, Janis, se juntaram a nós para uma foto em família.

10

CORRI PARA O DESEMBARQUE do aeroporto o mais rápido possível. Ofegante, virei para um lado e para o outro, meus olhos procurando em meio à multidão de indianos, alemães, poloneses, tailandeses e tchecos com suas malas.

Eu sabia que devia ter saído mais cedo! Talvez ela tivesse ficado preocupada e decidido ligar. E se tivesse passado direto por mim sem que eu percebesse?

Baixei os olhos para a foto na minha mão, enviada dois meses antes, agora amassada de tanto manusear.

Quando os ergui, a imagem ganhou vida: uma mulher queniana atravessava os portões da alfândega, com passos fáceis e graciosos, e seus olhos brilhantes encontravam os meus.

— Barack?

— Auma?

— Nossa...

Levantei minha irmã do chão enquanto nos abraçávamos, olhávamos um para o outro e morríamos de rir. Peguei a mala dela e seguimos para o estacionamento. Auma entrelaçou o braço com o meu. Naquele momento, eu soube, de alguma maneira, que a amava natural, tranquila e profundamente. Ainda não sou capaz de explicar; só sei que era um amor verdadeiro, ainda é, e sou grato por ele.

— Então, meu irmão — disse Auma enquanto dirigíamos por Chicago —, me conte tudo.

— Sobre o quê?

— Sobre sua vida, claro.

Contei a ela sobre Chicago e Nova York, meu trabalho como líder comunitário, minha mãe, meus avós e Maya. Auma disse que havia ouvido nosso pai falar tanto deles que era como se já os conhecesse. Ela falou sobre a Alemanha, onde estava terminando um mestrado em linguística.

— Acho que eu não tenho o direito de reclamar — falou Auma. — Tenho uma bolsa de estudos, um apartamento. Não sei o que estaria fazendo se tivesse continuado no Quênia. Mas os alemães… Eles se consideram muito liberais em relação aos africanos, porém basta se aprofundar um pouco para ver que mantêm a mesma atitude infantil. Nos contos de fadas alemães, os negros são sempre os vilões. Às vezes, tento imaginar como deve ter sido para o velho deixar o Quênia pela primeira vez. Se ele sentiu a mesma solidão.

O velho. Era como Auma chamava nosso pai. Parecia adequado, ao mesmo tempo familiar e distante, uma força elementar que não era totalmente compreendida. No meu apartamento, minha irmã pegou uma foto dele que ficava na estante.

— Ele parece tão inocente, não acha? Tão jovem. — Ela aproximou a foto do meu rosto. — Você tem a boca dele.

Falei que ela devia deitar para descansar um pouco enquanto eu dava uma passada no escritório.

Auma fez que não.

— Não estou cansada. Vou com você.

— Vai se sentir melhor se tirar um cochilo.

— Aff, Barack! Já estou vendo que você é mandão que nem o velho. E vocês dois só se viram uma vez? Deve estar no sangue.

Dei risada, porém ela não. Só estudou o meu rosto como se fosse um enigma.

Naquela tarde, eu apresentei a ela o South Side, fazendo o mesmo trajeto que tinha feito nos meus primeiros dias em Chicago, só que agora carregando algumas das minhas próprias lembranças. Angela, Mona e Shirley por acaso estavam no escritório quando demos uma passada lá. Elas perguntaram tudo sobre o Quênia e sobre como Auma trançava o cabelo, comentaram que acharam lindo o sotaque dela, igual ao da rainha da Inglaterra, depois as quatro se divertiram muito falando sobre mim e meus hábitos estranhos.

— Elas parecem gostar bastante de você — comentou Auma no carro. — Me lembram das nossas tias lá em casa. — Ela abriu a janela e enfiou a cabeça para fora, enquanto passávamos pela Michigan Avenue: pelo esqueleto dilapidado de um teatro que tinha sido famoso, por um estacionamento lotado de carros enferrujados. — Você está fazendo isso por elas, Barack? — Auma perguntou, voltando a se virar para mim. — Esse negócio de ser líder comunitário?

Dei de ombros.

— Por elas. Por mim.

A expressão de curiosidade, e medo, retornou ao rosto da minha irmã.

— Não gosto muito de política — disse ela.

— Por que não?

— Não sei. As pessoas sempre acabam se decepcionando.

Havia uma carta para ela na caixa de correio quando chegamos; era de um estudante alemão de direito com quem minha irmã vinha saindo. Tinha pelo menos sete páginas, e, enquanto eu preparava o jantar, Auma ficou lendo sentada à mesa da cozinha, rindo, suspirando e estalando a língua.

Ela me contou que Otto era diferente dos muitos alemães que havia conhecido.

— Ele é tão fofo! E às vezes eu o trato tão mal! Não sei, Barack. De vez em quando acho que nunca vou conseguir confiar em alguém por completo. Fico pensando no que o velho fez com a vida dele, e a ideia de casamento me dá... Como é que vocês falam? Arrepios. Fora que, com a carreira de Otto, íamos ter que morar na Alemanha. Fico imaginando como seria, viver como estrangeira, acho que não conseguiria.

Auma dobrou a carta e a guardou no envelope.

— E quanto a você, Barack? Tem esse tipo de problema ou é só sua irmã que anda confusa?

— Acho que sei como se sente.

— Conta mais.

— Bom... eu estava apaixonado por uma mulher em Nova York. Ela era branca. Tinha cabelo escuro e os olhos meio verdes. Uma voz muito delicada. A gente saiu por quase um ano. Sabe aquela história de viver num mundinho só seu? Só duas pessoas, escondidas, a salvo. Falando sua própria língua. Com seus próprios costumes. Era assim com ela.

"Bom, um fim de semana ela me convidou para ir à casa de campo da família. Os pais estavam lá e foram muito simpáticos. Era outono e estava tudo lindo, tinha bosques em volta e andamos de canoa por um lago gelado, com folhinhas douradas caídas nas margens. A família conhecia tudo ali. Sabia como as montanhas tinham se formado, que o lago era resultado do derretimento de geleiras, o nome dos primeiros colonos brancos, ancestrais deles, e dos povos indígenas que antes caçavam por ali. A biblioteca estava cheia de livros antigos e fotos do avô com pessoas famosas: presidentes, diplomatas, empresários. Ali, eu me dei conta de que vivíamos em mundos tão distantes quanto o Quênia e a Alemanha. E soube que, se ficássemos juntos, eu acabaria vivendo no mundo dela. Afinal, passei a maior parte da vida no mundo de outras pessoas. Entre nós dois, era eu quem sabia viver como alguém de fora."

— E o que aconteceu?

— Eu me afastei dela e acabamos terminando. — Dei de ombros. — É claro que, mesmo se ela fosse mais parecida comigo, poderia não ter dado certo. Tem várias mulheres negras que partiram meu coração também.

— Vocês ainda se falam?

— Ela me mandou um cartão no Natal. Está feliz. Conheceu alguém. E eu tenho o meu trabalho.

— E isso basta?

— Às vezes.

TIREI UMA FOLGA NO DIA SEGUINTE, para ficar um pouco com ela. Não falamos muito sobre nosso pai. Foi só à noite, depois do jantar e de uma longa caminhada à beira do paredão em ruínas em volta do lago, que ambos sentimos que não podíamos continuar sem tocar no assunto.

Fiz um chá e Auma começou a me contar sobre o velho, ou pelo menos o que lembrava dele.

— Não posso dizer que o conhecia de verdade. Talvez ninguém conhecesse... A vida dele era toda dispersa. As pessoas só sabiam de umas partes, incluindo seus filhos.

"Eu tinha medo dele. Quando nasci, o velho não estava em casa. Estava no Havaí, com sua mãe, e depois foi para Harvard. Quando voltou para o Quênia, eu e nosso irmão mais velho, Roy, ainda éramos pequenos. Morávamos em Alego com mamãe, no interior. Ele voltou com uma americana chamada Ruth e nos levou para Nairóbi com eles. Ruth foi a primeira pessoa branca com quem tive contato, e de repente eu devia aceitar que ela era minha nova mãe."

— Por que você não ficou com sua mãe?

Auma balançou a cabeça.

— Não sei. No Quênia, se quiserem, os homens ficam com a guarda dos filhos depois do divórcio. Até perguntei, mas para minha mãe é difícil falar a respeito. Ela achou que seria melhor ficarmos com o velho, porque ele era rico.

"Nos primeiros anos, o velho estava superbem. Trabalhava para uma petrolífera americana. Fazia só alguns anos que o Quênia era independente, e ele tinha bons contatos no alto escalão do governo. Tinha estudado com aquele pessoal. O vice-presidente, os ministros, todos frequentavam nossa casa. Era uma casa grande, com um carrão na garagem, e todo mundo ficava impressionado porque ele era muito jovem e tinha estudado no exterior. Ainda por cima era casado com uma americana, o que na época era raro. Se bem que depois, mesmo sendo casado com Ruth, ele voltou a sair com minha mãe às vezes. Como se para mostrar que ainda podia ter aquela linda mulher africana sempre que quisesse.

"Na época, Ruth era legal com a gente. Tratava eu e Roy como se fôssemos seus filhos de verdade. Acho que os pais dela eram ricos, nos mandavam presentes lindos daqui dos Estados Unidos. Eu ficava toda empolgada quando chegava um pacote deles. Aí as coisas começaram a mudar. Mark e David nasceram e Ruth passou a se concentrar neles. O velho saiu da petrolífera e começou a trabalhar no governo. Acho que tinha ambições políticas. Em 66 ou 67, a divisão no Quênia já era muito mais séria. O vice-presidente reclamava que o governo era corrupto. Houve uma briga terrível entre diferentes etnias. Pessoas estavam sendo assassinadas.

"A maior parte dos amigos do velho ficou quieta e aprendeu a conviver com aquilo. Só que o velho começou a falar sobre o assunto. Dizia às pessoas que a briga ia acabar com o país. Os amigos tentaram avisar que ele não devia dizer aquelas coisas em público, mas o velho não ligava. Sempre achava que sabia o que era melhor, entende? Ele ganhou fama de encrenqueiro. O presidente ligou e disse que, como o velho não calava a boca, só ia voltar a trabalhar quando 'andasse descalço'.

"Não sei se esses detalhes são verdadeiros, mas sei que, tendo o presidente como inimigo, as coisas ficaram bem ruins. As empresas estrangeiras foram proibidas de contratar o velho, e ele foi banido do governo. Precisou aceitar um cargo menor no Departamento de Águas. E mesmo isso só foi possível porque um amigo teve pena dele. O velho começou a beber bastante, e muita gente que o conhecia parou de visitar porque passou a ser perigoso ser visto com ele. Diziam que, se o velho pedisse desculpa, ficaria tudo bem. Só que ele continuou dizendo o que queria.

"Só entendi a maior parte disso tudo quando já era mais velha. Na época, só via a vida em casa ficando muito difícil. O velho só falava com Roy ou comigo para dar bronca. Ele chegava bem tarde, bêbado, e eu o ouvia gritando com Ruth, mandando que ela cozinhasse. Ruth às vezes ficava mal-humorada porque ele tinha mudado. Vez ou outra, quando ele não estava em casa, ela dizia para mim e para o Roy que o velho estava maluco. Eu nem a culpava, acho até que concordava. Mas notei que ela começou a nos tratar ainda mais diferente que os dois filhos. Roy e eu sentíamos que não tínhamos ninguém.

"Ela foi embora quando eu tinha uns doze ou treze anos, depois que o velho sofreu um acidente de carro muito sério. Acho que ele tinha bebido, e o motorista do outro carro era um fazendeiro branco, que acabou morrendo. O velho passou um tempão no hospital, quase um ano, e Roy e eu tivemos que nos virar praticamente sozinhos. Quando ele enfim saiu do hospital, foi visitar você e sua mãe no Havaí. Disse que ia trazer vocês dois junto com ele e que seríamos uma família de verdade. Só que voltou sem vocês, e Roy e eu tivemos que lidar com ele sozinhos.

"Foi uma época horrível. Não tínhamos onde morar e vivíamos de favor na casa de parentes. O velho estava tão mal das pernas que precisava pegar dinheiro emprestado até para comprar comida. Acho que isso o deixava com ainda mais vergonha, e seu temperamento piorou. Ele nunca admitia que havia algo errado. Acho que era isso que mais doía, como o velho se gabava de que éramos filhos do dr. Obama. A despensa podia estar vazia, mas ele fazia doações para instituições de caridade só pelas aparências!

"Roy acabou indo embora, e eu fiquei sozinha com o velho. Às vezes, passava metade da noite acordada, esperando que ele voltasse para casa, preocupada que algo de muito ruim tivesse acontecido. O velho chegava cambaleando, entrava no meu quarto e me acordava porque queria companhia ou comida. Falava que era infeliz e que havia sido traído. Eu ficava com tanto sono que nem entendia o que ele dizia.

"O que me salvava era a escola. Era um internato muito rigoroso, só para meninas, e durante o ano letivo eu ficava lá, em vez de ficar com o velho. A escola punha certa ordem na minha vida, sabe? Era uma base para mim.

"Um dia, me mandaram de volta para casa porque o velho não estava mais pagando a mensalidade. Chorei a noite toda, de tanta vergonha. Mas tive sorte. A diretora me deu uma bolsa de estudos e pude voltar. É triste dizer, mas ainda que me importasse com o velho, fiquei feliz de não ter mais que morar com ele.

"Nos meus dois últimos anos de escola, a situação dele melhorou. O presidente morreu, o velho conseguiu um cargo no Ministério das Finanças e começou a recuperar seu dinheiro e sua influência. Só que nunca superou a amargura de ver gente com quem tinha crescido, gente que era melhor na politicagem, acima dele. E já era tarde demais para recolher os cacos da família. Por um longo tempo, ele morou sozinho em um quarto de hotel, mesmo tendo dinheiro para comprar uma casa. Eu quase nunca o via, e quando nos encontrávamos ele não sabia como se comportar comigo. Éramos como desconhecidos, só que o velho ainda queria fingir que era um exemplo de pai e que podia me dizer como eu deveria me comportar.

"Foi só depois que recebi a bolsa para estudar na Alemanha que comecei a desapegar da raiva que sentia dele. Com a distância, consegui ver o que o velho tinha passado, como ele nunca tinha se entendido de verdade.

"Acho que só no fim, depois de ter estragado sua vida, que ele começou a mudar. Da última vez que o vi, ele estava em uma viagem de negócios, representando o Quênia em uma conferência na Europa. Eu não sabia ao certo como ia ser, porque fazia tempo que não nos falávamos. Quando o velho chegou na Alemanha, parecia muito relaxado, quase em paz. A gente se divertiu bastante. Mesmo quando ele não estava sendo nem um pouco sensato, era bastante encantador, sabe? O velho me levou a Londres e ficamos em um hotel chique. Ele me apresentou a todos os seus amigos em um clube. Puxava a cadeira para eu sentar e fazia a maior cena, dizendo a todos que tinha muito orgulho de mim. Eu voltei a me sentir como uma menina. A princesinha dele."

Por um tempo, Auma ficou olhando para a foto do nosso pai, à luz fraca. Então levantou e foi até a janela, se mantendo de costas para mim. Começou a tremer violentamente, e eu me aproximei e a abracei enquanto ela chorava.

— Está vendo, Barack? — disse Auma, entre soluços. — Eu estava começando a conhecê-lo. Estava chegando ao ponto em que... em que ele poderia ter se explicado. O velho poderia ter virado a página, encontrado paz interior. Quando morreu, eu me senti... traída. Tão traída quanto imagino que você tenha se sentido.

Auma se recompôs de repente e enxugou os olhos com a manga da blusa.

— Ah, olha só o que você levou sua irmã a fazer... — brincou. — O velho falava muito de você, sabia? Mostrava sua foto para todo mundo e dizia que você estava se saindo muito bem na escola. Acho que ele e sua mãe trocavam correspondência, e as cartas dela o confortavam. Nos piores momentos, quando todo mundo parecia ter se voltado contra ele, o velho ia ao meu quarto com as cartas da sua mãe e começava a ler em voz alta. "Viu?", ele dizia. "Pelo menos lá tem gente que realmente se importa comigo."

Depois de um tempo, Auma se encolheu debaixo de uma manta e dormiu pesado. Fiquei acordado, olhando para seu rosto imóvel, ouvindo o ritmo de sua respiração, tentando dar sentido a tudo o que ela havia dito. Eu sentia que meu mundo tinha sido virado de cabeça para baixo, que havia acordado e encontrado um sol azul num céu amarelo. Durante toda a minha vida carreguei comigo uma única imagem do meu pai, contra a qual às vezes me rebelava, mas que nunca questionava: a de um aluno brilhante, amigo generoso e líder honrado. Como ele não estava ali, eu não tinha motivo para mudá-la. Nunca tinha visto o que a maior parte dos homens vê em algum momento da vida: o corpo do pai encolhendo, as esperanças do pai sendo derrubadas, o rosto do pai marcado por sofrimento e arrependimento.

Eu já tinha visto fraqueza em outros homens — meu avô e suas decepções, Lolo e seus sacrifícios. Eu os amava e respeitava por tudo o que haviam enfrentado, reconhecia suas lutas como minhas, porém nunca quis seguir seus passos. Com meu pai era diferente. Sua voz tinha permanecido imaculada, inspiradora. Eu o imaginava com as qualidades dos homens negros heroicos como W.E.B. Du Bois ou Nelson Mandela. Quase podia ouvi-lo me repreendendo:

— Você não se esforça o bastante, Barry. Precisa contribuir com a luta de seu povo. Acorde, homem negro!

Agora, sentado sob a luz de uma única lâmpada, aquela imagem de repente desapareceu. Foi substituída… pelo quê? Pela figura de um bêbado amargurado? De um marido abusivo? De um burocrata derrotado e solitário? E pensar que eu havia passado toda a minha vida em um embate com alguém que não existia!

Se Auma não estivesse ali, eu provavelmente teria rido em voz alta. *O rei foi deposto*, pensei. O homem por trás da cortina não era um mágico. Eu podia fazer o que quisesse. Seja lá o que fosse, não teria como me sair muito pior do que ele. A fantasia do meu pai havia me livrado do desespero. Agora ele estava morto de verdade. Não podia mais me dizer como viver.

Talvez tudo o que podia me dizer fosse o que havia acontecido com ele. O que havia acontecido com todo o seu vigor, com tudo o que tinha prometido? Meu pai não foi capaz de compartilhar seus sentimentos verdadeiros quando retornou ao Havaí, tanto quanto eu não fui capaz de expressar os desejos do menino de dez anos que eu era. Agora, eu olhava para o rosto de Auma enquanto ela dormia e via o preço que pagamos por aquele silêncio.

DEZ DIAS DEPOIS, minha irmã e eu estávamos sentados nas cadeiras de plástico duro do terminal do aeroporto, olhando para os aviões. Perguntei no que ela estava pensando, e Auma deu um sorrisinho.

— Em Alego. Home Squared, a propriedade do vovô, onde a vovó ainda mora. É o lugar mais lindo do mundo, Barack. Quando estou na Alemanha e faz frio lá fora, quando me sinto sozinha, fecho os olhos e imagino que estou lá. Cercada pelas árvores enormes que vovô plantou. Ouvindo a voz da vovó me contando algo engraçado. Consigo até escutar a vaca balançando o rabo, as galinhas ciscando. É onde o velho está enterrado, debaixo de um pé de manga, perto do milharal...

O embarque do voo dela estava começando. Permanecemos sentados. Auma fechou os olhos e apertou minha mão.

— Precisamos ir para casa — disse ela. — Precisamos ir para casa, Barack, e ver o velho ali.

11

UM DIA, O PREFEITO HAROLD WASHINGTON apareceu para nos visitar.

Não era uma visita pessoal. Ia inaugurar o novo centro de treinamento e emprego da prefeitura. A presença dele era considerada uma grande vitória, e por semanas Rafiq implorou que as atividades tivessem início em seu prédio. Ele era um dos muitos que queriam aproveitar a oportunidade para conseguir uma foto.

— Você anda muito popular, Barack — disse a secretária quando o telefone tocou outra vez.

Olhei para a multidão que havia se reunido no depósito de Rafiq, a maior parte políticos e aproveitadores, todos se voltando para a porta a cada poucos minutos enquanto oficiais à paisana falavam em walkie-talkies e verificavam tudo.

— Não se esqueça de tentar fazer o prefeito se comprometer a vir no comício do outono — eu disse a Angela. — Conte tudo sobre o trabalho que estamos fazendo aqui e por que…

Naquele momento, a multidão começou a murmurar, então ficou quieta de repente. Uma grande comitiva parou na frente do prédio, a porta de uma limusine se abriu e ali estava o homem. O prefeito usava um terno azul simples e um sobretudo amarrotado; seu cabelo grisalho parecia um pouco desgrenhado, e ele era mais baixo do que eu imaginava. Ainda assim, tinha presença e o sorriso de um homem no auge do poder.

— Ha-rold! Ha-rold! — cantava a multidão.

O prefeito girou, com a mão erguida em agradecimento.

Ele começou a atravessar a multidão. Passou pelo senador e pelo conselheiro municipal. Por Rafiq e por mim. Então parou diante de Angela.

— Sra. Rider. — O prefeito apertou a mão dela e fez uma leve reverência. — É um prazer. Ouvi coisas excelentes sobre seu trabalho.

Angela pareceu que ia desmaiar. O prefeito lhe ofereceu o braço e os dois seguiram juntos até a porta, com a multidão logo atrás.

— Dá pra acreditar nisso, meu bem? — Shirley sussurrou para Mona.

A cerimônia durou cerca de quinze minutos. O prefeito nos parabenizou por nosso envolvimento cívico, enquanto o senador e o conselheiro municipal se alternavam para ficar atrás dele, com um sorriso largo para os fotógrafos que haviam contratado. A fita foi cortada e o evento acabou.

Depois que a limusine foi embora, a multidão se dispersou quase de imediato. Só alguns poucos de nós ficamos na rua cheia de lixo.

Fui até Angela, que estava ocupada rindo e fofocando com Shirley e Mona.

— Ele concordou em vir ao comício? — perguntei.

As três me olharam com impaciência.

— Que comício?

Joguei as mãos para o alto e fui embora batendo os pés. O esquecimento dela me deixou furioso. O diácono Wilbur Milton, copresidente da organização, me alcançou quando eu já estava no carro. Com sua barba curta e avermelhada e suas bochechas redondas, ele sempre me lembrava do Papai Noel.

— Aonde vai com tanta pressa? — perguntou Wilbur.

— Não sei — respondi, fumegando. — A qualquer outro lugar. Quer saber de uma coisa, Will?

— Quero.

— Agimos como um bando de crianças ingênuas. Tivemos a chance de mostrar ao prefeito que somos relevantes para a cidade, mas só nos preocupamos em tirar uma foto com ele...

— Então você não tirou foto? — Will sorriu e me mostrou uma Polaroid dele com o prefeito, depois levou a mão ao meu ombro. — Você precisa relaxar um pouco. O que chama de bobagem foi o máximo de diversão que Angela e os outros tiveram o ano todo. Fez com que se sentissem importantes. E foi você quem fez isso acontecer. E daí se esqueceram de convidar Harold para um comício? Sempre podemos ligar de novo.

— Só estou frustrado.

— Você quer que tudo aconteça rápido. Como se tivesse algo a provar aqui. Você não precisa provar nada para nós, Barack. Amamos você. Jesus ama você!

QUASE UM ANO HAVIA SE PASSADO desde minha chegada a Chicago, e não apenas Angela, Mona e Shirley não tinham desistido como nosso trabalho estava finalmente começando a fazer a diferença. Formamos um grupo de cinquenta pessoas que organizava mutirões para limpar o bairro e feiras de profissões para os jovens, e conseguia fechar acordos visando melhorar as condições de saneamento. Parques e parquinhos detonados tinham sido reformados, ruas foram recapeadas e programas de vigilância solidária contra o crime tiveram início. E agora havia um novo centro de empregos onde antes era uma antiga loja abandonada.

Comecei a receber convites para participar de mesas-redondas e conduzir oficinas; os políticos locais sabiam meu nome, mesmo que não conseguissem pronunciá-lo.

— Você precisava ter visto o cara quando chegou aqui — ouvi Shirley contar a um líder novo um dia. — Era só um menino. Olhando para ele agora, parece outra pessoa, juro.

Ela falava como uma mãe orgulhosa.

Deveria ter sido o bastante. No entanto, eu não estava satisfeito.

Talvez por causa de tudo o que Auma havia me contado sobre o velho. Antes da visita dela, eu sentia a necessidade de estar à altura das expectativas dele. Agora, era como se tivesse que compensar seus erros — mesmo que eu não soubesse exatamente quais.

Na época da faculdade, mudanças, mudanças *reais*, pareciam um objetivo ao meu alcance, exigindo apenas força de vontade e fé, como a da minha mãe. Se eu queria aumentar minha média ou beber menos, bastava me responsabilizar por isso. Agora, no entanto, nada era simples.

Quem era responsável pela desordem e deterioração de um lugar como Altgeld? Não havia um elenco de vilões a quem se podia facilmente atribuir a culpa: políticos fumando charutos, xerifes racistas mantendo a vizinhança em mau estado. Quem detinha o poder no conjunto habitacional eram os funcionários assalariados da administração e os membros do conselho de inquilinos — um pequeno grupo de homens e mulheres negros mais velhos, todos fatigados. A maior parte não tinha más intenções, porém vivia com medo e demonstrava certa avidez por poder e privilégios. Havia professores, pessoas que trabalhavam com reabilitação e policiais no bairro. Alguns só trabalhavam pelo salário, outros tinham um desejo verdadeiro de ajudar, porém haviam perdido a confiança em seu poder de impedir que o mundo ao seu redor desmoronasse. Com essa perda de confiança vinha também uma perda na capacidade de revolta. Assim, a ideia de responsabilidade — própria e dos outros — era substituída aos poucos por cinismo e baixas expectativas.

Eu sentia, sim, que tinha algo a provar — que o que eu fazia servia para alguma coisa, que eu não era um tolo correndo atrás de sonhos impossíveis.

FOI A DRA. MARTHA COLLIER quem me tirou do estado em que eu me encontrava. Ela era diretora da Escola de Ensino Fundamental Carver, uma das duas escolas de ensino básico de Altgeld. No dia em que a conheci, vi uma menina saindo de sua sala antes que eu entrasse.

— Ela é mãe de um aluno — a dra. Collier me explicou. — Dependente química. O namorado foi preso ontem à noite e não tem dinheiro para pagar a fiança. Então me diga: o que sua organização pode fazer por alguém como ela?

— Eu estava esperando que *você* tivesse sugestões — falei.

— Além de derrubar este lugar e dar às pessoas uma chance de recomeçar, não tenho muitas.

Ela havia trabalhado como professora por duas décadas e já fazia dez anos que era diretora. Tinha lutado para abrir um centro que levasse pais adolescentes à sala de aula, para aprender com os filhos.

— A maioria dos pais aqui quer o melhor para as crianças — explicou a dra. Collier. — Mas não sabem como dar isso. Então ajudamos na parte de nutrição, cuidados de saúde, gerenciamento do estresse. Ensinamos a ler, para que possam ler para os filhos em casa. Mas não temos como mudar o ambiente para o qual essas meninas e seus filhos voltam todos os dias.

Enquanto a diretora me mostrava a escola, vi uma fila cambaleante de crianças de cinco ou seis anos. Todas pareciam felizes, curiosas e ingênuas, apesar da maneira conturbada como haviam chegado ao mundo — pobres, muitas vezes sem pai presente, filhos de mães jovens demais ou dependentes químicas.

— É fofo, não é? — disse a dra. Collier. — A mudança acontece depois.

— Que mudança?

— Eles param de rir. Se fecham.

Comecei a passar várias horas por semana com aquelas crianças e seus pais. As mães estavam todas no fim da adolescência ou tinham por volta de vinte anos; a maioria havia crescido em Altgeld e também sido criada por uma mãe adolescente. Elas me contavam sobre como tinham engravidado aos catorze ou quinze anos e largado a escola, e que quase nunca viam o pai. Contavam sobre a espera: para falar com alguém da assistência social, receber auxílio do governo, pegar o ônibus que levava ao supermercado mais próximo, a oito quilômetros de distância, só para comprar fraldas em promoção.

No entanto, elas não eram cínicas, o que me surpreendeu. Ainda tinham ambições. Uma menina, Linda Lowry, me mostrou um álbum de recortes tirado de uma revista de casa e jardim, cheio de cozinhas brancas brilhantes e pisos de madeira. Ela e a irmã, Bernadette, me disseram que um dia morariam num lugar daqueles; o filho de Bernadette faria aulas de natação, e a filha de Linda, de balé.

Às vezes, ouvindo aqueles sonhos inocentes, eu me pegava lutando contra a vontade de abraçar forte aquelas meninas e seus filhos, e de não os soltar mais. Elas sorriam para mim e me perguntavam por que eu não era casado.

— Ainda não encontrei a mulher certa, acho — eu dizia.

E as meninas riam. Eu devia parecer tão inocente para elas quanto elas para mim.

Meu plano para os pais era simples. Não tínhamos como criar empregos ou conseguir mais dinheiro para as escolas. No entanto, podíamos tentar consertar os banheiros e as janelas, manter os aquecedores funcionando. Com algumas vitórias, talvez inspirássemos os moradores a formar sua própria organização.

Foi então que descobri sobre o amianto.

É um mineral — na verdade, um conjunto de seis minerais — que pode ser extremamente perigoso se inalado. Porém, por um longo período não se sabia disso, e por mais de um século fibras de amianto foram utilizadas no isolamento térmico de casas, para impedir o calor de escapar e o barulho de entrar. Até que ficou comprovado cientificamente que o amianto era cancerígeno e causava outros problemas de saúde. Em 1989, a Agência de Proteção Ambiental dos Estados Unidos proibiu a maior parte de seu uso.

O problema era que ainda havia amianto em construções antigas, como no caso de Altgeld. Os inquilinos nunca teriam ficado sabendo se uma mãe chamada Sadie Evans não tivesse visto um anúncio minúsculo no jornal local procurando alguém que removesse o amianto do prédio da administração do conjunto habitacional.

Sadie era uma mulher pequena com uma voz fina que a fazia parecer muito tímida. No entanto, quando ninguém mais se voluntariou, ela concordou em ir comigo até a sala do sr. Anderson, administrador do Altgeld. Ele ficou claramente surpreso em nos ver. Sadie lhe agradeceu por ter concordado em nos receber tão em cima da hora, pegou o recorte de jornal e o colocou na mesa.

— Não há motivo para preocupação, sra. Evans — disse o sr. Anderson. — Estamos reformando este prédio, e quando uma das paredes foi quebrada encontraram amianto nos canos. Só vamos remover por precaução.

— A mesma precaução não deveria ser tomada nos apartamentos? — Sadie perguntou. — Digo, não tem amianto na parte residencial também?

— Não — garantiu ele. — Mandamos testar tudo.

— Bom, isso é um alívio — disse ela. — Obrigada.

Ela apertou a mão do sr. Anderson e seguiu para a porta, então se virou novamente.

— Ah, desculpe. Esqueci uma coisa. Os outros pais... Bom, eles gostariam de ver uma cópia desses testes que vocês fizeram. Os resultados, digo. Sabe, só para se sentirem mais seguros em relação às crianças.

— Eu... Foi tudo para a prefeitura — respondeu o sr. Anderson, gaguejando. — Para serem arquivados, claro.

— Acha que pode conseguir uma cópia até semana que vem?

— Ah, sim... claro. Vou ver o que posso fazer. Semana que vem.

Do lado de fora, eu disse a Sadie que ela havia se saído muito bem.

— Acha que ele está dizendo a verdade?

— Logo vamos descobrir.

Duas semanas se passaram sem que Sadie tivesse qualquer retorno. Nossas ligações e cartas para o Departamento de Habitação de Chicago também ficavam sem resposta.

— O que fazemos agora? — perguntou Bernadette.

— Vamos ao Departamento de Habitação — falei. — Se eles não vêm até nós, nós vamos até eles.

No dia seguinte, planejamos nossa ação. Escrevemos outra vez para o diretor do Departamento de Habitação, informando-o de que apareceríamos em dois dias para exigir uma resposta quanto à questão do amianto. Redigimos um informativo curto. As crianças foram para casa com um folheto preso às jaquetas, convocando os pais a se juntar a nós. Bernadette e Linda ligaram para mobilizar as pessoas.

Quando o dia chegou, no entanto, contei apenas oito cabeças no ônibus amarelo estacionado na frente da escola, e algumas crianças. Os pais diziam que tinham consulta médica ou que não tinham com quem deixar os filhos. Alguns nem se davam ao trabalho de inventar desculpas e passavam reto por nós como se fôssemos pedintes. O moral estava baixo.

— Acho que é só isso — eu disse à dra. Collier.

— É mais do que eu esperava — comentou ela. — O exército de Obama.

Depois que o ônibus saiu, fui até a frente.

— Olha só, pessoal! Vamos repassar o roteiro, só para garantir que todo mundo entendeu. O que queremos?

— Uma reunião com o diretor! — gritaram os passageiros.

— Onde?

— Em Altgeld!

— E se disserem que vão responder depois?

— Queremos uma resposta agora!

O Departamento de Habitação ficava em um prédio cinza e largo no centro da cidade. Descemos do ônibus, entramos no saguão e nos apertamos no elevador. No quarto andar, havia uma recepcionista atrás de um balcão imponente.

— Posso ajudar? — perguntou ela, mal tirando os olhos de sua revista.

— Gostaríamos de ver o diretor, por favor — disse Sadie.

— Vocês têm hora marcada?

— Ele sabe da nossa vinda — falei.

— Bom, ele não está na sala agora.

— Então você pode falar com o vice dele? — pediu Sadie.

A recepcionista nos lançou um olhar gélido, porém nos mantivemos firmes.

— Podem se sentar — disse ela afinal.

Os pais sentaram e ficamos todos em silêncio. As crianças davam risadinhas. Bernadette disse:

— É como se fôssemos alunos esperando na diretoria da escola.

— Eles fazem escritórios assim para intimidar as pessoas — comentei. — Lembrem que é uma autoridade *pública*. Os funcionários deste lugar têm obrigações com vocês.

— Com licença — a recepcionista disse. — O diretor não vai poder vê-los hoje. Todos os problemas devem ser levados ao sr. Anderson, administrador do Altgeld.

— Olha, já falamos com o sr. Anderson — Bernadette respondeu. — Se o diretor não está aqui, gostaríamos de ver o vice dele.

— Sinto muito, mas isso não vai ser possível. Se não saírem agora, vou ter que chamar a segurança.

Naquele momento, as portas do elevador se abriram e vários repórteres e equipes de TV entraram.

— Vocês são do protesto contra o amianto? — perguntaram a mim.

Apontei para Sadie.

— A porta-voz é ela.

Enquanto as equipes se preparavam, Sadie me puxou de lado.

— Não quero falar diante das câmeras. Nunca apareci na TV.

— Você vai se sair bem.

Minutos depois, as câmeras estavam gravando e Sadie, com a voz ligeiramente trêmula, dava sua primeira coletiva de imprensa. Enquanto ela respondia às perguntas, uma mulher usando um terninho vermelho e bastante rímel chegou correndo na recepção. Ela abriu um sorriso nervoso e disse que era a sra. Broadnax, assistente do diretor.

— Sinto muito pela ausência dele. Se vierem comigo, tenho certeza de que podemos resolver essa questão.

— Tem amianto em todas as unidades? — perguntou alguém da imprensa.

— O diretor vai se reunir com os pais?

— Vamos buscar a melhor saída possível para os moradores — gritou a sra. Broadnax por cima do ombro.

Nós a seguimos até uma sala grande, onde vários funcionários públicos de cara feia já se encontravam sentados em volta de uma mesa de reunião. A sra. Broadnax fez um comentário sobre a fofura das crianças e ofereceu café e donuts a todos.

— Não queremos donuts — disse Linda. — Queremos respostas.

E pronto. Sem qualquer participação minha, os pais descobriram que não havia sido feito teste algum. Prometeram a eles na mesma hora que os testes teriam início ao fim do dia e marcaram uma data para uma reunião com o diretor.

Na rua, Linda insistiu que eu comprasse pipoca doce para todos, incluindo o motorista do ônibus.

— Você notou a cara da mulher quando ela viu as câmeras?

— E aquela história de ser boazinha com as crianças? Querendo puxar o nosso saco pra gente não fazer perguntas.

— Sadie não foi incrível? Que orgulho!

— Vamos aparecer na TV!

Tentei impedir que todos falassem ao mesmo tempo, porém Mona puxou minha camisa e disse:

— Desista, Barack. — Ela me passou um saco de pipoca. — Coma.

Enquanto comia a pipoca melada, olhando para o calmo lago turquesa, eu não conseguia pensar em nenhum momento tão satisfatório quanto aquele.

AQUELA EXCURSÃO DE ÔNIBUS me transformou de maneira fundamental. A mera lembrança me fez seguir em frente, apesar de todas as decepções que se seguiram. E talvez ainda o faça até hoje.

Naquela noite, o rosto de Sadie estava em todos os canais. A imprensa descobriu que outro conjunto habitacional do South Side tinha canos lotados de amianto. Conselheiros municipais começaram a pedir audiências imediatas. Advogados ligavam.

No entanto, foi longe de tudo isso que vi algo maravilhoso acontecer. Os pais começaram a ter ideias para campanhas futuras. Mais pessoas se envolveram. Foi como se aquele passo pequeno e sincero de Sadie tivesse acessado um reservatório de esperança, permitindo que os moradores de Altgeld reivindicassem o poder que sempre haviam tido.

12

NA PRIMAVERA DE 1987, eu já estava em Chicago fazia tempo o bastante para saber que algo feio e assustador estava acontecendo com as crianças do South Side.

Uma noite, eu estava andando com meu novo assistente, Johnnie, quando ouvimos uma explosão baixa, como uma bexiga estourando. Um menino virou a esquina correndo, seus braços e suas pernas se movimentando freneticamente. Não podia ter mais de quinze anos.

Johnnie se jogou de bruços na grama, e eu logo fiz o mesmo. Alguns segundos depois, dois outros meninos viraram a mesma esquina, também correndo a toda velocidade. Um deles, baixo e rechonchudo, com a calça larga sobrando nos tornozelos, carregava um revólver pequeno. Sem mirar, ele deu três tiros na direção do primeiro menino. Quando viu que o alvo estava longe demais, desacelerou e guardou a arma debaixo da blusa.

— Idiota — disse o segundo menino, e os dois deram risada.

Fiquei observando suas sombras na calçada conforme seguiam pela rua. Por um instante, eles pareceram crianças comuns, apenas brincando.

Os tiroteios, as sirenes de ambulância, as marcas de giz onde os corpos haviam caído — nada daquilo era novo. Em lugares como Altgeld, pais com ficha criminal tinham filhos com ficha criminal. Era quase literalmente uma herança passada de geração a geração. Em meus primeiros dias em Chicago, eu tinha visto os grupos de jovens de quinze ou dezesseis anos nas esquinas, todos de capuz, prontos para se dispersar assim que viaturas da polícia passassem em silêncio atrás de pessoas vendendo drogas.

No entanto, tinha ocorrido uma mudança no clima, como a eletricidade que às vezes sentimos no ar antes da chegada de uma tempestade. Havia a sensação de que alguns, se não a maioria, de nossos meninos não tinham mais salvação.

Até mesmo pessoas que haviam morado a vida toda no South Side percebiam a mudança.

— Nunca vi nada assim, Barack — Johnnie me disse aquela noite. Em geral, era um cara entusiasmado, porém agora tinha uma expressão sombria em seu rosto redondo e barbudo. — As coisas já eram difíceis na minha adolescência, mas havia limites. Em público, em casa, se um adulto visse você causando confusão ou saindo do controle, dizia alguma coisa. E a maioria de nós escutava.

"Agora, com as drogas, as armas… não existe mais isso. Nem é preciso que vários garotos estejam armados. Só um ou dois. Alguém diz algo a um deles e… *bam!* Toma um tiro. Quando as pessoas ouvem histórias assim, param de tentar falar com os jovens. Depois de um tempo, os garotos comportados começam a se dar conta de que não tem ninguém cuidando deles, e chegam à conclusão de que precisam se virar sozinhos. E aí você tem um bando de meninos de doze anos seguindo as próprias regras.

"Não sei, Barack. Às vezes até *eu* tenho medo deles. A gente precisa ter medo de pessoas que não têm nada a perder. Tanto faz a idade."

Em casa, pensei no medo de Johnnie e em como era diferente do meu. Quando eu andava por Altgeld ou outros lugares barra-pesada, meu medo continuava sendo o mesmo, o de não pertencer. A ideia de agressão física nunca tinha me ocorrido.

Pensei em Kyle, filho de Ruby. Ele tinha acabado de fazer dezesseis anos e já era vários centímetros mais alto que eu. Havia a sombra de um bigode sobre seu lábio superior. Kyle ainda era educado comigo e se dispunha a conversar sobre os Bulls. No entanto, em geral ele não estava em casa ou estava de saída com amigos quando eu dava uma passada por lá. Em algumas noites, Ruby me ligava só para falar sobre o filho, sobre como nunca sabia onde ele estava, como suas notas na escola caíam continuamente, como a porta do quarto dele estava sempre fechada.

"Não se preocupe", eu lhe dizia, "eu era muito pior que Kyle na idade dele." Não acho que Ruby acreditasse, porém só de ouvir aquelas palavras ela parecia se sentir melhor.

Um dia, convidei Kyle para jogar comigo em um amistoso de basquete no ginásio da Universidade de Chicago. Ele ficou em silêncio a maior parte do caminho, e respondia às minhas perguntas com um grunhido ou dando de ombros. Quando perguntei se ele ainda pensava em entrar para a Força Aérea, Kyle balançou a cabeça; disse que ia ficar em Chicago, arranjar um emprego e um lugar onde morar sozinho. Perguntei por que ele havia mudado de ideia. Kyle respondeu que a Força Aérea nunca deixaria um homem negro pilotar um avião.

Olhei atravessado para ele.

— Quem te disse essa bobagem?

Kyle deu de ombros.

— Não preciso que ninguém me diga isso. É a realidade.

— Cara, esse tipo de atitude não leva a nada. Você pode fazer o que quiser se trabalhar para isso.

Kyle deu um sorriso desdenhoso e virou a cabeça para a janela. Seu hálito embaçou o vidro.

— Tá certo… mas quantos pilotos negros você conhece?

Ele não jogou mal naquela noite, mas estava marcando um cara alguns anos mais velho que eu, um assistente hospitalar — baixinho, mas agressivo e muito rápido. Depois de umas jogadas, ficou claro que o cara ia sempre levar a melhor sobre Kyle. Ele marcou três cestas seguidas e começou com o papinho de jogo de sempre.

— Não consegue fazer melhor que isso, garoto? Vai deixar um velhote como eu fazer você passar vergonha?

Kyle não respondeu, mas o jogo ficou mais disputado entre eles. Quando o homem tentou se aproximar da cesta, os dois se trombaram com tudo. O cara jogou a bola no peito de Kyle e se virou para os amigos.

— Viram? Esse malandro não consegue me marcar…

De repente, sem aviso, Kyle foi para cima dele. Deu um soco no queixo do cara, que foi ao chão. Entrei na quadra correndo, enquanto os outros jogadores seguravam o garoto. Seus olhos estavam arregalados, sua voz tremia enquanto ele via o homem tentando se levantar e cuspindo sangue.

— Não sou malandro — murmurou Kyle. E outra vez: — Não sou malandro.

Tivemos sorte; alguém chamou a segurança, porém o assistente hospitalar ficou constrangido demais para admitir o incidente. No caminho de volta, passei um longo sermão em Kyle sobre manter a calma, sobre violência e sobre responsabilidade. Tudo o que eu dizia, no entanto, parecia um clichê, e Kyle se manteve em silêncio, com os olhos fixos na estrada. Quando finalmente terminei, ele se virou para mim e disse:

— Só não conta pra minha mãe, beleza?

Achei que era um bom sinal. Eu disse que não ia contar a Ruby o que havia acontecido se ele mesmo contasse a ela, e Kyle concordou, relutante.

Ele era um bom garoto; ainda se importava com alguma coisa. Seria o bastante para salvá-lo?

UMA SEMANA DEPOIS que Johnnie e eu vimos o garoto atirando no outro, decidi que era hora de me envolver para valer com as escolas públicas.

Elas se encontravam em uma crise interminável — não havia dinheiro, livros, papel higiênico. E ninguém no governo parecia se importar. Quanto mais eu aprendia, mais convencido ficava de que escolas melhores eram a única solução para os garotos nas ruas. Sem uma família estável e a promessa de um bom emprego que lhes permitisse se sustentar, a educação era sua última esperança.

As pessoas com quem falei — pais, administradores — davam várias desculpas para explicar por que as coisas nunca melhoravam. Não havia dinheiro para fazer o trabalho direito, me diziam, o que certamente era verdade. Os alunos eram impossíveis. Preguiçosos. Indisciplinados. Lentos. Talvez não fosse culpa deles, porém tampouco era da escola. Talvez não fossem crianças ruins, mas com certeza têm pais ruins, Barack.

As conversas, cheias de cinismo e desesperança, me deixavam furioso. Por isso, Johnnie e eu decidimos ir em frente e visitar algumas das escolas da região por conta própria, esperando conseguir apoio de pais que não moravam em Altgeld.

Começamos pela escola de ensino médio onde Kyle estudava, que era a que tinha a melhor reputação na região. Era um único prédio, com pilares de concreto aparentes, corredores compridos e sérios e janelas que não abriam. Foi lá, no entanto, que conhecemos um orientador escolar que nos fez ver o problema de outro ângulo. Seu nome era Asante Moran. Ele era alto e imponente, e a decoração de sua sala pequena tinha a África como tema: um mapa do continente, cartazes de antigos reis e rainhas, uma coleção de tambores e cabaças. Asante se vestia com estampas africanas e usava um bracelete de pelos de elefante no pulso grosso.

— A primeira coisa que vocês têm que entender — falou — é que o sistema de educação pública não foi feito para educar crianças negras. As escolas da cidade são como currais. Prisões em miniatura, na verdade. É só quando as crianças negras começam a sair das baias e incomodar os brancos que a sociedade começa a se perguntar se elas estão sendo educadas.

Asante argumentou que uma educação de verdade começaria por ajudar a criança a compreender seu lugar no mundo, sua cultura.

— Mas para as crianças negras é tudo ao contrário — disse ele. — Elas aprendem a história de *outra pessoa*. A cultura de outra pessoa. E não só isso: essa cultura que se espera que elas aprendam é a mesma que as rejeita. — Asante se recostou na cadeira. — É realmente uma surpresa que as crianças negras percam o interesse no aprendizado?

"E é pior para os meninos. Pelo menos as meninas podem conversar com mulheres mais velhas. Metade dos garotos nem conhece o pai. Não tem ninguém que os guie no processo de se tornar homens. É uma receita para o desastre. Porque, em toda sociedade, meninos têm tendências violentas. Ou essas tendências são direcionadas e disciplinadas ou destroem os jovens ou a sociedade. Ou ambos."

Asante disse acreditar que seu trabalho era preencher as lacunas. Ele apresentava as crianças à história, à geografia e às tradições artísticas da África. Tentava compensar os valores do materialismo e do individualismo que cercavam os alunos. Ensinava que os povos africanos viviam em comunidade e respeitavam os mais velhos.

De repente, ele olhou para mim e me perguntou sobre meu nome.

— Meu pai era queniano — expliquei.

Asante sorriu.

— Minha primeira viagem ao continente foi para o Quênia — contou ele. — Mudou a minha vida para sempre. As pessoas foram tão receptivas. E o lugar... nunca vi nada tão lindo. Parecia mesmo que eu estava voltando para casa. — A lembrança o deixava radiante. — Quando você esteve lá pela última vez?

Hesitei.

— Na verdade, nunca fui ao Quênia.

Por um momento, Asante pareceu confuso.

— Bom — disse ele então —, tenho certeza de que quando você for vai ter sua vida transformada também.

NO CAMINHO DE VOLTA, Johnnie me perguntou por que eu nunca tinha visitado o Quênia.

— Não sei — falei. — Talvez eu tenha medo do que vou encontrar lá.

Ficamos em silêncio por um tempo.

— Asante me fez pensar no meu pai — disse Johnnie afinal. — Ele passou vinte anos dirigindo um caminhão de entregas. Nunca pareceu desfrutar da vida, sabe? Nos fins de semana, ficava em casa, e uns tios apareciam. Ficavam todos reclamando do que seus chefes haviam feito com eles na semana. "O chefe fez isso. O chefe fez aquilo." Se um começava a falar em fazer algo diferente, ou se tinha uma ideia, os outros acabavam com ele. "Como um negão inútil que nem você vai abrir um negócio?", um deles dizia. E todos começavam a rir, mas eu sabia que por dentro não estavam rindo.

"Mas meu pai não ria de mim quando eu falava em fazer faculdade, sabe? Ele nunca disse nada nem contra nem a favor, mas sempre garantiu que eu e meu irmão acordássemos para ir à escola, que não precisássemos trabalhar e que tivéssemos um pouco de dinheiro conosco. No dia da minha formatura, ele apareceu de terno e gravata e apertou minha mão. Só isso... Só apertou minha mão e voltou ao trabalho..."

— Você podia contar com ele — falei para Johnnie.

— É. Acho que sim.

— Você nunca falou com ele sobre isso?

— Não. Não somos muito de conversar. — Johnnie olhou pela janela, depois se virou para mim. — Mas talvez eu devesse, né?

AO LONGO DOS DOIS MESES SEGUINTES, Asante nos ajudou a desenvolver uma proposta para uma rede de aconselhamento de jovens que fornecesse tutores e mentores para adolescentes em situação de risco, além de oferecer ajuda aos pais. Era um projeto empolgante — e portanto muito mais frustrante a resposta de apenas poucos diretores escolares com quem tentamos entrar em contato. O mais entusiasmado entregou a Johnnie uma folha de papel quando ele estava saindo de sua sala.

— Era um currículo — Johnnie me contou. — E não qualquer currículo. O currículo da *esposa* dele. Parece que a mulher anda meio entediada em casa, e o cara acha que ela seria uma diretora "excelente" para o programa. Sem pressão, claro. — Ele tirou outra folha da pasta e a sacudiu. — Também me entregou o currículo da filha. Disse que *ela* seria uma "excelente" mentora. — Johnnie começou a rir. — Que cara de pau! Não se contenta em arranjar emprego para *uma.* Quer arranjar *para as duas.* A gente chega pra falar sobre as crianças e recebe o currículo da *família inteira.*

Comecei a rir também, e nós dois rimos até o rosto arder e a barriga começar a doer, até que lágrimas se formassem em nossos olhos, até que nos sentíssemos vazios e não conseguíssemos mais rir. Não era engraçado de verdade, claro. Era triste e enlouquecedor que um educador que deveria colocar os alunos em primeiro lugar pensasse apenas em ganhar um dinheirinho extra com a própria família. Porém, às vezes nosso trabalho parecia tão absurdo que precisávamos rir.

FOI MAIS OU MENOS NESSA ÉPOCA que decidi ir a Washington, a capital do país, conhecer meu irmão Roy.

Ele havia se casado com uma estadunidense que trabalhava para o Corpo da Paz e se mudado para os Estados Unidos. Por telefone, Roy contou que o emprego, a esposa e a vida no país eram "encantadores". Ele falava devagar, as sílabas arrastadas: "en-can-ta-do-res". Seria "fan-tás-ti-co" receber uma visita minha. E eu podia me hospedar com ele e a esposa "sem-pro-ble-ma-ne-nhum".

Minha irmã Auma me avisou, no entanto, que Roy nunca demonstrava seus verdadeiros sentimentos.

— Ele é bem parecido com o velho — disse ela.

Quando cheguei ao aeroporto, Roy não estava lá. Liguei para sua casa e ele atendeu, parecendo constrangido.

— Olha, irmão, será que você pode passar esta noite em um hotel?

— Por quê? Aconteceu alguma coisa?

— Nada de mais. É só que, bom, eu e minha esposa tivemos uma pequena discussão. Então você passar a noite aqui não seria tão bom, entende?

— Claro. Eu...

— Me liga quando encontrar um hotel, tá? Podemos sair para jantar. Pego você às oito.

Escolhi o hotel mais barato que consegui encontrar e o aguardei lá. Às nove, ouvi uma batida na porta. Quando a abri, dei de cara com um homem corpulento, as mãos nos bolsos e um sorriso no rosto cor de ébano.

— Oi, irmão — disse ele. — Como anda a vida?

Nas fotos que eu tinha de Roy, ele era magro, usava roupas de quitengue e tinha cabelo afro, bigode e cavanhaque. O homem que me abraçava naquele momento era muito mais pesado, provavelmente com mais de noventa quilos, as bochechas redondas apertadas pela armação grossa dos óculos. Ele não tinha mais cavanhaque; as estampas africanas haviam sido substituídas por um casaco esportivo cinza, uma camisa branca e gravata. Porém, Auma tinha razão: ele era tão parecido com o velho que chegava a ser assustador. Olhando para meu irmão, me senti com dez anos outra vez.

— Você engordou — comentei, enquanto seguíamos para seu carro.

Roy olhou para sua pança generosa e deu uma batidinha.

— São os fast foods, cara. Em cada esquina tem um. McDonald's. Burger King. A gente nem precisa sair do carro pra comer essas coisas.

Roy jogou a cabeça para trás e riu, um som mágico que fazia todo o seu corpo se sacudir, como se ele não conseguisse se conformar com as maravilhas que aquela nova vida tinha a oferecer.

Era uma risada contagiante — embora eu tivesse parado de rir ao notar que ele dirigia duas vezes acima da velocidade permitida. Roy quase bateu em dois carros que vinham no sentido contrário e subiu no meio-fio.

— Você sempre dirige assim? — gritei por cima da música alta.

Roy sorriu.

— Não dirijo muito bem, né? Minha esposa, Mary, sempre reclama também. Ainda mais depois do acidente...

— Que acidente?

— Ah, não foi nada. Como está vendo, continuo aqui. São e salvo!

De novo, ele riu e balançou a cabeça.

Durante o jantar, perguntei por que a esposa de Roy não tinha vindo com a gente. O sorriso dele desapareceu.

— Ah, acho que vamos nos divorciar.

— Sinto muito.

— Ela diz que está cansada de eu ficar fora até tarde. Diz que eu bebo demais. Que estou ficando igualzinho ao velho.

— E o que você acha?

— O que eu acho? — Roy abaixou a cabeça, depois olhou para mim, sério. — A verdade — ele começou a dizer, se debruçando para a frente — é que não gosto muito de mim mesmo, acho. E culpo o velho por isso.

Pela hora seguinte, Roy me falou dos tempos difíceis por que haviam passado, como Auma tinha feito. De como havia deixado a casa do nosso pai e vivido de favor na casa de diferentes parentes. Depois, foi para a Universidade de Nairóbi, conseguiu um emprego em um escritório de contabilidade e se impôs disciplina. Sempre chegava cedo no trabalho e completava suas tarefas não importava até quão tarde havia ficado fora na noite anterior. Ouvindo Roy, senti a mesma admiração que tinha sentido ouvindo Auma. Só que em minha irmã eu também identifiquei um desejo de deixar o passado para trás — de perdoar, embora não necessariamente de esquecer. As lembranças que Roy guardava do velho pareciam mais sofridas.

— Nada nunca era bom o bastante para ele — Roy me contou. — Se você chegava em casa com a segunda melhor nota da classe, o velho perguntava por que não era a primeira. "Você é um Obama", ele dizia. "Devia ser o melhor." E aí eu o via bêbado, sem dinheiro, vivendo como um pedinte. E me perguntava: como alguém tão inteligente pode estar nessa decadência? Mesmo quando eu já morava sozinho, mesmo depois da morte dele, ficava pensando nisso. Era como se não conseguisse escapar do velho.

"Depois que ele morreu, todo mundo brigou pela herança. Foi inacreditável! A única pessoa em quem eu confiava era David, nosso irmão mais novo. Aquele cara, vou te dizer, ele era legal. Parecia um pouco com você, só que mais novo... Tinha quinze, dezesseis anos. A mãe, Ruth, tentou criá-lo como um americano. Só que David se rebelou. Não queria ser americano. Era africano. Era um Obama.

"Quando ele morreu, acabou pra mim. Eu tinha certeza de que a família estava amaldiçoada. Comecei a beber, a brigar. Não queria nem saber. Achei que se o velho podia morrer, se David podia morrer, eu ia ter que morrer também. Às vezes me pergunto o que teria acontecido se eu tivesse continuado no Quênia.

"Só que eu namorava essa estadunidense, Nancy, que depois voltou pra cá. Um dia liguei para ela e disse que queria vir também. Nancy topou, e eu comprei uma passagem para o próximo voo. Não fiz as malas, não avisei no trabalho, não me despedi de ninguém nem nada do tipo.

"Pensei que pudesse recomeçar. Só que agora sei que isso não é possível. No fundo não dá. Você acha que está no controle, mas é só uma mosca que caiu na teia de outra pessoa."

Roy tomou outro gole de sua bebida, e de repente começou a falar mais devagar, como se tivesse ido para outro lugar, como se estivesse possuído pelo nosso pai.

— Sou o mais velho, sabe? Na tradição luo, agora sou o chefe da família. Sou responsável por você, por Auma e por todos os garotos mais novos. É minha responsabilidade acertar tudo. Pagar pela escola deles. Garantir que Auma encontre um bom marido. Construir uma casa de verdade, voltar a unir a família.

Estendi o braço sobre a mesa para tocar sua mão.

— Você não precisa fazer isso sozinho, irmão. Podemos dividir esse fardo.

Foi como se ele não tivesse me escutado. Roy só ficou olhando pela janela, e então, como se saísse de um transe, fez sinal para a garçonete.

— Quer outra bebida? — ele me perguntou.

— Por que não pedimos a conta? — sugeri.

Estava claro que Roy já havia bebido demais.

Ele olhou para mim e sorriu.

— Já saquei que você se preocupa muito, Barack. Tenho o mesmo problema. Acho que precisamos aprender a viver o momento. Não é assim que vocês falam aqui? *Viver o momento*... — Roy soltou uma risada alta o bastante para que as pessoas da mesa ao lado olhassem para nós.

Só que a magia havia acabado. Sua risada soou falsa, como se viajasse uma longa distância, por um extenso vazio.

Peguei um voo de volta no dia seguinte — Roy precisava passar mais tempo com a esposa e eu não tinha dinheiro para continuar no hotel. Tomamos café da manhã juntos, e ele pareceu mais animado. No entanto, eu não conseguia afastar a sensação de que, de alguma maneira, Roy estava em perigo. E de que, se eu fosse um irmão melhor, poderia impedir sua derrocada.

NA SEGUNDA-FEIRA SEGUINTE, bem depois da meia-noite, um carro parou na frente do prédio onde eu morava. Dentro dele, havia um bando de adolescentes com um som tão alto que o chão do apartamento chegava a tremer. Eu tinha aprendido a ignorar aquele tipo de incômodo. "Para onde mais eles iriam?", dizia a mim mesmo. No entanto, meus vizinhos ao lado tinham um filho recém-nascido, portanto coloquei um short e desci.

Quando me aproximei do carro, eles pararam de falar e viraram para mim.

— Olha, o pessoal do prédio está tentando dormir. Por que não vão para outro lugar?

Os quatro meninos lá dentro não disseram nada e não fizeram nenhum movimento. De repente, me senti exposto, só de short na calçada, no meio da noite. Não dava para ver o rosto deles direito. Estava escuro demais para adivinhar a idade, ou se estavam sóbrios, se eram bons ou maus garotos. Um deles poderia ser Kyle. Um deles poderia ser Roy. Um deles poderia ser Johnnie.

Um deles poderia ser eu. Parado ali, tentei lembrar dos dias em que eu acabava dentro de carros como aquele, morrendo de raiva, desesperado para provar meu lugar no mundo. Talvez eu entrasse na sala de aula bêbado ou chapado, sabendo que os professores sentiriam o cheiro de cerveja ou de maconha em mim, desafiando-os a dizer alguma coisa. Comecei a me ver através de seus olhos, e soube que provavelmente estavam concluindo que, se um deles não fosse capaz de acabar comigo, os quatro juntos com certeza seriam.

No entanto, havia uma diferença entre mim e eles: o mundo em que eu tinha passado por aqueles momentos difíceis era muito mais misericordioso. Eu podia me dar ao luxo de sentir outras coisas além de raiva. Tristeza do orgulho ferido dos meus antepassados. Empatia por outras pessoas.

Aqueles garotos sabiam que não tinham margem para erro, e tal consciência os forçava a abafar a parte de si mesmos que sentia empatia. Eles não podiam se permitir ser fracos. Sua agressividade não seria contida, como a minha tinha sido. Sua fúria não seria contrabalanceada pela noção do perigo iminente ou pela culpa ao decepcionar as pessoas que os haviam criado.

Me peguei pensando no papel importante que a culpa e a empatia desempenhavam. Eram emoções que dialogavam com nosso sentimento sufocado de que algum tipo de ordem é necessário e de que temos participação nisso. No entanto, eu desconfiava de que aqueles garotos teriam que dedicar mais tempo e energia para encontrar tal ordem. Até onde sabiam, o mundo os olhava com medo ou desprezo, e eles não viam um lugar para si nele. Sua desconfiança me aterrorizava, porque agora eu tinha um lugar no mundo, um emprego, uma rotina a seguir. Por mais que tentasse me convencer do contrário, estávamos nos distanciando, aqueles meninos e eu, vivendo em mundos diferentes, falando línguas diferentes, seguindo outro conjunto de regras.

Então um deles deu a partida e o carro saiu cantando pneu. Virei para o meu prédio sabendo que tinha sido burro e tido sorte. Sabendo que, no fim das contas, eu tinha medo, sim.

13

NAQUELE MÊS DE SETEMBRO, me candidatei a algumas faculdades de direito. Não foi uma decisão fácil, e eu repensei uma centena de vezes. Tinha orgulho do que havia realizado em Chicago, no entanto tinha muito mais a fazer. Eu estava convencido de que o que aprenderia como estudante de direito — como negócios e bancos eram criados, por exemplo, ou como o governo funcionava de fato — me ajudaria a promover uma mudança *real*. Eu aprenderia sobre o poder em seus pormenores, e levaria tal conhecimento a lugares como aquele, que precisavam desesperadamente.

Como só receberia uma resposta das universidades em janeiro, contei apenas para Johnnie.

— Eu sabia! — gritou ele, e me deu um tapa nas costas.

— Sabia o quê?

— Que era só uma questão de tempo, Barack. Até você se mandar.

— Por que achava isso?

Johnnie balançou a cabeça e riu.

— Porque você tem opções. Porque pode ir embora. Quando alguém pode escolher entre Harvard e Roseland, só vai escolher Roseland por um tempo. Só espero que lembre dos seus amigos quando estiver em seu escritório chique no centro.

Por algum motivo, a risada dele me deixou na defensiva. Eu havia hesitado uma centena de vezes. Insisti que ia voltar para o bairro, que não pretendia me deixar deslumbrar pela riqueza e pelo poder com os quais eu certamente teria contato. Johnnie ergueu as mãos como se estivesse se rendendo.

— Cara, só estamos felizes de ver você se sair bem.

Por que ele duvidava das minhas intenções? Seria possível que eu estivesse na defensiva porque também tinha dúvidas?

Imaginei meu pai contando a si mesmo, 28 anos antes, a mesma história. Ele iria para os Estados Unidos, a terra dos sonhos, e retornaria com um conhecimento que não teria como obter em sua terra natal. No entanto, seus planos e sonhos logo se tornaram pó...

Aconteceria o mesmo comigo?

Talvez eu encontrasse as respostas onde ele havia passado a última parte de sua vida: no Quênia. Auma tinha voltado a Nairóbi, para passar um ano lecionando em uma universidade. Entre a saída do trabalho em Chicago e o ingresso na faculdade de direito seria o momento ideal para uma visita mais longa.

Talvez houvesse chegado a hora afinal...

DOIS MOTIVOS me levaram a contar a Johnnie que eu pretendia sair. Primeiro, ele era meu amigo. Segundo, eu torcia para ele querer assumir meu cargo de coordenação. Quando chegasse a hora de partir, o novo programa para a juventude já estaria a toda e os fundos para o orçamento do ano seguinte já teriam sido levantados. Eu também esperava conseguir atrair mais algumas igrejas. Se tinha sobrado algo para fazer, era entrar em contato de novo com os pastores de Chicago e resolver qual seria o lugar deles no futuro da organização.

Comecei pelo reverendo Philips.

Sua igreja era uma construção antiquada em um dos bairros mais antigos do South Side. O santuário era escuro e tinha vários bancos quebrados; o carpete avermelhado cheirava a mofo. O reverendo Philips em si também era velho. Com as cortinas fechadas, só dava para ver claramente seu cabelo branco como a neve. Sua voz parecia saída de um sonho.

Falamos sobre a igreja. Não tanto sobre a igreja dele e mais sobre a Igreja, a igreja negra, como uma instituição e uma ideia.

O reverendo começou a falar sobre a religião dos africanos escravizados, que, recém-chegados ao litoral hostil da América, costumavam sentar em volta de fogueiras, misturando histórias do novo mundo com os ritmos ancestrais do antigo. Suas músicas falavam sobre seus sonhos de sobrevivência, de liberdade e de esperança. O reverendo Philips lembrava da igreja de sua infância no Sul, uma construção pequena de madeira toda pintada de branco, erguida na base do suor e das moedas economizadas depois da colheita. Nas manhãs quentes de domingo, ele me contou, todo o terror silencioso e o sofrimento da semana se dissolviam com as palmas e os gritos em agradecimento ao Senhor. As pessoas rezavam, teimosas, pelas mesmas coisas que seus pais e avós: sobrevivência, liberdade e esperança.

O reverendo Philips falou de sua chegada a Chicago e da ascensão da Nação do Islã e do nacionalismo negro. Ele compreendia a raiva deles. Compartilhava dela. Não achava que um dia fosse passar. No entanto, através da oração, segundo me disse, havia aprendido a controlá-la. E tentado não passar para seus filhos.

Ele lembrava de milhares de igrejas em Chicago, fossem dentro de lojinhas ou de grandes construções de pedra. As maiores em geral eram de dois tipos: aquelas em que as pessoas sentavam muito eretas e cantavam seguindo o hinário e aquelas em que pregadores carismáticos sacudiam o corpo e falavam em diferentes línguas — palavras ininteligíveis que acreditavam vir de Deus.

Os bairros de Chicago eram segregados, e o reverendo Philips achava que a segregação, por pior que fosse, tinha pelo menos uma coisa boa: as pessoas negras com mais dinheiro e educação, como médicos e advogados, sentavam na igreja ao lado de empregadas domésticas e trabalhadores braçais. Assim, os ricos e os pobres, tendo estudado ou não, podiam compartilhar ideias, informações e valores.

Ele me disse que não sabia por quanto tempo aquela mistura se prolongaria. A maior parte dos fiéis mais ricos já havia se mudado para subúrbios mais arrumados. Eles ainda vinham todo domingo para a igreja, por lealdade ou hábito. Porém, não se voluntariavam mais para ensinar crianças ou visitar as casas dos mais pobres e dos idosos. Tinham medo da região à noite. O reverendo achava que, depois de sua morte, muitas daquelas pessoas abririam igrejas novas, tão bem-cuidadas quanto as ruas em que agora moravam, e a ligação delas com seu passado finalmente seria rompida. Os filhos não guardariam a lembrança dos escravizados reunidos em torno do fogo.

A voz do reverendo Philips começou a falhar; ele estava cansado. Quando eu estava indo embora, ele me perguntou:

— Aliás, que igreja você frequenta?

— Eu... participo de várias — gaguejei.

— Mas não é frequentador assíduo de nenhuma?

— Acho que ainda estou procurando uma.

— Bom, é compreensível. Mas poderia ajudar sua missão se você frequentasse uma. Não importa qual.

Depois de sair, olhei para a janelinha do segundo andar da igreja e fiquei imaginando o velho pastor lá dentro, preparando seu sermão daquela semana. De onde vinha minha fé? Eu não tinha resposta. Havia aprendido a ter fé em mim mesmo. Porém, isso bastava?

COMO JOHNNIE ESTAVA LIDANDO com as atividades do dia a dia, pude me reunir com mais pastores negros, na esperança de convencê-los a se juntar ao Projeto de Desenvolvimento de Comunidades.

Era um processo lento. A maior parte deles era fervorosamente independente. Quando eu ligava, com frequência desconfiavam de mim. Por que alguém chamado Barack Obama, com um nome que parecia muçulmano, queria alguns minutos do tempo deles?

No entanto, quando nos encontrávamos pessoalmente, eu costumava ir embora impressionado. Em sua maior parte eram homens solícitos, que trabalhavam muito e tinham uma confiança e uma certeza em seu propósito que os tornava de longe os melhores líderes comunitários da região. Eram generosos com seu tempo e surpreendentemente dispostos a me contar sobre seu passado conturbado. Um pastor me revelou que tinha sido viciado em jogos de azar. Outro me falou de seus anos como um executivo de sucesso que bebia em segredo. Todos mencionavam períodos de incerteza religiosa. E insistiam que aquela era a fonte de sua confiança renovada. Eles haviam se perdido e encontrado a redenção. Era o que lhes conferia a autoridade necessária para pregar.

Muitos dos pastores mais jovens me falaram de um homem que viam como mentor, o reverendo Jeremiah Wright Jr. No fim de outubro, finalmente tive a chance de visitá-lo. Eu esperava que sua igreja, a Igreja de Cristo Trindade Unida, fosse imponente, porém era apenas uma construção modesta com uma cerca viva e uma plaquinha fincada na grama que dizia: ÁFRICA DO SUL LIVRE. O sistema do apartheid — similar à segregação no Sul dos Estados Unidos antes do movimento dos direitos civis — continuava forte na época, e as igrejas afro-americanas lideravam uma frente para pressionar as empresas dos Estados Unidos que faziam negócios com a África do Sul a boicotar o país na esperança de dar um fim àquele modo de vida odioso

A igreja estava arejada e movimentada. Algumas crianças pequenas esperavam que alguém as buscasse. Um grupo de meninas adolescentes passou, todas com roupas coloridas para o que parecia ser uma aula de dança africana. Quatro senhoras saíram do santuário. Uma delas gritou:

— Deus é bom!

O que fez as outras responderem, animadas:

— O tempo todo!

O reverendo Wright tinha quase cinquenta anos e cabelo, bigode e cavanhaque grisalhos. Usava um terno cinza de três peças. Ele me contou que havia crescido na Filadélfia e que era filho de um pastor batista. A princípio, não queria seguir os passos do pai. Depois da faculdade, decidiu entrar para os Fuzileiros Navais. Nos anos 1960, explorou o islã e o nacionalismo negro. No entanto, o chamado da fé era uma constante em seu coração. Ele passou seis anos na universidade, fazendo doutorado em história da religião. Depois levou tudo o que havia aprendido para a Igreja de Cristo Trindade Unida. Ficou claro para mim que seu amplo leque de conhecimento o ajudava a reunir as muitas vertentes da experiência negra.

Reconciliar tais experiências foi um desafio, porém seu esforço havia valido a pena: o número de frequentadores da igreja tinha passado de duzentos para 4 mil nas suas duas décadas ali. Ele estava especialmente satisfeito por ter conseguido a participação de mais homens.

— Nada é mais difícil do que conquistar irmãos jovens como você — disse o reverendo Wright. — Eles dizem a si mesmos que igreja é coisa de mulher. Que é sinal de fraqueza admitir uma necessidade de espiritualidade.

Quando eu estava indo embora, peguei um folheto da Trindade. O reverendo Wright havia escrito uma lista de princípios-guia, e um deles alertava sobre os perigos de correr atrás de certo tipo de vida de classe média. Ele afirmava que as pessoas negras abençoadas com o talento ou a sorte necessários para obter sucesso precisavam tomar cuidado para não acabar pensando que eram melhores que os outros e perdendo o contato com sua própria gente.

Embora a maior parte dos frequentadores da igreja fosse de professores, secretários e funcionários públicos, também havia um grande número de outros profissionais negros: engenheiros, médicos, contadores, gerentes corporativos. Muitos deles antes iam a outra igreja ou nem iam. Com uma carreira de sucesso em grandes instituições brancas, eles paravam de se preocupar com sua herança religiosa. Em algum momento, no entanto, conforme me contaram depois, começavam a sentir que haviam chegado a um beco espiritual sem saída. Se sentiam desconectados de si mesmos. Na Trindade, encontravam algo que nunca conseguiriam obter com seu salário: uma confirmação, à medida que os cabelos se tornavam brancos, de que pertenciam a uma comunidade mais ampla, a algo maior que sua própria vida. O destino desses profissionais era ligado àquele de uma mãe adolescente ou de um ex-membro de gangue. Era um programa poderoso, aquela comunidade cultural. Era mais flexível que o nacionalismo negro e supria mais que minha própria forma de organização comunitária.

Ainda assim, eu não conseguia evitar me perguntar se seria o bastante para impedir mais pessoas de deixar a cidade ou mais jovens de ir para a prisão. A irmandade cristã entre, vamos dizer, uma pessoa negra que trabalhava na administração de uma escola e uma pessoa negra que tinha um filho em idade escolar mudaria como as escolas funcionavam? Levaria a reformas na habitação pública? Se homens como o reverendo Wright não assumissem uma posição, se igrejas como a Trindade se recusassem a se envolver com o poder real e se arriscar a entrar em conflitos genuínos, que chance haveria de manter intacta a comunidade mais ampla?

Às vezes, eu fazia tais perguntas às pessoas que conheci através do reverendo Wright. Elas diziam: "Se você entrasse para a igreja, talvez pudesse ajudar a criar um programa comunitário. Você tem boas ideias. Por que não aparece um domingo?". No entanto, eu sempre recusava o convite. Acreditava na sinceridade da fé delas, porém continuava incerto em relação à minha.

NA VÉSPERA DO DIA DE AÇÃO DE GRAÇAS, Harold Washington morreu.

Não houve aviso. Poucos meses antes, ele havia sido reeleito prefeito de Chicago, vencendo com facilidade seus adversários brancos. Daquela vez, tinha conduzido uma campanha cautelosa, sem a paixão da eleição anterior. Empresários haviam financiado sua campanha, resignados diante do poder de sua presença. Algumas pessoas negras diziam que Harold tinha aberto mão delas para conquistar votos brancos e latinos. Ele não dava atenção àquelas críticas. Não via motivo para se arriscar ou se apressar. Dizia que seria prefeito por mais vinte anos.

E então ele morreu. De maneira repentina, simples, definitiva e quase ridícula de tão medíocre: um ataque cardíaco em um homem acima do peso.

Choveu naquele fim de semana, uma chuva constante e fria. As ruas do bairro ficaram em silêncio. Dentro e fora de casa, as pessoas choravam. As estações de rádio negras reprisavam os discursos de Harold. Filas se estendiam por quarteirões a partir da prefeitura, para passar pelo velório. Por toda parte, pessoas negras pareciam atordoadas, devastadas, sem saber o que aconteceria, com medo do futuro.

Apesar do choque, aqueles que eram leais ao prefeito começaram a se reagrupar para pensar em uma estratégia que garantiria a manutenção do controle, tentando escolher o herdeiro de direito dele. Já era tarde demais, no entanto. Não havia uma organização política ou princípios definidos a seguir. A política negra de Chicago estava toda centrada em um indivíduo carismático. Agora que Harold tinha morrido, ninguém concordava nem quanto ao que ele defendia.

No dia em que o conselho municipal ia eleger um novo prefeito para assumir o lugar de Harold até que se realizassem eleições extraordinárias, uma multidão, em sua maioria negra, se reuniu do lado de fora da Câmara Legislativa ao fim da tarde, torcendo por um processo justo e transparente para definir o sucessor dele. Todos cantavam, batiam os pés e juravam que não sairiam dali. No fim, entretanto, os políticos negros fizeram um acordo com os políticos brancos e superaram a pressão pública. Os conservadores e da velha guarda se reuniram em segredo um pouco depois das quatro da manhã, no estacionamento de um restaurante fechado, para indicar um conselheiro negro manipulável que deixaria os programas de Harold morrerem com ele.

Para mim, foi como se Harold Washington tivesse falecido outra vez.

EM FEVEREIRO, descobri que havia sido aceito pela Faculdade de Direito de Harvard. A carta chegou em um envelope grosso, cheio de informações, que me lembrou do envelope que eu tinha recebido da Punahou catorze anos antes. Pensei em como meu avô havia passado a noite acordado, lendo o catálogo da escola, e no que me disse sobre fazer contatos que durariam a vida toda, entrar para panelinhas importantes e ter oportunidades que ele mesmo nunca havia tido. Eu tinha sorrido para meu avô, fingindo entender, mas na verdade desejava ainda estar na Indonésia, correndo descalço pelos arrozais, sentindo os pés afundarem na lama fresca.

Senti algo parecido naquele momento.

Tinha marcado um almoço no escritório naquela semana, com os cerca de vinte pastores que haviam aceitado se juntar à organização. A maioria dos convidados apareceu, assim como nossos líderes comunitários mais importantes. Juntos, discutimos estratégias para o ano seguinte.

Quando o almoço chegava ao fim, anunciei que deixaria a organização em maio e que Johnnie assumiria a direção.

Ninguém se surpreendeu. Vieram todos falar comigo depois, para me dar os parabéns. O reverendo Philips me garantiu que era uma escolha sábia. Angela e Mona disseram que sempre souberam que eu cresceria na vida. Apenas uma líder comunitária, uma mãe solo chamada Mary que trabalhava conosco desde o começo, pareceu chateada.

— Qual é o problema dos homens? Por que estão sempre com pressa? Por que nunca estão satisfeitos com o que têm?

Comecei a dizer alguma coisa, mas então ela me abraçou. Mary tinha duas filhas em casa, que nunca haviam conhecido o pai. Agora mais alguém as abandonava.

ACORDEI ÀS SEIS DA MANHÃ naquele domingo. Fiz a barba, escovei meu único terno e cheguei à Trindade às sete e meia. A maior parte dos bancos já estava cheia, por isso me apertei entre uma senhora corpulenta que não fez questão de abrir espaço para mim e uma família de quatro pessoas. A mãe mandou que os dois meninos ao seu lado parassem de se chutar.

— Cadê Deus? — perguntou o mais novo ao irmão.

— Cala a boca — retrucou o mais velho.

— Fiquem quietos agora mesmo — mandou a mãe.

A congregação começou a cantar, e os diáconos e depois o reverendo Wright apareceram sob uma cruz enorme pendurada nas vigas da igreja. O título do sermão daquela manhã era "A audácia da esperança". Enquanto os meninos ao meu lado desenhavam nos folhetos da igreja, o reverendo Wright falou sobre a história da injustiça, tanto na Bíblia quanto mais recentemente. Ele descreveu uma pintura chamada *Esperança.*

— Retrata uma harpista — disse o reverendo —, uma mulher que parece estar sentada no topo de uma grande montanha. Olhando mais de perto, vemos que está ferida e suja de sangue, com o vestido esfarrapado, a harpa reduzida a uma única corda frágil. Nosso olhar é então atraído para o vale abaixo, com pessoas famintas e morrendo na guerra.

"Todos os dias", ele exclamou, "encaramos rejeição e desespero! E, no entanto, pensem nessa pintura, *Esperança*. A harpista olha para cima, e algumas notas vagas sobem para o céu. Ela ousa ter esperança... Tem a audácia... de tocar... e louvar a Deus... com a única corda... que lhe resta!"

As pessoas começaram a gritar, levantar do banco e aplaudir.

E eu comecei a ouvir todas as vozes dos três anos anteriores. A coragem e o medo de mulheres como Ruby. O orgulho racial e a raiva de homens como Rafiq. O desejo de desistir, o desejo de escapar, o desejo de se entregar a um Deus que poderia de alguma forma minimizar o desespero.

E, naquela única nota — esperança! —, ouvi algo mais. Visualizei o interior de milhares de igrejas da cidade, as histórias de pessoas negras comuns se misturando às de Davi e Golias, de Moisés e o faraó, dos cristãos na cova dos leões. Aquelas narrativas — de sobrevivência, liberdade e esperança — se tornaram nossa história, minha história; o sangue derramado era nosso sangue, as lágrimas eram nossas lágrimas; até que aquela igreja negra, naquele lindo dia, parecesse mais um barco levando a história de um povo para as gerações futuras e o mundo em geral.

Sim, eu havia passado os três anos anteriores colocando a ação acima dos sonhos. No entanto, sentia pela primeira vez que a comunhão dentro daquela igreja — mesmo que às vezes disfarçasse os conflitos muito reais que havia entre nós — também podia nos ajudar a ir além dos nossos sonhos egoístas, a ser parte de algo maior que nós mesmos.

— A audácia da esperança! — repetiu o reverendo Wright. — Ainda lembro da minha avó, cantando dentro de casa: "Há um lado bom em algum lugar, não descanse até encontrar". A audácia da esperança! Às vezes não tínhamos como pagar as contas. Às vezes, parecia que eu não ia chegar a lugar nenhum… No entanto, minha mãe e meu pai sempre cantavam: "Obrigado, Jesus. Obrigado, Jesus. Obrigado, Senhor"…

"E não fazia sentido para mim, a cantoria! 'Por que estavam agradecendo a Ele pelas dificuldades?', eu me perguntava. Mas, vejam, eu só estava olhando para a dimensão *horizontal* da vida deles! Não compreendia que falavam sobre a dimensão *vertical*! De sua relação com Deus, que está no Céu!"

O coral levantou e voltou a cantar. A congregação aplaudia aqueles que iam ao altar, atendendo ao chamado do reverendo Wright, e eu senti um leve toque nas costas da minha mão. O mais velho dos meninos sentados ao meu lado estava me oferecendo um lenço. Ao lado dele, a mãe me olhou com um leve sorriso antes de se voltar para o altar. Foi só quando agradeci ao garoto que senti as lágrimas caindo pelas minhas bochechas.

— Ah, Jesus — ouvi a senhora sentada ao meu lado sussurrar —, obrigada por nos trazer até aqui.

PARTE TRÊS
QUÊNIA

14

O AEROPORTO INTERNACIONAL KENYATTA estava quase vazio quando meu avião aterrissou na África. Os funcionários da imigração tomavam seu chá matinal enquanto verificavam os passaportes. Mais para a frente, uma esteira barulhenta cuspia as bagagens. Não encontrei Auma, por isso sentei com minha mala de bordo. Depois de alguns minutos, um segurança se aproximou.

— É sua primeira viagem ao Quênia? — perguntou ele.

— É, sim.

— Entendi. — Então se agachou ao meu lado. — Você veio dos Estados Unidos. Pode ser que conheça o filho do meu irmão. Samson Otieno. Ele estuda engenharia no Texas.

Eu disse que nunca tinha ido ao Texas, por isso não havia tido a oportunidade de conhecer seu sobrinho, o que pareceu decepcioná-lo. Àquela altura, os últimos passageiros do meu voo já haviam ido embora. Perguntei ao segurança se ainda tinha mais malas para chegar.

— Acho que não — respondeu ele —, mas fique aqui que vou procurar alguém para ajudar.

Então desapareceu em um corredor estreito, e eu levantei para alongar as costas. Havia imaginado uma recepção mais dramática: nuvens se abrindo, demônios sendo expulsos, os espíritos dos meus ancestrais em celebração. Asante havia chamado aquilo de peregrinação. Para o pessoal de Chicago, e para mim, a África havia se tornado uma ideia, mais do que um lugar de verdade, uma nova terra prometida, cheia de tradições antigas, lutas nobres e tambores rufando. Mas aquilo era o continente à distância — como a distância que sempre existiu entre mim e meu pai. O que aconteceria quando ela não existisse mais? E se a verdade não passasse de uma decepção, e a morte do velho não significasse nada, e o fato de eu ter sido deixado para trás não significasse nada, e a única coisa que me unia a ele, ou à África, fosse seu nome e meu sangue?

De repente, me senti cansado e abandonado. Estava prestes a ir atrás de um telefone quando o segurança voltou, acompanhado de uma mulher lindíssima, de pele escura, magra, com quase 1,80 de altura e vestindo o uniforme da British Airways. Ela se apresentou como srta. Omoro e me explicou que minha mala devia ter ido parar em Joanesburgo por engano.

Enquanto eu preenchia o formulário de mala extraviada, a srta. Omoro perguntou:

— Por acaso você é parente do dr. Obama?

— Sim. Sou filho.

Ela abriu um sorriso empático.

— Fiquei muito triste com a morte dele. Seu pai era um amigo próximo da minha família. Quando eu era pequena, ele visitava nossa casa com frequência.

Enquanto conversávamos sobre a minha visita, me vi tentando prolongar o papo, incentivado pelo fato de que ela havia reconhecido meu sobrenome. Percebi que aquilo nunca havia me acontecido; nem no Havaí, nem na Indonésia, nem em Los Angeles, Nova York ou Chicago. Pela primeira vez na vida, senti o conforto e a solidez que um sobrenome podia fornecer, como podia carregar toda uma história da qual as outras pessoas se lembravam, e que talvez as fizesse assentir e dizer: "Ah, então você é filho de tal pessoa". Ninguém no Quênia pediria que eu soletrasse meu nome ou o pronunciaria errado. Meu sobrenome pertencia àquele lugar, assim como eu — mesmo que não compreendesse toda a teia de ligações.

— Barack!

Virei e dei de cara com Auma saltitando. Corri até ela e nos abraçamos, rindo, parecendo dois bobos, como foi quando nos vimos pela primeira vez. Uma mulher alta de pele parda sorria ao nosso lado. Auma virou e disse:

— Barack, esta é tia Zeituni. Irmã do nosso pai.

— Bem-vindo ao lar — disse Zeituni, beijando minhas duas bochechas.

Enquanto Auma dirigia, as duas falavam juntas, perguntando sobre minha viagem e listando tudo o que eu precisava fazer e todas as pessoas que eu tinha que visitar. Planícies amplas se estendiam de ambos os lados da estrada, com gramíneas e acácias ocasionais no horizonte, uma paisagem de savana que parecia ao mesmo tempo ancestral e viva.

O trânsito foi se intensificando gradualmente, com as pessoas se deslocando do interior para trabalhar na cidade, os homens ainda abotoando as camisas finas e as mulheres com as costas bem eretas usando lenços muito coloridos na cabeça. Os carros passavam pelas ruas e rotatórias desviando de buracos, bicicletas e pedestres, enquanto lotações detonadas — chamadas *matatus*, me explicaram — paravam sem qualquer aviso para pegar mais passageiros.

Tudo era estranhamente familiar, como se eu já tivesse passado por aquela rua antes. Então lembrei das manhãs na Indonésia, com minha mãe e Lolo conversando no banco da frente do carro, o mesmo cheiro de madeira queimada e diesel, a mesma expressão das pessoas lá fora. Era como se não esperassem muito mais do que sobreviver ao dia, talvez torcendo para que sua sorte mudasse, ou pelo menos se mantivesse.

Deixamos Zeituni na Kenya Breweries, onde ela trabalhava como programadora. Ela beijou minhas bochechas de novo, depois levantou o dedo para Auma, dizendo:

— Cuide bem do Barry. Não deixe que ele se perca outra vez.

Quando já estávamos de volta à estrada, perguntei à minha irmã que história era aquela de eu me perder outra vez. Ela deu de ombros.

— É uma expressão comum aqui — explicou. — Se faz um tempo que a pessoa não te vê, ela diz: "Você andou se perdendo". Ou: "Não vai se perder". E às vezes a gente usa num tom mais sério. Tipo, se seu filho ou seu marido se muda para a cidade, ou para o exterior, como tio Omar, que foi para Boston. Eles prometem voltar depois de se formar, ou dizem que vão mandar buscar a família quando estiverem estabelecidos. Aí primeiro escrevem uma vez por semana. Depois uma vez por mês. Até que simplesmente param de escrever. Ninguém mais tem notícias. Aí a gente fala que eles se perderam, entende? Mesmo que saibamos onde estão.

O APARTAMENTO DE AUMA era pequeno porém confortável, com portas de vidro que deixavam a luz do sol entrar e se espalhar pelos cômodos. Tinha pilhas de livros em toda parte, e uma colagem de fotos de família na parede. Acima da cama, havia um pôster grande de uma mulher negra com o rosto para o alto, na direção de uma flor se abrindo, com as palavras "Eu tenho um sonho" abaixo.

— E qual é o seu sonho, Auma? — perguntei.

Ela riu.

— Esse é o meu maior problema, Barack. Tenho sonhos demais. Uma mulher com sonhos sempre tem problemas.

Deve ter ficado aparente que eu estava exausto da viagem, porque Auma sugeriu que eu tirasse um cochilo enquanto ela ia dar aula na universidade. Deitei na cama de armar que ela havia arrumado para mim e peguei no sono ouvindo os insetos do outro lado da janela.

Na manhã seguinte, fomos até o centro da cidade e andamos sem rumo. Era menor do que eu esperava, com fileiras de casas de alvenaria caiadas e desgastadas, da época em que Nairóbi era pouco mais que um lugar para os ingleses se hospedarem enquanto construíam ferrovias. Ao lado daquelas casas, uma cidade moderna tinha sido erguida, com prédios de escritórios e lojas elegantes, hotéis com saguões não muito diferentes daqueles de Singapura ou Atlanta.

Era uma estranha mistura de culturas novas e antigas. Um grupo de mulheres da etnia massai passou diante de uma concessionária de carros de luxo para ir ao mercado, com as cabeças raspadas e brincos de contas coloridas nas orelhas. Na entrada de uma mesquita a céu aberto, vimos um grupo de funcionários de um banco tirando com cuidado seus sapatos finos e lavando os pés antes de se juntarem aos camponeses e trabalhadores braçais para a oração da tarde.

Passeamos pelo velho mercado, uma construção cavernosa que cheirava a fruta madura e carne. Uma passagem nos fundos levava a um labirinto a céu aberto de barraquinhas vendendo tecidos, cestas, bijuterias e outras bugigangas. Parei diante de uma que exibia uma variedade de estatuetas de madeira. Reconheci as figuras — elefantes, leões, tocadores de tambor com adornos de cabeça tradicionais — do presente que meu pai tinha me dado muito tempo antes. "Não é nada de mais", o velho havia dito…

— Venha, senhor — disse o jovem vendedor. — Um lindo colar para sua esposa.

— Ela é minha irmã.

— É uma irmã muito bonita. Ficaria bom nela.

— Quanto?

— Só quinhentos. Lindo.

Auma franziu a testa e disse algo em suaíli para o jovem.

— Ele está cobrando o preço *wazungu* — explicou ela. — O preço dos brancos.

O vendedor sorriu e falou:

— Sinto muito, irmã. Para quenianos, o preço é trezentos.

Dentro da barraca, uma senhora fazendo bijuteria com contas de vidro apontou para mim e disse algo que fez Auma sorrir.

— O que foi que ela disse?

— Que pra ela você tem cara de americano.

— Diga que sou luo — falei, batendo a mão no peito.

Na barraca em frente àquela, uma mulher fazia cestos de palha colorida e um homem cortava tiras de couro para serem usadas como alças de bolsas. Fiquei olhando aquelas mãos ágeis costurarem, cortarem e entrelaçarem, e comecei a imaginar um ritmo constante para os dias, em um solo firme no qual se acordava toda manhã sabendo que o dia seria igual ao anterior, vendo como as coisas usadas eram feitas, sabendo sobre a vida de quem as fazia. Tudo isso acontecia enquanto uma procissão de rostos negros passava diante dos meus olhos, os rostos redondos dos bebês e os enrugados dos velhos; rostos lindos que me faziam compreender a transformação pela qual Asante e outros americanos negros haviam passado em sua primeira visita à África.

Ali, era possível desfrutar da liberdade de não se sentir observado, da liberdade de acreditar que seu cabelo crescia como devia crescer, que seus quadris balançam como deviam balançar. Ali, o mundo era negro, e um indivíduo era apenas um indivíduo; podia descobrir todas aquelas coisas que eram únicas à sua vida sem ser acusado de traição ou de viver uma mentira.

Viramos na rua Kimathi, que levava o nome de um dos líderes da Revolta Mau-Mau: uma rebelião de oito anos, entre 1952 a 1960, em que grupos étnicos lutaram contra o domínio inglês. Eles acabaram perdendo, e Kimathi foi capturado e executado. No entanto, inspiraram africanos de outros países a organizar levantes parecidos. Indiretamente, seus esforços levaram à independência do Quênia, em 1963.

O primeiro primeiro-ministro e depois presidente do Quênia foi Jomo Kenyatta, que mais tarde impediria meu pai de trabalhar. Quando ele subiu ao poder, garantiu aos brancos que já estavam arrumando as malas que não precisavam se preocupar com o governo tomando posse de seus negócios e de suas terras. O Quênia se tornou um modelo de estabilidade para os europeus e americanos, ao contrário de seus vizinhos Uganda e Tanzânia. Ex-combatentes deixaram as armas de lado e retornaram a seus lugares de origem, ou entraram para a política.

Kimathi se tornou apenas mais um nome em uma placa de rua pela qual turistas passavam.

Fiquei olhando para eles enquanto Auma e eu sentávamos para almoçar em um café com área externa. Estavam em toda parte — alemães, japoneses, ingleses, americanos —, tirando fotos, evitando os pedintes, muitos vestindo roupa de safári que pareciam mais apropriadas para atores no set de um filme.

Uma família americana branca sentou a algumas mesas de nós. Dois garçons quenianos foram até eles no mesmo instante, sorrindo de orelha a orelha. Como Auma e eu ainda não havíamos sido atendidos, acenei para os outros dois garçons que permaneciam do lado de dentro, imaginando que não nos tinham visto. Por algum tempo, eles conseguiram me ignorar. Uma hora, no entanto, um homem mais velho com olhos sonolentos nos trouxe cardápios, parecendo ressentido. Muitos minutos se passaram sem que ele desse sinal de que voltaria. Os americanos já tinham recebido sua comida e os atendentes ainda não haviam nem colocado pratos na nossa mesa. Auma levantou.

— Vamos.

Ela foi em direção à saída, porém de repente virou e foi até o garçom, que nos observava impassível.

— Você devia ter vergonha — disse Auma, com a voz trêmula. — Devia ter vergonha.

O garçom respondeu bruscamente em suaíli.

— Não quero saber quantas bocas você tem pra alimentar. Não pode tratar seu próprio povo como se fosse cachorro.

Auma abriu a bolsa e pegou uma nota amassada de cem xelins.

— Viu? — gritou ela. — Posso pagar pela droga da minha própria comida.

Ela jogou a nota no chão e seguiu para a rua a passos pesados.

Por vários minutos, caminhamos aparentemente sem direção, até que acabei sugerindo que sentássemos em um banco ao lado da agência central do correio.

— Você está bem? — perguntei a ela.

Auma assentiu.

— Foi idiotice, desperdiçar dinheiro assim.

Ficamos vendo os carros passarem.

— Sabe — ela acabou dizendo —, não posso ir aos clubes desses hotéis se estiver com outra mulher africana. Os seguranças não nos deixam entrar, porque pensam que somos prostitutas. É a mesma coisa nesses grandes prédios de escritórios. Se você for africano e não trabalhar lá, é barrado na porta. Mas, se estiver com uma amiga alemã, recebe só sorrisos. "Boa noite, senhorita", eles dizem. "Como está?"

Eu disse a Auma que ela estava sendo dura demais com os quenianos, que era igual em muitos países onde executivos estrangeiros e turistas tinham mais dinheiro que os habitantes locais. No entanto, minhas palavras não ajudaram a aplacar sua amargura. E eu desconfiava que ela estivesse certa em alguma medida. Nem todos os turistas em Nairóbi iam até ali pelos safáris. Alguns só queriam reviver uma época em que brancos estrangeiros podiam chegar e ser servidos pelos negros sem sentir medo ou culpa.

O garçom que havia nos ignorado por acaso não sabia que o Quênia agora era governado pelos negros? Aquilo significava algo para ele? Talvez sim, no passado. Até olhar em volta e ver seus compatriotas desafortunados fazendo bicos e trambiques, alguns indo à falência. Então tinha se dado conta de que precisava garantir o próprio sustento, e se aquilo significava tratar os outros melhor que seu próprio povo, paciência.

Contudo, talvez ele se visse dividido entre dois mundos, recordando o silêncio à noite no lugar de onde vinha, ou o som de sua mãe moendo milho na pedra. Assim, vivia incerto em ambos, nunca encontrando o equilíbrio, fazendo o que fosse preciso para não perder o que tinha.

* * *

NAQUELA NOITE, fomos para Kariako, um amplo complexo de prédios residenciais que ficava a leste, cercado por terrenos baldios. A lua estava atrás de nuvens densas, e uma garoa fina tinha começado a cair. Depois de três lances de escada, Auma empurrou uma porta entreaberta.

— Barry! Você finalmente veio!

Uma mulher atarracada, de pele parda e com uma expressão animada no rosto me abraçou apertado pela cintura. Atrás dela havia umas quinze pessoas, sorrindo e acenando como o público de um desfile. A mulher olhou para mim e franziu a testa.

— Você não lembra de mim, não é?

— Eu…

— Sou sua tia Jane. Fui eu quem liguei quando seu pai morreu. — Ela sorriu para mim e me pegou pela mão. — Venha conhecer todo mundo. Você já conheceu Zeituni. Esta — fui conduzido até uma senhora usando um vestido verde estampado — é minha irmã, Kezia. É a mãe de Auma e Roy Obama.

Kezia apertou minha mão e falou meu nome e algumas palavras em suaíli.

— Ela disse que seu outro filho finalmente voltou para casa — traduziu Jane.

— Meu filho — repetiu Kezia em inglês, assentindo e me abraçando em seguida. — Meu filho voltou para casa.

Seguimos em frente, e eu apertei a mão de tias, primos e sobrinhos. Todos me cumprimentavam com animação, curiosidade e muito pouco desconforto, como se conhecer um parente fosse algo que acontecesse sempre. Eu tinha levado um saco de chocolates para as crianças, e elas se reuniram em volta de mim e ficaram olhando, com toda a educação, enquanto os adultos tentavam lhes explicar quem eu era.

Havia um jovem de uns dezesseis ou dezessete anos recostado à parede, parecendo cauteloso.

— Ele é nosso irmão — Auma me explicou. — Bernard.

Trocamos um aperto de mão enquanto avaliávamos o rosto um do outro. Fiquei sem palavras, porém consegui perguntar como ele estava.

— Bem, acho — respondeu Bernard, tranquilo, o que fez todo mundo em volta rir.

Jane me levou até uma mesa pequena com tigelas de curry de bode, peixe frito, couve-galega e arroz. Enquanto comíamos, eles me perguntavam sobre minha família no Havaí e eu tentava descrever a vida em Chicago e meu trabalho como líder comunitário. Todos assentiam com educação, embora parecessem não entender muito bem. Mencionei que no outono eu ia começar a estudar direito em Harvard.

— Ah, isso é ótimo, Barry — disse Jane, enquanto chupava um osso de bode do curry. — Foi onde seu pai estudou, Harvard. Você vai nos deixar orgulhosos, como ele. Viu, Bernard? Você precisa estudar bastante, como seu irmão.

— Bernard acha que vai ser um astro do futebol — comentou Zeituni.

Virei para ele.

— É mesmo, Bernard?

— Não — respondeu ele, desconfortável com toda a atenção. — Eu jogava, só isso.

— Talvez a gente possa jogar juntos uma hora — falei.

Bernard balançou a cabeça.

— Agora gosto de basquete. Do Magic Johnson.

Auma me levou para conhecer o restante do apartamento, que tinha dois quartos, ambos com colchões de uma ponta a outra.

— Quantas pessoas moram aqui? — perguntei.

— Não sei bem — disse Auma. — É sempre um entra e sai de gente. Jane não sabe dizer não, então qualquer parente que venha pra cidade ou perca o emprego acaba aqui. Às vezes, eles ficam bastante tempo. Ou deixam os filhos. O velho e minha mãe deixavam Bernard com frequência. Jane praticamente o criou.

— E ela consegue arcar com os custos?

— Na verdade, não. Jane trabalha como telefonista, o que não paga muito bem. Mas ela não reclama. Não teve filhos, então cuida dos filhos dos outros.

Voltamos para a sala. Sentei em um sofá velho e deixei que meus olhos absorvessem a cena — os móveis antigos, o calendário de dois anos antes, as fotos desbotadas. Percebi que era como um apartamento do Altgeld. Com a mesma corrente de mães, filhas e crianças. O mesmo zum-zum-zum das fofocas e da TV. A mesma preocupação com a comida e a limpeza. As mesmas mágoas, pequenas ou grandes. A mesma ausência de homens.

Nos despedimos por volta das dez da noite, prometendo visitar cada um daqueles parentes. Quando seguíamos para a porta, Jane nos puxou de lado.

— Você precisa levar Barry para ver sua tia Sarah — disse ela baixinho a Auma. E depois me explicou: — É a irmã mais velha do seu pai. Está louca para ver você.

— Claro — falei. — Mas por que ela não veio hoje? Mora longe?

— Eu explico no carro — sussurrou Auma.

E cumpriu a promessa.

— Você precisa *mesmo* ver Sarah, mas não posso ir com você. O problema é a herança do velho. Sarah contestou o testamento. Ela anda dizendo por aí que Roy, Bernard e eu não somos filhos do velho. — Auma suspirou. — Sei lá. Uma parte de mim tem pena dela. Sarah levou uma vida difícil. Não teve as mesmas chances que o velho, de estudar e ir para o exterior. Isso a deixou muito amarga. De alguma forma, ela acha que a culpa é nossa.

— Mas quanto pode valer a herança do velho?

— Não muito. Talvez haja uma pequena pensão do governo. Um terreno inútil. Tento não me envolver. Seja lá quanto for a soma, já deve ter sido gasta com advogados a esta altura. Mas todo mundo esperava muito do velho. Ele gostava de passar a impressão de que tinha tudo, mesmo sem ter nada. Agora, em vez de tocar a vida, estão todos brigando, pensando que o velho vai voltar da cova para resgatá-los.

Depois ela falou um pouco sobre Bernard:

— Ele é muito inteligente. Mas passa o dia à toa. Largou a escola e não tem muitas perspectivas de emprego.

— Talvez eu possa ajudar — falei.

— Você pode conversar com ele. Mas, agora que está aqui, que veio dos Estados Unidos, está envolvido na questão da herança, entende? É por isso que Sarah quer tanto ver você. Ela acha que estou te escondendo, porque você tem tudo.

A chuva havia retornado quando estacionamos.

— Isso tudo me deixa exausta, Barack — confessou Auma, baixinho. — Você não tem ideia do quanto tive saudades do Quênia quando estava na Alemanha. Pensava que nunca poderia me sentir sozinha aqui, onde há familiares em toda parte, onde ninguém manda os pais para uma casa de repouso ou deixa os filhos com desconhecidos. Agora estou de volta e todo mundo pede minha ajuda. Sinto que todos estão se agarrando a mim e que vou acabar afundando. Também sinto culpa, porque tive mais sorte que os outros. Fiz faculdade. Posso conseguir um emprego. Mas o que posso fazer, Barack? Sou uma pessoa só.

Segurei a mão dela e permanecemos no carro, ouvindo a chuva.

— Você me perguntou qual era meu sonho — disse minha irmã afinal. — Às vezes, sonho em construir uma linda casa no terreno do nosso avô. Uma casa grande, para onde todos poderíamos levar nossas famílias. Poderíamos plantar árvores frutíferas, como nosso avô, e nossos filhos conheceriam a terra, falariam luo e aprenderiam nossos costumes com os mais velhos.

— Podemos fazer isso, Auma.

Ela balançou a cabeça.

— Tá, mas quem cuidaria da casa se eu não estivesse lá? Em quem posso confiar para consertar um vazamento ou uma cerca? Sempre acabo ficando brava com o velho porque ele não construiu essa casa pra gente. Somos os filhos, Barack. Por que temos que tomar conta de todo mundo?

— É uma ideia linda.

— Ah, eu sei, Barack. É por isso que continuo voltando pra casa. É por isso que continuo sonhando.

15

BERNARD TOCOU A CAMPAINHA às dez em ponto. Usava um short azul desbotado e uma camiseta pequena demais para ele; segurava uma bola de basquete laranja e gasta nas mãos, e a estendia para mim como uma oferenda.

— Está pronto? — perguntou ele.

— Quase. Só preciso calçar o tênis.

Ele me seguiu para dentro do apartamento e foi até a mesa onde eu vinha trabalhando.

— Você estava lendo outra vez, Barry? — perguntou Bernard, balançando a cabeça. — Sua mulher vai se cansar de você, se ficar sempre com seus livros.

Sentei para amarrar os cadarços.

— Já me disseram isso.

Ele jogou a bola para cima.

— Eu não tenho tanto interesse em livros. Sou um homem de ação. Tipo o Rambo.

Sorri.

— Então tá, Rambo — falei, levantando e abrindo a porta. — Vamos ver como você se sai correndo até a quadra.

Bernard olhou para mim, desconfiado.

— A quadra fica longe. Cadê o carro?

— Auma foi com ele para o trabalho. — Saí para a varanda e comecei a me alongar. — Ela me disse que é uma distância de um quilômetro e meio. Vai ser bom para aquecer essas suas pernas jovens.

Ele me acompanhou sem muita vontade nos meus últimos exercícios de alongamento, depois começamos a correr pelo caminho de cascalho até a rua. Era um dia perfeito, o calor do sol compensado pela brisa constante, ninguém à vista a não ser por uma mulher caminhando ao longe com uma cesta cheia de gravetos apoiada na cabeça. Depois de uns quatrocentos metros, Bernard parou, com a testa suada.

— Já me aqueci, Barry — disse ele, ofegante. — Acho melhor andarmos agora.

As quadras, com seu piso de asfalto rachado cheio de ervas daninhas despontando, ficavam no campus da Universidade de Nairóbi, depois da pista de atletismo. Bernard e eu nos alternamos nos arremessos, e fiquei pensando em como ele havia sido uma companhia generosa e tranquila naqueles últimos dias, assumindo a responsabilidade de ser meu guia pela cidade enquanto Auma corrigia provas. Meu irmão segurava minha mão de maneira protetora quando atravessávamos as ruas lotadas e demonstrava uma paciência infinita sempre que eu parava para olhar um prédio ou ler uma placa pela qual ele passava diariamente.

Sua doçura inocente fazia com que parecesse muito mais novo que seus dezessete anos. No entanto, eu lembrava a mim mesmo, ele estava em uma idade na qual um pouco mais de independência e uma personalidade mais combativa não fariam tão mal. Percebi que, se Bernard tinha tempo para mim, em parte era porque não tinha nada melhor a fazer. Eu precisava falar com ele sobre aquilo, como havia prometido a Auma que faria, em uma conversa de homem para homem…

— Você já viu Magic Johnson jogar? — Bernard me perguntou, se preparando para arremessar. A bola entrou pelo aro sem rede, e eu a devolvi a ele.

— Só na TV.

Bernard assentiu.

— Todo mundo tem carro nos Estados Unidos. E telefone.

— A maioria das pessoas tem, mas não todo mundo.

Ele arremessou de novo, e a bola bateu no aro, fazendo barulho.

— Deve ser melhor lá — disse Bernard. — Talvez eu vá para os Estados Unidos. Posso te ajudar no seu trabalho.

— Não tenho trabalho agora. Talvez depois que eu me formar em direito…

— Deve ser fácil encontrar trabalho.

— Não para todos. Na verdade, muita gente vive mal nos Estados Unidos. Principalmente os negros.

Ele segurou a bola.

— Não tão mal quanto aqui.

Ficamos olhando um para o outro, e tentei visualizar as quadras de basquete nos Estados Unidos. O barulho de tiros não muito longe, um cara vendendo drogas na escada — era uma imagem real. Outra imagem tão real quanto: meninos rindo enquanto brincavam no quintal de casa no subúrbio, a mãe os chamando para o almoço. O choque das duas cenas me deixou sem saber o que dizer. Bernard voltou a driblar com a bola.

Quando o sol ficou forte demais, fomos a uma sorveteria que ficava a alguns quarteirões da universidade. Meu irmão pediu um sundae de chocolate.

— Auma me disse que você está pensando em fazer um curso técnico — falei.

Ele confirmou.

— Em que tipo de curso está interessado?

— Não sei. Talvez mecânica.

— Você já tentou entrar em algum curso?

— Não. Ainda não. Precisa pagar.

— Quantos anos você tem, Bernard?

— Dezessete — respondeu ele, com cautela.

— Sabe o que isso significa, não? — perguntei. — Que é quase um homem. Alguém com responsabilidades. Com sua família. Consigo mesmo. O que estou tentando dizer é que chegou a hora de escolher algo do seu interesse. Pode ser mecânica. Pode ser outra coisa. O que quer que seja, vai precisar estabelecer metas e correr atrás delas. Auma e eu podemos ajudar a pagar a matrícula, mas não podemos viver sua vida por você. Entende?

Bernard fez que sim.

— Entendo.

Ficamos em silêncio por um momento, enquanto ele mergulhava a colher no sundae.

Minhas palavras deviam soar vazias àquele meu irmão, cuja única culpa era ter nascido do lado errado do mundo dividido de nosso pai. Bernard devia estar se perguntando por que eu achava que minhas regras se aplicavam a ele. Tudo o que me pedia eram algumas recordações do nosso relacionamento — fitas cassete do Bob Marley, talvez meus tênis de basquete depois que eu fosse embora. Era pouco, e no entanto qualquer outra coisa que eu oferecesse — conselhos, censuras, minhas ambições para ele — pareceria ainda menos.

Quando saímos para a rua, Bernard passou o braço por cima dos meus ombros.

— É bom ter um irmão mais velho por perto — disse ele, então acenou em despedida e desapareceu na multidão.

O QUE É UMA FAMÍLIA? Uma cadeia genética, pais e filhos? Ou duas pessoas que escolhem uma à outra, que formam uma parceria, com a ideia de que juntas estabelecerão um lar? Compartilhar lembranças constitui uma família?

Minhas próprias circunstâncias familiares eram tão complexas e confusas que eu nunca havia encontrado uma resposta definitiva. Em vez disso, desenhava uma série de círculos concêntricos ao meu redor. No círculo mais interno, o amor era constante e inquestionável, quase algo certo. Depois vinha o segundo círculo, no qual amor e compromisso eram uma escolha. Então o círculo de colegas e conhecidos, como a senhora de cabelo branco animada que trabalhava no caixa do mercado onde eu fazia minhas compras em Chicago.

Finalmente, o círculo se ampliava para abraçar uma nação ou uma raça, ou um conjunto de escolhas morais, e os compromissos não ficavam mais ligados a um rosto ou um nome — eram promessas que eu assumia comigo mesmo.

No Quênia, meu esquema de círculos se desfez quase de imediato. Parecia que eu tinha familiares em toda parte: nas lojas, no correio, nas ruas e nos parques, todos alvoroçados e preocupados com o filho havia muito perdido do dr. Obama. Se eu mencionava que estava precisando de um caderno ou de creme de barbear, podia contar que uma das minhas tias insistiria em me levar a um canto afastado de Nairóbi para encontrar os melhores preços, não importava o tempo de trajeto ou a inconveniência que seria para ela.

— Ah, Barry… O que poderia ser mais importante que ajudar o filho do meu irmão?

Se um primo descobria que Auma havia me deixado sozinho, caminharia mais de três quilômetros até o apartamento dela para o caso de eu estar lá e precisar de companhia.

— Ah, Barry, por que não me ligou? Vamos, vou apresentar você a alguns amigos.

À noite, bem, Auma e eu simplesmente nos rendíamos aos convites sem fim de tios, sobrinhos e primos próximos ou afastados, todos exigindo que não os insultássemos e fôssemos jantar com eles, não importava a hora ou se já havíamos comido.

— Ah, Barry... A gente pode não ter muito no Quênia, mas, enquanto estiver aqui, você sempre vai ter o que comer!

A princípio, eu ficava agradecido por toda a atenção. Sempre tinha pensado que a vida na África fosse daquele jeito. Sim, a tecnologia era menos moderna lá, e era mais difícil se deslocar de um lugar ao outro, porém a alegria do calor humano me cercava. Aquilo me parecia diferente da vida nos Estados Unidos, onde as pessoas com muita frequência viviam isoladas.

Com o passar dos dias, no entanto, comecei a me sentir menos feliz e mais tenso. Em parte por causa do que Auma havia dito no carro — a consciência que todos tinham da minha sorte, pelo menos em comparação com a deles. Não que nossos parentes estivessem passando necessidade. Jane e Zeituni tinham um emprego estável, Kezia se virava vendendo tecidos no mercado. Se o dinheiro acabava, sempre dava para mandar as crianças passarem um tempo com parentes no interior.

No entanto, a situação em Nairóbi ficava cada vez mais difícil. As roupas eram quase todas de segunda mão e só se ia ao médico em caso de emergências graves. Os mais jovens estavam quase todos desempregados, incluindo os dois ou três que haviam conseguido se formar em universidades quenianas, que eram concorridas. E se Jane ou Zeituni ficassem doentes, se as empresas em que trabalhavam fechassem as portas ou as mandassem embora, não podiam contar com seguro-desemprego ou pensão por invalidez. Só a família podia ajudar — e a família toda enfrentava dificuldades parecidas.

Agora eu era da família, vivia me lembrando; agora tinha responsabilidades. E, pela primeira vez na vida, me vi pensando em dinheiro: na falta dele, na busca por ele, no simples e inegável fato de que comprava paz de espírito. Em parte eu desejava corresponder à imagem que meus novos parentes tinham de mim: um advogado coorporativo, ou um executivo, capaz de abrir uma torneira e fazer com que as riquezas do Primeiro Mundo chovessem sobre eles.

Porém, claro que eu não era tal pessoa. E, mesmo nos Estados Unidos, construir patrimônio envolvia fazer concessões, horas devotadas ao dinheiro em detrimento da família.

Auma estava naquela situação. Tinha dois empregos, e com o dinheiro que economizava pretendia não apenas consertar a casa de nossa avó em Alego como comprar um terreno perto de Nairóbi, algo que valorizasse com o tempo. Ela tinha planos, cronogramas, orçamentos e prazos — tudo o que era necessário no mundo moderno. O problema era que seus cronogramas exigiam que recusasse convites para reuniões familiares; seus orçamentos significavam dizer não aos pedidos sucessivos de dinheiro que recebia. E, quando isso acontecia, precisava lidar com expressões de mágoa e ressentimento. Sua inquietação, sua independência, seu planejamento constante para o futuro — tudo isso parecia pouco natural à família, e... pouco africano.

Isso me lembrava das tensões com que certas crianças do South Side de Chicago lidavam quando gostavam muito de estudar, de como as outras as acusavam de "agir feito brancos". E fazia Auma sentir a mesma culpa que eu imaginava que sentiria se um dia ganhasse dinheiro e precisasse passar pelos grupos de jovens negros nas esquinas a caminho do meu escritório no centro. Parecia que o sucesso era sempre uma ameaça de abandono.

Perto do fim da minha primeira semana em Nairóbi, Zeituni me levou para visitar tia Sarah. Ela e meu pai haviam sido criados pela segunda esposa do meu avô — a mãe de Zeituni, aquela que todos chamavam de vovó — depois de Akumu, a mãe de Sarah, ter ido embora.

Sarah morava em uma região conhecida como Mathare, que consistia em quilômetros e quilômetros de telhados de zinco cintilando ao sol, como lírios-d'água molhados.

— Quantas pessoas moram aqui? — perguntei. — Meio milhão?

Zeituni balançou a cabeça.

— Semana passada, talvez. Hoje deve ser um milhão.

Chegamos a uma série de prédios ao longo de uma via asfaltada, todos entre oito e doze andares, no entanto estranhamente inacabados, as vigas de madeira e o cimento expostos às intempéries. Entramos em um, subimos um lance de escadas com degraus estreitos e batemos a uma porta detonada. Uma mulher de meia-idade apareceu, baixinha porém robusta, com olhos duros e assertivos em meio a um rosto largo e ossudo. Ela pegou minha mão e disse algo em luo.

— Ela falou que é uma vergonha o filho de seu irmão vê-la em um lugar assim miserável — traduziu Zeituni.

Entramos em um cômodo pequeno, de uns dez metros quadrados, onde cabiam uma cama, uma cômoda, duas cadeiras e uma máquina de costura. Zeituni e eu nos sentamos nas cadeiras, e uma jovem nos trouxe refrigerante quente. Sarah sentou na cama e se inclinou para avaliar meu rosto.

Auma havia dito que Sarah sabia um pouco de inglês, porém falava em luo na maior parte do tempo. Mesmo sem a tradução de Zeituni, dava para ver que ela não estava feliz.

— Sarah quer saber por que você demorou tanto para vir — explicou Zeituni. — Disse que é a filha mais velha do seu avô, Hussein Onyango, e que deveria ter sido a primeira a ser visitada.

— Diga a ela que eu não quis ser desrespeitoso — falei. — Tem sido muito corrido desde que cheguei. Não consegui vir antes.

O tom de Sarah se tornou mais afiado.

— Ela disse que as pessoas com quem você se hospedou devem ter lhe contado mentiras.

— Diga que não ouvi nada contra ela.

Sarah deu uma risada desdenhosa e voltou a falar. Sua voz retumbava contra as paredes próximas demais.

— Ela disse que o processo não é culpa dela — explicou Zeituni, baixinho. — Que é coisa de Kezia, a mãe de Auma. Ela falou que as crianças que se dizem Obama não são Obama. Que ficaram com tudo o que nosso irmão tinha e reduziram a verdadeira família dele a pedintes.

Sarah assentiu, e um brilho potente surgiu em seus olhos.

— Isso, Barry — disse ela de repente, em inglês. — Eu que cuido do seu pai quando ele é pequeno. Minha mãe, Akumu, também é mãe do seu pai. Ela é sua avó de verdade, não a que você chama de vovó. Akumu, a mulher que deu vida pro seu pai. Você devia ajudar ela. E olha como eu vivo. Por que não ajuda a gente, em vez dos outros?

Antes que eu pudesse responder, Zeituni e Sarah começaram a discutir em luo. Até que Zeituni se levantou e ajeitou a saia.

— Vamos embora, Barry.

Comecei a me levantar da cadeira, porém Sarah segurou minha mão.

— Vai me dar alguma coisa? — pediu ela, com a voz mais branda. — Pra sua avó?

Peguei a carteira e senti os olhos de minhas duas tias em mim enquanto contava o dinheiro que tinha — talvez uns trinta dólares na moeda local. Coloquei tudo nas mãos secas e rachadas de Sarah, que enfiou rapidamente as notas dentro da blusa, então voltou a pegar minha mão.

— Fica, Barry — disse ela. — Tem que conhecer…

— Você pode voltar depois, Barry — falou Zeituni. — Vamos.

Quando saímos, Zeituni estava visivelmente chateada. Era uma mulher orgulhosa, e a cena com Sarah a tinha envergonhado. E aqueles trinta dólares… Ela mesma faria bom uso deles.

Caminhamos uns dez minutos antes que eu perguntasse a minha tia sobre o que ela e Sarah haviam discutido.

— Ah, não foi nada, Barry. É o que acontece com velhas sem marido.

Zeituni tentou sorrir, porém a tensão retorcia os cantos de sua boca.

— Vamos, tia. Diga a verdade.

Ela balançou a cabeça.

— Não *sei* qual é a verdade. Pelo menos não inteira. Seu pai e Sarah eram muito parecidos, embora nem sempre se dessem bem. Ela era esperta como ele. E independente. Quando éramos pequenas, ela me dizia que queria estudar para não precisar depender de um homem. Por isso acabou se casando quatro vezes. O primeiro marido morreu, mas ela largou os outros, porque eram preguiçosos ou abusivos. Admiro Sarah por isso.

A maior parte das quenianas tolera tudo. Eu mesma tolerei, por um longo tempo. Só que Sarah também pagou um preço por sua independência.

Zeituni enxugou a testa suada com as costas da mão.

— Depois que o primeiro marido de Sarah morreu, ela decidiu que seu pai devia sustentar tanto ela quanto a filha, porque na família só ele havia estudado. Por isso ela não gosta de Kezia e dos filhos dela. Sarah sempre achou que Kezia fosse só uma mulher bonita que queria ficar com tudo.

Zeituni parou de andar, virou para mim e disse:

— Depois que seu pai foi morar com a esposa americana, Ruth... Bom, ele às vezes voltava para Kezia. Você tem que entender: pela tradição, ela continuava sendo sua esposa. Os luos muitas vezes têm mais de uma esposa. Em uma dessas visitas, Kezia ficou grávida e teve um menino, Abo, seu irmão que você não conheceu. Mas ela também viveu com outro homem por um curto período nessa época. Quando engravidou de novo e Bernard nasceu, ninguém tinha certeza se...

Zeituni parou de falar e deixou a ideia no ar.

— Bernard sabe disso?

— Agora sabe. Isso não fazia diferença para o seu pai, entende? Ele dizia que eram todos seus filhos. Mandou esse homem embora e começou a dar dinheiro a Kezia sempre que possível, para sustentar as crianças. Depois que ele morreu, não havia nada para provar que ele havia aceitado os meninos.

Viramos uma esquina e acabamos indo parar em uma rua mais movimentada. À nossa frente, uma cabra prenha balia e tentava sair do caminho de um *matatu* que se aproximava. Uma senhora com a cabeça coberta por um xale desbotado fez sinal para que olhássemos suas mercadorias: duas latas de feijões in natura, uma pilha organizada de tomates, peixes secos pendurados em um varal que parecia feito de moedas prateadas. Olhei em seus olhos. Fiquei me perguntando quem ela era. Minha avó? Uma desconhecida?

— Agora você sabe o que seu pai sofreu — disse Zeituni, me tirando de meus pensamentos. — Ele era bom até demais. Dava alguma coisa a todo mundo que pedisse. E todo mundo pedia. Seu pai foi uma das primeiras pessoas da região a ir estudar fora. Antes, nem conhecíamos alguém que já tivesse andado de avião. Por isso, as expectativas eram altas. "Ah, Barack", as pessoas diziam, "você é importante. Precisa me dar alguma coisa." E ele não conseguia dizer não, era generoso demais. Até de mim ele teve que cuidar, quando engravidei.

"Seu pai ficou muito decepcionado comigo. Queria que eu fizesse faculdade. Mas eu não dei ouvidos e fui embora com meu marido. Apesar disso, quando meu marido se mostrou abusivo e precisei largá-lo, sem dinheiro e sem trabalho, quem você acha que me acolheu? Seu pai, claro. Por isso, não importa o que os outros digam, sempre vou ser grata a ele."

Zeituni parou de falar de repente, como se passasse mal, e cuspiu na terra.

— Quando o seu pai entrou numa maré de má sorte — continuou ela —, as pessoas que ele havia ajudado o esqueceram. Riram dele. Ninguém da família ofereceu uma casa para que ficasse. Pois é, Barry, ele foi rejeitado! Diziam que Barack era perigoso demais, porque se dava mal com o presidente. Sei que isso magoou seu pai, mas ele nunca guardava rancor. Na verdade, depois que voltou a ser aceito e a se dar bem na vida, ajudou as mesmas pessoas que o traíram. Ele dizia: "Como vou saber se aquele homem não precisa dessa ninharia mais do que eu?".

Voltamos a andar, e minha tia acrescentou:

— Estou lhe dizendo isso para que compreenda a pressão que havia sobre seu pai. Para que não seja tão duro em seu julgamento. Você tem que aprender com a vida dele. Se possui algo, todo mundo vai querer um pouco. É preciso estabelecer um limite. Se todo mundo é da família, ninguém é da família. Seu pai nunca entendeu isso.

ALGUNS DIAS DEPOIS da minha visita a Sarah, Auma e eu encontramos um conhecido do velho do lado de fora do banco. Percebi que ela não se lembrava do nome dele, por isso me apresentei.

— Ora, ora... — disse o homem. — Como você ficou alto. Como está sua mãe? E seu irmão Mark, ele se formou na faculdade?

Fiquei confuso. Eu conhecia aquele sujeito? Então Auma explicou, baixinho, que eu era outro irmão, Barack, filho de outra mãe, e havia sido criado nos Estados Unidos. E que David tinha morrido. Todos ficaram desconfortáveis. O homem assentiu ("Desculpe, eu não sabia") e eu fiquei ali, me perguntando como deveria me sentir por ter sido confundido com um fantasma.

Alguns dias depois, Auma e eu chegamos em casa e vimos um carro nos esperando à porta. O motorista entregou um bilhete a minha irmã.

— É um convite de Ruth — disse ela. — Mark, o filho dela, chegou dos Estados Unidos para passar o verão aqui. Ela quer que a gente vá almoçar lá.

— Você quer ir?

Auma fez que não, com cara de nojo.

— Ruth sabe que já estou aqui faz quase seis meses. Ela não se importa comigo. Só convidou a gente porque está curiosa para conhecer você. Quer te comparar com Mark.

— Acho que é melhor eu ir — falei, em voz baixa.

— Então vamos os dois — disse Auma.

A caminho da casa de Ruth, minha irmã explicou o estranhamento entre as duas famílias. O divórcio de Ruth e do velho não tinha sido amigável. Depois da separação, ela se casou com um tanzaniano e Mark e David adotaram o sobrenome dele.

— Ruth colocou os dois em uma escola internacional, e eles foram criados como estrangeiros. Ela disse aos filhos que eles não deviam ter nenhuma relação com o nosso lado da família. — Auma suspirou. — Não sei. Talvez porque fosse mais velho, Mark ficou mais parecido com Ruth e não manteve contato com a gente. Mas David se rebelou quando chegou na adolescência. Ele disse à mãe que era africano e voltou a usar o sobrenome Obama. Às vezes fugia da escola e ia visitar o velho e o resto da família. Foi assim que o conhecemos melhor. Todo mundo o adorava. Ele era fofo e divertido, mesmo que um pouco maluquinho às vezes.

"Ruth o matriculou em um internato, na esperança de que isso o fizesse sossegar. Mas David acabou fugindo. Sumiu por meses. Então Roy trombou com ele em um jogo de rúgbi. David estava sujo e magro, pedia dinheiro a desconhecidos. Ele riu ao ver Roy, depois se gabou de sua vida nas ruas. Roy insistiu que David fosse morar com ele e mandou um recado para Ruth, dizendo que o filho dela estava em segurança. Ela ficou aliviada, mas também furiosa."

Auma tomou um gole de chá antes de continuar.

— E aí David morreu em um acidente de moto. Ele estava morando com Roy. A morte dele deixou todo mundo muito triste, Roy principalmente. E Ruth ficou pensando que ele tinha corrompido David, roubado seu bebê. Acho que nunca perdoou a gente por isso.

Ruth morava em um bairro de casas valorizadas, com gramados amplos, cercas vivas bem-cuidadas e um posto de vigia com um guarda uniformizado em cada porta. A dela era uma das casas mais modestas do quarteirão. Paramos o carro na entrada sinuosa. Uma mulher branca com queixo pontudo e cabelo grisalho veio nos receber. Atrás dela, havia um homem negro mais ou menos da minha altura e do meu tom de pele, com cabelo black power e óculos de armação grossa.

— Entrem, entrem — disse Ruth.

Nós quatro trocamos apertos de mão e seguimos para uma sala de estar ampla.

— Bem, aqui estamos nós — falou Ruth, nos guiando até o sofá e nos servindo limonada. — Tenho que dizer que fiquei surpresa quando soube que você estava aqui, Barry. Eu disse a Mark que precisávamos ver como esse outro filho do Obama se saiu. Você usa o sobrenome Obama, não? Por que será que sua mãe não mudou?

Sorri como se não tivesse entendido a pergunta.

— Então, Mark — falei, me virando para meu irmão. — Fiquei sabendo que você estuda em Berkeley.

— Stanford — ele me corrigiu. Tinha uma voz grave e sotaque americano. — Estou no último ano de física.

— Deve ser difícil — comentou Auma.

Mark deu de ombros.

— Não muito.

— Não seja modesto, querido — disse Ruth. — Mark estuda coisas tão complicadas que só um punhado de gente é capaz de entender.

Ela deu um tapinha na mão do filho, depois se virou para mim.

— Ouvi dizer que você vai para Harvard, Barry. Como o Obama. Deve ter puxado um pouco a ele. Só espero que não muito. Você sabe que Obama era meio maluco, não? A bebida só piorou tudo. Você o conheceu? Obama, digo.

— Só o vi uma vez. Quando tinha dez anos.

— Bom, então teve sorte. Provavelmente é por isso que está se saindo tão bem.

Foi assim que passamos a hora seguinte, com Ruth alternando histórias dos fracassos do meu pai e das conquistas de Mark. Eu queria ir embora logo que terminássemos de comer, porém Ruth sugeriu que meu irmão nos mostrasse o álbum de família enquanto ela ia pegar a sobremesa.

Sentamos no sofá e passamos as páginas devagar. Auma e Roy, de pele escura, magros e altos, com pernas compridas e olhos grandes, segurando os dois meninos mais novos no colo, de maneira protetora. O velho e Ruth fazendo graça em alguma praia. A família toda vestida para sair à noite. Eram cenas felizes, todas estranhamente familiares, como se fossem uma janela para um universo alternativo. Percebi que eram reflexos das fantasias que eu tinha alimentado por muito tempo, fantasias que havia mantido em segredo até de mim mesmo. Se o velho tivesse levado minha mãe e a mim para o Quênia, seríamos daquele jeito? Eu desejara com frequência que minha mãe, meu pai e meus irmãos vivessem todos sob o mesmo teto. Agora via como poderia ter sido. A constatação de como tudo dera errado me deixou tão triste que depois de alguns minutos precisei desviar o rosto.

No caminho de volta, pedi desculpas a Auma pelo que a tinha feito passar. Ela agiu como se nada fosse.

— Poderia ter sido pior — falou. — Mas tenho pena de Mark. Ele parece tão solitário. Não é fácil ser uma criança mestiça no Quênia, sabe?

Olhei pela janela, pensando na minha mãe, em Toot e no meu avô, e no quanto era grato a eles — por serem quem eram e pelas histórias que haviam me contado.

Então me virei para Auma e disse:

— Ela ainda não o superou, né?

— Quem?

— Ruth. Ela ainda não esqueceu o velho.

Auma pensou por um momento.

— Não, Barack. Acho que não. Como todos nós.

NA SEMANA SEGUINTE, liguei para Mark e sugeri que saíssemos para almoçar. Ele pareceu em dúvida, porém concordou em me encontrar em um restaurante indiano no centro da cidade.

Ele se mostrou mais relaxado do que em nosso primeiro encontro. Depois de um tempo, perguntei como estava sendo voltar para passar o verão.

— Normal — disse Mark. — É bom ver minha mãe e meu pai, claro. Mas não me sinto muito apegado ao Quênia. É só mais um país pobre na África.

— Você não pensa em voltar a morar aqui?

— Não. Não há muitas oportunidades de trabalho para um físico em um país no qual a maioria das pessoas não tem telefone.

Eu deveria ter parado por aí, porém algo — a certeza na voz dele, talvez, ou a semelhança grosseira entre nós — me fez insistir.

— Você não sente que talvez esteja perdendo alguma coisa? — perguntei.

Mark baixou os talheres e, pela primeira vez naquele dia, olhou diretamente nos meus olhos.

— Sei aonde você quer chegar — disse ele, direto. — Acha que perdi minhas raízes. — Então largou o guardanapo em cima do prato. — Bom, é isso mesmo. Em determinado momento, decidi não pensar em quem era meu verdadeiro pai. Ele era um bêbado que não demonstrava nenhuma preocupação com sua esposa e seus filhos.

— Isso deixava você bravo.

— Bravo, não. Só indiferente.

— E isso não te incomoda? A indiferença, digo?

— Em relação a ele, não. Outras coisas me comovem. As sinfonias de Beethoven. Os sonetos de Shakespeare. Sei que um africano não deveria se importar com esse tipo de coisa. Mas quem pode dizer com o que eu deveria ou não me importar? Não tenho vergonha de ser metade queniano, entende? Só não me faço muitas perguntas sobre o que isso significa. Sobre quem sou *de verdade*.

Levantamos para ir embora, e eu insisti em pagar a conta. Na rua, trocamos informações de contato e prometemos nos escrever. Eu duvidava que faríamos aquilo, e essa desonestidade me magoava.

16

PERTO DO FIM DA MINHA SEGUNDA SEMANA no Quênia, Auma e eu fomos fazer um safári.

Ela não ficou muito empolgada com a ideia. Fez até uma careta quando lhe mostrei o folheto. Como a maioria dos quenianos, Auma considerava aquele tipo de parque, com seus animais vigiados e acampamentos, parte do passado colonial.

— Quantos quenianos você acha que têm dinheiro para fazer um safári? — ela me perguntou. — Por que toda aquela terra deveria ficar reservada para os turistas quando poderia ser usada para a agricultura?

Eu respondi que ela estava deixando os outros a impedirem de ver seu próprio país. Eventualmente, Auma acabou cedendo, porém só porque teve pena de mim.

— Se um animal comer você no meio do safári, eu nunca vou me perdoar — disse ela.

Assim, às sete da manhã de uma terça-feira, vimos um motorista parrudo da etnia quicuio chamado Francis colocar nossas malas no teto de uma van branca. Teríamos a companhia de um cozinheiro magricela chamado Rafael, de um italiano de cabelo escuro chamado Mauro e de um casal britânico de quarenta e poucos anos, os Wilkerson.

Logo deixamos Nairóbi e estávamos no interior, passando por colinas verdes, estradas de terra vermelha e pequenos *shambas*, propriedades policultoras cercadas por milharais secos. Ninguém falava nada, e o silêncio era desconfortável; me fazia pensar em como eu havia chegado ao Quênia acreditando que, de alguma maneira, seria capaz de unificar meus muitos mundos em um só, íntegro e harmonioso. No entanto, as divisões só pareciam ter se multiplicado. Estavam em toda parte.

Como entre os quarenta grupos étnicos negros do país, por exemplo. Não se notava muita diferença entre os amigos de Auma, que eram jovens e haviam feito faculdade. No entanto, a maioria dos quenianos tinha lealdades antigas. Até mesmo Jane ou Zeituni diziam coisas que me surpreendiam. "Os luos são inteligentes mas preguiçosos", ou "Os quicuios são gananciosos mas trabalhadores."

Quando ouvia tais estereótipos, eu tentava explicar a minhas tias como aquilo era errado.

— É esse tipo de pensamento que nos mantêm atrasados — eu dizia. — Somos todos um único povo. O povo negro. O povo humano. Pensar assim levou a guerras em outros países africanos, como Nigéria ou Libéria.

Então Zeituni dizia:

— Você é igualzinho ao seu pai, Barry. Ele também tinha muitas ideias sobre o povo.

O que ela queria dizer era que ele também era inocente; que também se utilizava de argumentos históricos. E qual foi seu fim?

A van parou. Estávamos diante de um pequeno *shamba*, e nosso motorista, Francis, pediu para aguardarmos. Alguns minutos depois, ele saiu da casa com uma menina africana de uns doze ou treze anos. Ela carregava uma mala pequena e usava calça jeans e uma blusa bem passada.

— É sua filha? — perguntou Auma, abrindo espaço para a menina sentar.

— Não — respondeu Francis. — É filha da minha irmã. Ela gosta de ver os animais e sempre insiste em vir junto. Espero que ninguém se importe.

Todos fizeram que não e sorriram para a menina.

— Como você se chama? — perguntou a sra. Wilkerson.

— Elizabeth — sussurrou a menina.

— Bom, Elizabeth, você pode ficar na minha barraca se quiser — disse Auma. — Acho que meu irmão ronca.

Fiz uma careta.

— Não dê ouvidos a ela — falei, e ofereci um pacote de biscoitos.

Elizabeth aceitou um e mordiscou as beiradas. Auma pegou o pacote e virou para Mauro.

— Quer? — ofereceu.

O italiano sorriu e pegou um, depois minha irmã ofereceu aos outros.

Seguimos pela estrada até montanhas mais frescas, onde mulheres descalças carregavam lenha e água e meninos pequenos batiam com varas nos lombos dos burros que puxavam suas carroças precárias. Aos poucos, os *shambas* foram se tornando menos frequentes, sendo substituídos por arbustos e florestas. Até que as árvores à nossa esquerda sumiram e tudo o que conseguíamos ver era céu aberto.

— O Vale da Grande Fenda — anunciou Francis.

Saímos da van e ficamos na beirada de um declive íngreme que dava para o oeste. Muitos metros abaixo, pedras e gramíneas se estendiam por uma planície infinita — nosso destino.

À direita, uma montanha solitária se erguia como uma ilha no mar silencioso; mais além, picos irregulares projetavam sua sombra. Havia apenas dois sinais de presença humana visíveis — uma estrada estreita e uma antena via satélite, com o enorme disco branco virado para o céu.

Alguns quilômetros mais ao norte, saímos da estrada. Avançamos devagar, por conta de buracos enormes na via e da aproximação eventual de caminhões vindo na direção contrária, que nos forçavam a ir para a lateral. Finalmente, chegamos à estrada que tínhamos visto de cima e começamos a travessia do vale. A paisagem era árida, basicamente gramíneas e acácias desgrenhadas, cascalho e trechos de pedra escura e dura. Passamos por um gnu solitário, se alimentando sob uma árvore, além de zebras e uma girafa, porém era difícil vê-los à distância. Por quase uma hora não vimos ninguém, até que um único pastor massai apareceu ao longe, tão magro e ereto quanto o cajado que carregava, conduzindo gado pela planície vazia.

Eu não tinha visto muitos massais em Nairóbi, embora tivesse lido bastante a seu respeito. Sabia que, no começo do século XX, os ingleses tinham quebrado seus acordos com eles, expulsando-os de suas terras e os confinando a reservas. Ao mesmo tempo, a ligação dos massais com a terra e sua ferocidade na guerra haviam lhes rendido certo respeito por parte dos colonizadores, de modo que eram vistos pelos europeus como figuras nobres e românticas, como os cheroquis e os apaches nos Estados Unidos.

Duas horas depois, passamos pelos portões da reserva. Ali, do outro lado de um morro, estava a terra mais bonita que eu já tinha visto. Ela se estendia infinitamente, a planície dando lugar a colinas baixas, macias como as costas de um leão, cercadas por florestas e pontuadas por acácias. À nossa esquerda, uma grande manada de zebras comia as gramíneas amareladas; à nossa direita, um bando de gazelas pulava em meio aos arbustos. No meio, havia milhares de gnus, com a cabeça baixa e os ombros curvados, que pareciam pesados demais para suas pernas de aparência delicada.

Francis avançou com a van e os animais abriram caminho para nós, depois seguiram em nosso encalço, como um cardume de peixes, os cascos batendo contra a terra como uma onda se chocando na costa.

Olhei para Auma. Ela abraçava Elizabeth, e as duas se mantinham em silêncio, com o mesmo sorriso no rosto.

Montamos acampamento no morro acima da margem de um córrego sinuoso de água marrom, sob uma figueira enorme e lotada de estorninhos azuis barulhentos. Enquanto sentávamos para comer o ensopado de Rafael, Francis nos contou um pouco sobre si. Ele era casado e tinha seis filhos. Moravam todos juntos em sua propriedade no território quicuio. Plantavam café e milho, e ele fazia o trabalho pesado nos dias de folga, capinando e semeando. Francis gostava de ser guia turístico, mas não de passar tanto tempo longe da família.

— Se eu pudesse, trabalharia só com agricultura — disse ele. — Mas com o KCU fica impossível.

— O que é o KCU? — perguntei.

— O sindicato da indústria do café. São uns ladrões. Controlam o que podemos plantar e quando podemos plantar. Só posso vender o café para eles, que vendem tudo pra fora. E sei que recebem cem vezes o que me pagam. — Francis balançou a cabeça, enojado. — É um absurdo o governo roubar do próprio povo.

— Você é bem direto — comentou Auma.

Francis deu de ombros.

— Se mais gente falasse, talvez as coisas mudassem.

Ele olhou para o fogo, penteando o bigode com os dedos.

— Não é só culpa do governo — comentou Francis depois de um tempo. — Mesmo quando tudo é feito nos conformes, nós, quenianos, não gostamos de pagar impostos. Entregar o próprio dinheiro a outras pessoas não parece uma boa ideia. Os pobres têm razão para desconfiar. Mas os homens importantes, donos dos caminhões que usam as estradas, também se recusam a pagar sua parte e diminuir o lucro.

Joguei um graveto no fogo.

— Não é muito diferente nos Estados Unidos.

— Você deve ter razão — respondeu ele. — Mas um país rico como os Estados Unidos pode se dar ao luxo da idiotice.

Naquele momento, dois massais se aproximaram da fogueira. Francis os cumprimentou e nos explicou que eles garantiriam nossa segurança durante a noite.

Eram homens bonitos e reservados, que mantinham uma lança fincada à sua frente na terra. Projetavam longas sombras. Um deles, que disse se chamar Wilson, falava suaíli e nos contou que morava em um *boma*, um terreno cercado, alguns quilômetros a leste. Auma lhe perguntou se o terreno já havia sido atacado por animais. Wilson sorriu.

— Nada muito sério — falou. — Mas, se tiverem que ir ao banheiro à noite, melhor chamar um de nós para ir junto.

Eu me afastei da fogueira para olhar as estrelas. Fazia anos que não as via assim, longe das luzes da cidade, abundantes, redondas, brilhantes como joias. Notei que o céu era claro, exceto por um trecho nebuloso.

— Acho que é a Via Láctea — disse o sr. Wilkerson.

Ele ergueu a mão e traçou as constelações para mim. Era um homem gentil e franzino, que usava óculos redondos. A princípio, eu havia imaginado que passava a vida em um ambiente fechado, trabalhando como contador ou professor. No entanto, ao longo do dia, notei que ele tinha todo tipo de conhecimento prático, o tipo de coisa que eu nunca aprendi, mas adoraria ter estudado. Ele havia terminado de armar sua barraca antes mesmo que eu fincasse a primeira estaca, e sabia o nome de todos os pássaros e árvores que víamos.

Não fiquei surpreso, portanto, quando o sr. Wilkerson me contou que tinha passado a infância no Quênia, em uma plantação de chá. Ele não queria falar muito sobre o passado; disse apenas que sua família vendeu as terras depois da independência e voltou para a Inglaterra, onde ele estudou medicina. Alguns anos mais tarde, conseguiu convencer a esposa, que era psiquiatra, a ir para a África. Os dois tinham decidido não morar no Quênia, onde havia um excesso de médicos, preferindo se instalar no Malawi, onde trabalhavam para o governo fazia cinco anos.

— Supervisiono oito médicos que cobrem uma área com meio milhão de pessoas — o sr. Wilkerson me explicou. — Nunca temos suprimentos o bastante. Então nos concentramos no básico, o que na África é o principal. As pessoas morrem de vários tipos de doenças que poderiam ser evitadas. Até catapora.

Ele me contou como passava muitos de seus dias: cavando poços, treinando pessoas a imunizar as crianças e distribuindo camisinhas para impedir a disseminação da aids.

Perguntei ao sr. Wilkerson por que ele tinha voltado para a África.

— É a minha casa, acho. As pessoas, a terra... — Ele tirou os óculos e os limpou com um lenço. — É engraçado. Depois que se passa um tempo aqui, a vida na Inglaterra parece horrivelmente limitada. Os ingleses têm muito mais, mas parecem desfrutar menos das coisas. Eu não me sentia bem-vindo lá. — O sr. Wilkerson se virou para a fogueira e sua voz começou a falhar. — Talvez eu não possa chamar este lugar de lar. Meu povo foi responsável por muita injustiça. Os pecados dos nossos ancestrais... Aprendi a aceitar isso. — Ele ficou em silêncio por um momento, depois voltou a olhar para mim. — Mas eu amo aqui — falou, antes de retornar a sua barraca.

O SOL NASCIA. A leste, o céu clareava acima do preto do aglomerado de árvores, primeiro azul-escuro, depois laranja, então entre amarelo e creme. As nuvens logo perderam seu tom arroxeado e desapareceram, deixando para trás uma única estrela. Enquanto desmontávamos o acampamento, vimos uma caravana de girafas, seus pescoços compridos parecendo estranhas marcas no céu ancestral.

Foi assim pelo restante do dia. Eu sentia como se estivesse vendo através dos olhos de uma criança, como se o mundo fosse um livro ilustrado ganhando vida. Um bando de leões bocejando em meio às gramíneas. Búfalos nos pântanos, seus chifres parecendo perucas engraçadas, com pica-bois pousados em suas costas incrustadas de lama. Hipopótamos no leito raso dos rios, com os olhos rosados e as narinas parecendo bolinhas de gude na água.

Mais do que tudo, eu notava a imobilidade. No crepúsculo, nos deparamos com um bando de hienas se alimentando da carcaça de um gnu. À luz alaranjada do fim do dia, elas pareciam cães demoníacos, seus olhos como pedaços de carvão, sangue escorrendo pelo queixo. Ao lado delas, uma fileira de urubus aguardava, observando com paciência e seriedade, se afastando sempre que as hienas chegavam perto demais. Era uma cena selvagem, e ficamos ali por um longo tempo, assistindo à vida se alimentar de si mesma, o silêncio interrompido apenas pelo quebrar de um osso, uma lufada de ar, ou o bater pesado das asas de um dos urubus.

E eu pensei: a Criação foi assim. A mesma imobilidade, o mesmo roer de ossos. Ali, no anoitecer, naquela colina, imaginei o primeiro humano dando um passo, nu, com a pele grossa, pegando desajeitado uma pedra de lascar, sem ainda ter vocabulário o bastante para o medo e o deslumbre evocados pela visão daquele céu amplo. Se todos pudéssemos lembrar daquele primeiro passo em comum, daquela primeira palavra em comum — do tempo antes da Torre de Babel bíblica, quando os humanos se separaram —, e voltar a ser um só…

Naquela noite, depois do jantar, conversamos mais um pouco com os guardas massais. Wilson havia pertencido a um grupo de jovens guerreiros conhecidos como *morans*. Cada um deles precisava matar um leão para provar que era homem e tinham o costume de roubar gado. Até que ele decidiu que ser *moran* era perda de tempo e foi para Nairóbi em busca de trabalho. Com pouco estudo, Wilson acabou sendo contratado como segurança de um banco. O trabalho tedioso o deixou maluco, então ele logo voltou ao vale para se casar e criar gado. Recentemente, um de seus animais havia sido morto por um leão, e Wilson e outros quatro homens tinham ido caçá-lo na reserva, muito embora fosse ilegal.

— Como se mata um leão? — perguntei.

— Cinco homens o cercam e atiram lanças — explicou Wilson. — O leão escolhe um homem e ataca. Quem é atacado tem que se esconder atrás do escudo enquanto os outros quatro terminam o trabalho.

— Parece perigoso.

Wilson deu de ombros.

— Em geral, são só alguns arranhões. Mas às vezes só quatro homens voltam.

Ele não pareceu estar se gabando — era mais como um mecânico tentando explicar o conserto complicado de um carro.

Talvez tenha sido essa casualidade que levou Auma a perguntar para onde os massais acreditam que as pessoas vão depois de morrer. De início, Wilson pareceu não entender a pergunta, até que sorriu e começou a balançar a cabeça.

— Essa não é uma crença massai, a vida após a morte — disse ele, quase rindo. — Depois que você morre, não é mais nada. Volta à terra. E só.

Já fazia algum tempo que Francis estava lendo uma Bíblia pequena de capa vermelha. Auma perguntou se ele havia sido criado como cristão.

Francis confirmou.

— Meus pais se converteram ao cristianismo antes de eu nascer.

— Eu saí da Igreja — falou Mauro, olhando para o fogo. — Regras demais. Não acha, Francis, que cristianismo não é tão bom? Religião branca, não?

Francis apoiou a Bíblia sobre as pernas.

— Esse tipo de coisa me incomodava quando eu era pequeno. Mas os muitos erros que os missionários cometeram devem ser atribuídos a eles, e não a Deus. E, mesmo assim, davam comida às pessoas nos períodos de seca. Alguns ensinaram crianças a ler. Nesse sentido, acredito que estavam fazendo o trabalho do Senhor. Tudo o que podemos tentar fazer é viver como Deus, ainda que isso seja impossível.

Francis voltou à sua Bíblia. Ao lado dele, Auma lia uma história com Elizabeth. Sentado com os joelhos unidos, o dr. Wilkerson remendava uma calça enquanto sua esposa olhava para o fogo. Fiquei observando os massais e me perguntando o que estariam pensando de nós. Sua coragem, sua fibra, me faziam questionar meu espírito turbulento. E, no entanto, olhando em volta, vi que admirava a mesma coragem em Francis, em Auma e nos Wilkerson. Talvez fosse o tipo de que a África tanto precisava, a coragem de pessoas honestas, boas, com ambições realistas e a determinação necessária para vê-las realizadas.

O fogo diminuiu aos poucos, e um a um os outros foram dormir, até que restamos apenas Francis, os massais e eu. Quando levantei, Francis começou a cantar um hino quicuio com uma voz grave, uma melodia que me parecia vagamente familiar. Fiquei mais um tempo ouvindo, perdido em pensamentos. Enquanto seguia para a barraca, senti que compreendia aquela música triste, e a imaginei subindo pelo céu preto e aberto até chegar a Deus.

17

ÀS CINCO E MEIA DA TARDE, nosso trem saiu da velha estação de Nairóbi rumo ao oeste, na direção do povoado onde grande parte da família do meu avô ainda morava — incluindo sua única esposa que continuava viva, quem todos chamavam de "vovó". Minha madrasta, Kezia, minha tia Zeituni e minha meia-irmã Auma iriam em um compartimento; eu e meus meios-irmãos Roy e Bernard, no vizinho. Enquanto todos guardavam a bagagem, abri uma janela e olhei para a curva dos trilhos que ficavam para trás.

Na época em que foi construída, a ferrovia era o maior empreendimento de engenharia da história do Império Britânico, com 965 quilômetros de extensão, de Mombaça ao oceano Índico e à costa oriental do lago Vitória. O projeto teve início em 1895, o ano de nascimento do meu avô, e levou cinco anos para ser concluído, custando a vida de várias centenas de trabalhadores indianos. Eu tentava imaginar um queniano vendo aquela cobra de aço soltando fumaça preta passar por seu povoado pela primeira vez. Teria olhado para o trem com inveja, se imaginando um dia sentado no vagão em que os ingleses se sentavam? Ou estremecido com visões de ruína e guerra?

— Quanto tempo até chegarmos a Home Square? — perguntei.

— Vamos viajar a noite toda até Kisumu — disse Auma. — E de lá pegar um ônibus ou *matatu*. Deve dar mais umas cinco horas.

— Por sinal — falou Roy —, não é Home *Square*. É Home *Squared*.

— E o que significa?

— É como as crianças costumavam chamar em Nairóbi — explicou Auma. — As pessoas têm uma casa normal na cidade e uma casa no interior, de onde vem a família. O lar de seus ancestrais. Até os ministros mais importantes e altos executivos pensam assim. O sujeito pode ter uma mansão em Nairóbi e uma cabaninha no interior. Se você perguntar de onde ele é, vai lhe dizer que a tal da cabana é seu lar de verdade. Quando estávamos na escola e queríamos falar que íamos para Alego, dizíamos que era nosso lar ao quadrado. Home Squared.

— No seu caso, Barack — disse Roy —, talvez seja o caso de falar em lar ao cubo.

Auma sorriu e se recostou no assento, ouvindo o balançar do trem.

— Isso aqui me traz tantas lembranças. Lembra como a gente ficava louco pra ir para casa, Roy? É tão lindo lá, Barack! Totalmente diferente de Nairóbi. E vovó é muito divertida! Ah, você vai gostar dela, Barack. Vovó tem muito senso de humor.

— Precisava ter, depois de passar tanto tempo morando com o Terror — comentou Roy.

— Quem é o Terror?

— É como chamávamos nosso avô — explicou Auma. — Porque ele era muito cruel.

Roy deu risada.

— Nossa, e como! Ele fazia a gente sentar pro jantar e servia a comida em pratos de louça, como se fosse um homem inglês. Aí se você falasse alguma coisa errada, ou se atrapalhasse com os talheres... *pau!* Levava uma bengalada. Às vezes a gente apanhava e só descobria o motivo no dia seguinte.

Zeituni não se comoveu com a história de Roy.

— Vocês conheceram seu avô quando ele já estava velho e fraco. Quando era novo, nossa! Eu era a preferida dele, mas, mesmo assim, se fazia algo errado, passava o dia escondida, morrendo de medo. Ele era rigoroso até com os convidados. Se alguém vinha em casa, seu avô matava várias galinhas em honra, mas se a pessoa ferisse algum costume, por exemplo, lavar as mãos antes dos mais velhos, ele não hesitava em dar uma bengalada, mesmo que fosse em um adulto.

— Ele não devia ser muito popular — comentei.

Zeituni balançou a cabeça.

— Na verdade, era muito respeitado, por ser um excelente agricultor. Sua propriedade era uma das maiores da região. Ele conseguia cultivar qualquer coisa. Tinha aprendido técnicas com os ingleses quando trabalhava para eles, como cozinheiro.

— Eu não sabia que ele tinha trabalhado como cozinheiro.

— Seu avô tinha terras, mas por um longo tempo cozinhou para brancos em Nairóbi. Trabalhou para pessoas bem importantes. Durante a guerra, serviu um capitão do Exército britânico.

— Talvez fosse cruel por esse motivo — comentou Roy, bebendo um gole de sua segunda cerveja.

— Não sei — disse Zeituni. — Acho que meu pai sempre foi assim. Muito rigoroso. Mas justo. Um dia, quando eu era pequena, um homem chegou à nossa propriedade com uma cabra na coleira. Ele morava do outro lado e queria atravessar nosso terreno, para não precisar dar toda a volta. Então seu avô disse: "Quando estiver sozinho, sinta-se livre para passar pelas minhas terras. Mas não hoje, porque sua cabra vai comer minhas plantas". Bom, o homem não quis ouvir. Ele insistiu por um longo tempo, dizendo que tomaria cuidado para que a cabra não causasse danos. Seu avô acabou me chamando e pedindo que eu lhe levasse seu facão. Ele tinha dois, que mantinha muito, muito afiados. Passava as lâminas na pedra o dia todo. Então falou para o homem: "Vamos fazer um acordo. Você pode passar com a cabra. Mas se ela comer uma folha que seja, *meia* folha que seja, vou matá-la".

"Bom, eu era muito nova na época, mas imaginei que o homem devia ser um idiota, porque aceitou a proposta. Começamos a andar, o homem e a cabra na frente, eu e o velho logo atrás. Devíamos ter dado uns vinte passos quando a cabra esticou o pescoço e começou a mordiscar uma folha. Então... *vush!* Meu pai cortou a cabeça dela. O homem ficou horrorizado e começou a gritar: 'Aaaaiii! Aaaaaiii! O que você fez, Hussein Onyango?'. Seu avô só limpou o facão e disse: 'Quando digo que vou fazer uma coisa, tenho que fazer. Ou como as pessoas vão saber que podem confiar na minha palavra?'."

Auma balançou a cabeça.

— Dá para acreditar, Barack? Juro que às vezes penso que os problemas da nossa família começaram com ele. Acho que era a única pessoa cuja opinião importava para o velho. A única pessoa de quem ele tinha medo.

Naquela noite, fiquei acordado até tarde, pensando em nosso avô. Tudo havia começado com ele, segundo Auma. Se eu conseguisse recuperar sua história, talvez todo o resto se encaixasse.

* * *

CHEGAMOS A KISUMU ao nascer do sol e caminhamos cerca de oitocentos metros até o terminal de ônibus. Estava lotado de veículos e *matatus* buzinando e disputando espaço. Auma embarcou em um automóvel de aparência decadente e com pneus rachados, depois voltou, parecendo desanimada.

— Não tem lugar — disse ela.

— Tudo bem — falou Roy, enquanto nossas malas eram colocadas por uma série de mãos no teto do ônibus. — Estamos na África, Auma... não na Europa. — Ele se virou e sorriu para o jovem que cobrava as passagens. — Você vai nos arranjar lugares, não é, irmão?

O jovem assentiu.

— Claro. É um ônibus de primeira classe.

Uma hora depois, eu tinha Auma, uma cesta de inhames e a bebê de outra pessoa no meu colo.

— Fico pensando como seria um ônibus de terceira classe — comentei, limpando a baba do nenê da minha mão.

CHEGAMOS A UM POVOADO chamado Ndori e passamos as duas horas seguintes bebendo refrigerante quente e vendo cachorros de rua brigarem na terra seca, até que um *matatu* enfim apareceu para nos levar pela estrada rústica que seguia para o norte. Ao longo do caminho, algumas crianças descalças acenaram para nós, e um rebanho de cabras atravessou o caminho correndo para chegar a um córrego. Finalmente, paramos em uma clareira. Havia dois jovens sentados sob uma árvore e eles sorriram quando nos viram. Roy saiu do veículo e abraçou os dois rapazes.

— Barack — disse ele, animado —, estes são nossos tios. Este é Yusuf — falou apontando para o mais esguio, que tinha bigode — e este — apontou para o mais alto, com a barba feita — é Sayid, o irmão mais novo do nosso pai.

— Ah, ouvimos falar muito desse aí — disse Sayid, sorrindo para mim. — Seja bem-vindo, Barry.

Seguimos os dois por um caminho que levava a uma grande propriedade. No meio dela havia uma casa baixa e retangular, com telhado de zinco, paredes de concreto instáveis e uma trepadeira florida subindo por uma lateral. Do outro lado do trecho de terra batida, havia uma cabana redonda e pequena, cercada por potes de cerâmica e algumas galinhas ciscando. Dava para ver outras duas cabanas atrás da casa. Embaixo de um pé de manga, duas vacas vermelhas e ossudas olhavam para nós.

Home Squared.

— Ô, Obama!

Uma mulher grande com um lenço na cabeça saiu da casa principal. Seu rosto não tinha rugas e seus olhos eram brilhantes e risonhos. Era a vovó. Ela abraçou Auma e Roy como se fosse derrubá-los no chão, depois apertou minha mão com vigor.

— Olá! — disse ela, tentando falar inglês.

— *Musawa!* — falei em luo.

Vovó riu e disse alguma coisa a Auma.

— Ela falou que sonhou com este dia, quando finalmente conheceria o filho de seu filho. Também falou que você a deixa muito feliz. Que enfim está em casa.

Vovó me abraçou e depois nos levou para dentro. As janelas pequenas deixavam pouca luz da tarde entrar, e não havia muitos móveis — algumas cadeiras de madeira, uma mesinha de centro, um sofá velho. As paredes eram decoradas com recordações da família, incluindo o diploma de Harvard do velho. Também havia duas fotografias amareladas, a primeira de uma jovem alta com olhos brilhantes segurando um bebê rechonchudo no colo e com uma menina ao lado; a segunda de um senhor sentado em uma cadeira de encosto alto. O homem usava uma camisa engomada e uma canga de algodão; suas pernas estavam cruzadas como as de um inglês, porém sobre elas havia uma espécie de bastão, cuja cabeça pesada estava envolvida em pele de animal. Ele tinha maçãs do rosto pronunciadas e olhos estreitos. Auma apareceu ao meu lado.

— Este é ele. Nosso avô. A mulher na foto é nossa outra avó, Akumu. A menina é Sarah. E o bebê... é o velho.

Fiquei olhando para essas fotos por mais algum tempo, até notar outra, de uma mulher branca com cabelo castanho e olhos ligeiramente sonhadores. Eu perguntei o que a imagem fazia ali, e Auma transmitiu a pergunta a vovó.

— Ela falou que é a foto de uma das esposas do nosso avô — explicou Auma. — Ele disse a todos que se casou com ela na Birmânia, quando estava na guerra.

Roy deu risada.

— Ela não parece muito birmanesa, não acha, Barack?

Fiz que não. Parecia com minha mãe.

Depois que desfizemos as malas, Roy fez sinal para que eu o seguisse até os fundos. Perto de um milharal vizinho, ao pé de uma mangueira, vi dois retângulos de cimento despontando da terra. Eram lápides. Uma tinha uma placa que dizia HUSSEIN ONYANGO OBAMA, 1895-1979. A outra estava coberta de azulejos de banheiro amarelos, com um espaço livre onde a placa deveria estar.

Era o túmulo do meu pai.

Roy se abaixou e limpou uma fileira de formigas que marchava pela borda.

— Seis anos — disse ele. — Seis anos, e ainda não há nada que diga quem está enterrado aqui. Vou te pedir uma coisa, Barack: quando eu morrer, por favor, coloque meu nome na lápide.

Então balançou a cabeça devagar antes de voltar para a casa.

COMO EXPLICAR as emoções daquele dia? Minha mente é capaz de repassar cada momento. Lembro que à tarde eu e Auma fomos com vovó ao mercado, cheio de mulheres sentadas em esteiras de palha, suas pernas negras e lisas estendidas sob as saias largas, e lembro do gosto doce do pedaço de cana-de-açúcar que uma dessas mulheres me deu. Lembro do farfalhar das folhas do milharal e da concentração no rosto dos meus tios enquanto consertávamos um buraco na cerca da propriedade. Também lembro de um menino chamado Godfrey, que perseguiu um grande galo preto em meio aos mamoeiros e às bananeiras, e da expressão em seus olhos quando vovó pegou o galo e, sem avisar, passou a faca pelo pescoço dele — o mesmo espanto que deve ter aparecido no meu rosto quando vi algo similar na Indonésia.

A alegria marcou cada um desses momentos, mas não era só isso. Eu tinha a sensação de que tudo o que eu estava fazendo trazia o peso de toda a minha vida; de que um círculo começava a se fechar, para que eu finalmente pudesse me reconhecer tal como era, aqui, agora, em um único lugar.

A noite caiu rápido na propriedade. Bernard, Roy e eu fomos até o tanque de água e nos banhamos ao ar livre, nossos corpos ensaboados brilhando sob a lua quase cheia. Depois do jantar, Roy saiu, dizendo que queria visitar algumas pessoas.

Yusuf apareceu com um rádio à pilha antigo, que ele disse ter pertencido ao nosso avô, e ficou mexendo no botão até sintonizar com muita estática em um noticiário inglês. Pouco depois, ouvimos um gemido grave e estranho à distância.

— Devem ser os corredores noturnos — comentou Auma.

— O que é isso? — perguntei.

— São tipo bruxos. Xamãs. Quando éramos pequenos, esse pessoal — ela apontou para vovó e Zeituni — contava histórias sobre eles para fazer com que nos comportássemos. Diziam que durante o dia os corredores noturnos pareciam homens comuns. Você poderia passar por eles no mercado ou até recebê-los em casa para almoçar, sem nunca conhecer sua verdadeira natureza. Só que à noite eles assumiam a forma de leopardos e falavam com os animais. Os corredores noturnos mais poderosos podem deixar o corpo para trás e voar até lugares distantes. Ou enfeitiçar uma pessoa com um único olhar. Se você perguntar aos vizinhos, eles dirão que ainda há muitos corredores noturnos por aqui.

— Vou te dizer uma coisa, Barry — começou Zeituni, à luz bruxuleante da lamparina a querosene —, quando eu era jovem, os corredores noturnos causavam muitos problemas às pessoas. Roubavam as cabras e até o gado. Seu avô era o único que não tinha medo deles. Lembro que uma vez ele ouviu as cabras balindo no cercado e quando foi dar uma olhada se deparou com o que parecia ser um leopardo enorme de pé sobre as patas de trás com um filhote de cabra nos dentes. Quando a criatura viu seu avô, gritou algo em luo antes de fugir para a floresta. Ele perseguiu o corredor noturno pelas montanhas, mas, quando estava prestes a dar um golpe de facão na coisa, ela voou para a copa das árvores. Por sorte, quando pulou, derrubou o filhote de cabra, que só quebrou uma perna. Seu avô voltou com o bichinho para a propriedade e eu cuidei dele até que estivesse saudável de novo.

Ficamos em silêncio; a luz da lamparina enfraqueceu e as pessoas começaram a ir deitar. Vovó pegou cobertores e uma cama de armar de solteiro para eu e Bernard dividirmos. Nos ajeitamos na cama estreita e apagamos a lamparina. A exaustão fazia meu corpo todo doer. Antes de pegar no sono, fiquei pensando nos azulejos amarelos da lápide do velho.

DE MANHÃ, Sayid e Yusuf mostraram a propriedade para Auma e para mim. Seguimos os dois por um caminho de terra, que cortava plantações de milho e painço, depois acompanhava um córrego de água marrom e voltava a cortar plantações. Diante de algumas cabanas, vimos mulheres debulhando painço e paramos para falar com uma delas. Era uma mulher de meia-idade usando um vestido vermelho desbotado e tênis também vermelhos e sem cadarço. Ela contou que havia conhecido nosso pai, e que os dois pastoreavam cabras juntos quando crianças. Auma perguntou como andava a vida, e a mulher balançou a cabeça devagar e disse, sem emoção na voz:

— As coisas mudaram. Os homens jovens vão todos para a cidade. Só os velhos, as mulheres e as crianças ficam. Não há mais fartura aqui.

Enquanto ela falava, um senhor em uma bicicleta caindo aos pedaços apareceu ao nosso lado, depois chegou um homem bem magro, cheirando a bebida. Os dois também reclamaram das dificuldades e dos filhos que os haviam abandonado. Depois perguntaram se podíamos lhes dar alguma coisa, e Auma entregou alguns xelins a cada um deles.

— O que aconteceu aqui, Sayid? — perguntou Auma quando não podíamos mais ser ouvidos. — Não havia tantos pedintes antes.

— Não mesmo — disse Sayid. — Acho que eles aprenderam com o pessoal da cidade. Quem volta de Nairóbi ou Kisumu diz: "Vocês são pobres". Então agora temos uma ideia de pobreza. Antes não tínhamos. Minha mãe nunca vai pedir nada. Está sempre fazendo alguma coisa. Nada dá muito dinheiro, mas já é algo, entende? Ela se orgulha do que faz. Os outros poderiam seguir o exemplo dela, mas muitos desistem.

Talvez Sayid estivesse certo quanto à ideia de pobreza ter vindo da cidade, tal qual o sarampo. As pessoas que havíamos acabado de conhecer ficaram sabendo que alguns tinham banheiro dentro de casa ou comiam carne todo dia. Não podiam ignorar aquilo tanto quanto as crianças do Altgeld não podiam ignorar os carros velozes e as casas grã-finas que apareciam na televisão.

No entanto, talvez não precisassem aceitar a ideia de que estavam desamparadas, como Sayid não havia aceitado. Ao contrário de seus irmãos mais velhos, ele não tinha dinheiro suficiente para fazer faculdade. Depois de três anos no Corpo Nacional da Juventude, envolvido em projetos de desenvolvimento por todo o país, havia passado as duas últimas folgas batendo à porta de empresas em Nairóbi, sem sucesso. Porém, parecia certo de que sua persistência lhe renderia frutos.

— Para conseguir trabalho hoje em dia, mesmo de ajudante, é preciso conhecer alguém — disse Sayid, quando já nos aproximávamos da propriedade da família. — Ou pagar propina. Por isso, eu quero é abrir meu próprio negócio. Foi o erro do seu pai, acho. Apesar de brilhante, ele nunca teve algo para chamar de seu.

Meu tio pareceu pensar por um momento.

— É claro que não adianta perder tempo pensando nos erros do passado. Como a disputa pela herança do seu pai. Desde o começo, eu disse às minhas irmãs para esquecerem essa história. Temos que seguir com a vida. Só que elas não me ouvem. E o dinheiro por que estão brigando está indo para quem? Para os advogados. Como é mesmo o ditado? Quando dois gafanhotos brigam, quem ganha é sempre o corvo.

NO DIA SEGUINTE, Roy me disse que ia pegar uma carona até a baía de Kendu com o diretor de uma escola próxima. Falou que eu devia ir também, para demonstrar meu respeito à parte da família que morava lá. Sayid e eu voltamos para pegar uma muda de roupa e entramos no carro velho com Kezia, Roy e Bernard.

Foi uma viagem bem longa, e quando chegamos já era quase noite. Depois do jantar, andamos sob a lua cheia por uma trilha estreita que nos levou até uma casa pequena, onde se viam as sombras das mariposas voando por uma janela amarela. Em um quartinho nos fundos, diante de uma lamparina a querosene, fui apresentado ao homem que me pareceu ser o mais velho que eu já tinha visto. Seu cabelo era branco como a neve e sua pele lembrava um pergaminho. Ele estava imóvel, com os olhos fechados. Achei que podia estar dormindo, porém o homem inclinou a cabeça na minha direção e vi a imagem espelhada do rosto que tinha visto no dia anterior, em uma foto desbotada na parede de vovó.

Roy explicou a ele quem eu era. O homem assentiu e começou a falar, com uma voz baixa e trêmula.

— Ele disse que está feliz com sua visita — traduziu Roy. — É irmão do nosso avô. E te deseja tudo de bom.

Eu disse que estava feliz de ter vindo, e o homem assentiu e voltou a falar.

— Ele falou que muitos jovens foram perdidos para... o país dos brancos. Que o filho dele foi para os Estados Unidos faz muitos anos e não voltou para casa. Disse que homens assim são como fantasmas. Quando morrerem, não vão ter ninguém que chore por eles. Não serão recebidos por nenhum ancestral. Então... ele acha que foi bom você ter voltado.

O velho homem estendeu a mão e eu a apertei, com cuidado. Ao nos levantarmos para ir embora, ele disse mais alguma coisa, e Roy assentiu antes de fechar a porta atrás de nós.

— Ele disse que se você tiver notícias do filho dele, peça que volte para casa — explicou Roy.

Mais tarde, Sayid me contou que meu pai tinha sido muito popular por ali.

— Sempre que ele vinha para cá, pagava bebida para todos e ficava fora até tarde. As pessoas diziam: "Você é um homem importante, mas não esqueceu a gente". Acho que isso o deixava feliz. Lembro que uma vez ele me levou a Kisumu com sua Mercedes. No caminho, viu um *matatu* pegando passageiros e disse: "Sayid, esta noite vamos ser motoristas de *matatu*". Então pegou todo mundo que esperava no ponto seguinte e me disse para cobrar a passagem normal. Acho que entraram mais de oito pessoas no carro. Seu pai levou todos aonde precisavam ir. Na hora que as pessoas desembarcavam, ele devolvia o dinheiro delas. Depois disso fomos para um bar e ele contou a história a todos os amigos. Riu muito naquela noite.

Sayid ficou em silêncio por um momento, parecendo escolher bem suas palavras.

— Era esse tipo de coisa que fazia meu irmão ser um homem muito bom. Mas também acho que, depois que você vira uma coisa, não pode fingir que é outra. Como ele podia ser motorista de *matatu*, ou passar a noite bebendo na rua, e desenvolver um plano econômico de sucesso para o Quênia? Meu irmão se orgulhava de sua independência, mas acho que tinha medo de mudar demais e não se encaixar mais entre as pessoas com quem havia crescido.

— Não quero ser assim — disse Bernard.

Sayid olhou para o sobrinho com uma expressão que parecia ser de arrependimento.

— Desculpe se falei demais, Bernard. Você deve respeitar seus antepassados. Eles abriram o caminho para que tudo fosse mais fácil para você. Mas, se vir que caíram em uma vala, o que deve fazer?

— Desviar — respondeu Bernard.

— É isso mesmo. Abandone o caminho e abra outro.

18

NO DIA SEGUINTE, voltei para Home Squared com Sayid e Bernard. Encontramos as mulheres reunidas em esteiras de palha sob a sombra de um pé de manga. Vovó trançava o cabelo de Auma e Zeituni trançava o cabelo de uma menina da vizinhança. Sentei com elas e pedi a vovó, através da tradução de Auma, que contasse tudo desde o começo. Como nosso bisavô Obama havia ido parar em Kendu? Onde nosso avô trabalhava? Por que a mãe do velho tinha ido embora?

Sob a sombra de uma mangueira, nossas vozes correram juntas, três gerações se encontrando como as correntes de um riacho lento...

> O primeiro foi Miwiru. Ninguém sabe quem veio antes. Miwiru foi pai de Sigoma, Sigoma foi pai de Owiny, Owiny foi pai de Kisodhi, Kisodhi foi pai de Ogelo, Ogelo foi pai de Otondi, Otondi foi pai de Obongo, Obongo foi pai de Okoth, Okoth foi pai de Opiyo. As mulheres que os deram à luz tiveram seu nome esquecido, porque o costume de nosso povo era esse.

Okoth morava em Alego. Antes disso, apenas se sabe que as famílias viajavam longas distâncias, vindas de onde hoje é Uganda, e que éramos como os massais, migrando em busca de água e pasto para grandes rebanhos. Até nos assentarmos em Alego e começarmos a plantar.

Quando lá ficou muito cheio, Opiyo decidiu se mudar para a baía de Kendu. Ele não tinha terras, mas o costume dizia que qualquer uma que não tivesse sido reivindicada podia ser usada. Opiyo trabalhou na propriedade de outros homens e abriu terreno para a sua. Mas morreu muito jovem, deixando duas esposas e muitas crianças. O irmão dele ficou com uma esposa, como era o costume na época. Ela se tornou esposa dele e os filhos dela se tornaram seus filhos. Mas a outra esposa também morreu, e o filho mais velho, Obama, ficou órfão ainda menino. Ele também acabou indo morar com o tio, mas a família era pobre. Obama então começou a trabalhar para outros homens, como seu pai havia feito antes dele.

A família para quem ele trabalhava era rica, mas passou a admirá-lo, porque Obama era empreendedor e um excelente agricultor. Ele pediu para se casar com a filha mais velha da família, o que foi permitido. Essa filha morreu, e a família deixou que Obama se casasse com a filha mais nova, que se chamava Nyaoke. No fim, ele teve quatro esposas, que lhe deram muitos filhos. Prosperou e se tornou dono de uma grande propriedade e de muitas cabras e cabeças de gado. Como era muito responsável, acabou se tornando um ancião de Kendu, e muitos buscavam seus conselhos.

Seu avô, Onyango, era o quinto filho de Obama e Nyaoke.

Desde menino, Onyango era estranho. Saía sozinho e quando voltava, dias depois, não dizia aonde tinha ido. Era sempre muito sério: nunca ria, brincava com as outras crianças ou contava piadas. Tinha muita curiosidade em relação ao que os outros faziam, e foi assim que começou a ir à cabana de um herborista, um homem que transformava plantas em remédios, para aprender seu ofício.

Quando seu avô ainda era pequeno, começamos a ouvir que os brancos haviam chegado perto de Kisumu. Diziam que eles tinham pele macia como a de uma criança e que andavam em um navio que rugia como um trovão e queimava gravetos. Antes disso, ninguém no povoado tinha visto um branco. Só comerciantes árabes que vinham vender açúcar e tecido, e até isso era raro, porque não usávamos muito açúcar e nem tecidos além de pele de cabra cobrindo a genitália. Assim, os anciãos nos aconselharam a manter distância de Kisumu, até que aprendêssemos mais sobre os brancos.

Apesar do alerta, Onyango ficou curioso e decidiu que ia vê-los com os próprios olhos. Um dia, desapareceu. Ninguém sabia para onde ele havia ido. Muitos meses depois, enquanto seus irmãos trabalhavam a terra, Onyango voltou ao povoado. Usava calça de branco, camisa de branco e sapatos nos pés. As crianças pequenas ficaram com medo, os irmãos não souberam o que pensar.

— O que aconteceu com você? — perguntou Obama, o pai dele. — Por que está usando essa pele estranha?

Onyango não disse nada, e Obama concluiu que o filho devia estar usando calça para esconder o fato de que tinha sido circuncidado, contrariando o costume luo. E que a camisa devia estar cobrindo uma urticária ou ferida. Obama se virou para os outros filhos e disse:

— Não se aproximem. Ele está impuro.

Então retornou à cabana, e os outros riram e evitaram Onyango. Isso fez com que ele voltasse a Kisumu e passasse o resto da vida separado do pai.

Ninguém entendeu que os brancos pretendiam ficar. Pensaram que só tinham vindo trocar mercadorias. Alguns deles construíram uma missão religiosa para falar de seu deus, que diziam ser todo-poderoso. Mas a maioria do nosso povo não levava aquilo a sério. Mesmo quando os brancos apareceram com rifles, não resistimos, porque não sabíamos como eram mortais. Muitos achavam que as armas serviam para mexer o *ugali*, uma massa de farinha de milho que comíamos.

As coisas começaram a mudar com a primeira das guerras dos brancos. Um comissário distrital chegou, que nós chamávamos de *Bwana Ogalo*, "o opressor". Ele disse que precisávamos pagar uma taxa por cada cabana, com o dinheiro dos brancos. Muitos começaram a brigar contra isso e apanharam, levaram tiro ou tiveram a cabana queimada.

Onyango havia aprendido a ler e escrever em inglês, o que o tornava útil aos brancos. Durante a guerra, ficou encarregado das equipes que trabalhavam na estrada. Quando finalmente voltou, abriu um terreno para si em Kendu, mas longe da propriedade do pai, e quase nunca falava com os irmãos. Escolheu viver em uma barraca, e não em uma cabana. As pessoas nunca tinham visto nada igual e acharam que ele estava louco. Depois de assegurar sua terra, Onyango foi a Nairóbi, onde um branco lhe havia oferecido trabalho.

Ele não foi o único a se mudar para a cidade. Depois da guerra, muitos começaram a trabalhar em troca do dinheiro branco. A guerra trouxe fome e doenças, além de um grande número de colonos brancos, que ficavam com as melhores terras. O respeito pela tradição perdeu força. A cerveja agora vinha em garrafas, e muitos homens passaram a viver embriagados. Cada vez mais pais concordavam em enviar os filhos para as escolas missionárias, porém nem as crianças que eram educadas podiam fazer as mesmas coisas que os brancos. Só eles podiam comprar certas terras e ter certos negócios. Muitos de nós tiveram um gostinho da vida dos brancos e decidiram que éramos pobres em comparação.

Segundo os padrões deles, seu avô prosperou. Achava que muitas coisas que os brancos faziam eram tolas ou injustas, e não permitia que batessem nele. Uma vez, foi preso por bater no branco que o empregava. O homem havia tentado bater nele com a bengala, e Onyango revidou com ela! Mas seu avô respeitava o poder dos brancos. Dizia que eles estavam sempre melhorando, enquanto os africanos desconfiavam de tudo o que era novo. Ele aprendeu a preparar a comida e a organizar a casa dos brancos. Por causa disso, trabalhou na propriedade de alguns dos homens mais importantes deles. Economizava o pagamento e comprava terra e gado em Kendu.

E enfim encontrou uma esposa, Helima. Ninguém sabe como ela se sentia em relação ao seu avô, mas era quieta, educada e o mais importante: capaz de atender aos padrões de arrumação elevados que o marido tinha. Ele construiu uma cabana em Kendu, onde ela passou a maior parte de sua vida. Depois de alguns anos, soube-se que Helima não podia ter filhos. Entre os luo, isso era motivo para divórcio. Mas seu avô decidiu ficar com ela, e nesse sentido a tratava bem.

Mas Helima devia se sentir solitária, porque seu avô trabalhava o tempo todo, não encontrava amigos e não se divertia. Ele não bebia com outros homens e não fumava. Seu único prazer era ir dançar nos salões de Nairóbi uma vez por mês. Só que não era um bom dançarino. Não tinha ritmo e trombava com as pessoas, pisava no pé delas. A maioria não dizia nada, porque sabia que Onyango tinha pavio curto. Até que uma noite um homem bêbado reclamou de como seu avô era desajeitado e depois zombou dele por não poder ter filhos.

Algumas pessoas ao redor riram, e Onyango deu uma surra feia no homem. Só que as palavras do bêbado devem ter entrado na cabeça do seu avô, porque naquele mesmo mês ele começou a procurar outra esposa. Acabou escolhendo uma menina muito bonita chamada Akumu. Ela estava prometida a outro homem, mas Onyango subornou o pai dela com gado. No dia seguinte, amigos do seu avô sequestraram Akumu quando ela estava na floresta e a arrastaram até a cabana dele.

GODFREY APARECEU COM UMA BACIA de água e todos lavamos as mãos para almoçar. Auma se levantou para esticar as costas, com o cabelo ainda pela metade e uma expressão preocupada no rosto. Ela disse algo a vovó, que deu uma longa resposta.

— Eu perguntei mais sobre essa história de sequestrar mulheres. É um costume luo — explicou Auma. — Tradicionalmente, depois que o homem paga o dote, a mulher não pode parecer animada demais para ir com ele. Precisa fingir que recusa, e os amigos do noivo vão atrás dela e a levam até a cabana dele. O casamento só pode ser realizado depois disso tudo. — Auma comeu um pouco. — Eu disse a vovó que talvez algumas mulheres não estivessem fingindo.

Zeituni molhou um pedaço de *ugali* no ensopado.

— Ah, Auma, não era tão ruim quanto você faz parecer. Se o marido se comportasse mal, a menina sempre podia ir embora.

— E de que adiantava isso se o pai ia acabar escolhendo outro para ela? E o que aconteceria se a menina recusasse o pretendente?

Zeituni deu de ombros.

— Ela envergonharia a si mesma e à família.

— Viu? — disse Auma, então se virou para perguntar algo a vovó.

O que quer que ela tenha respondido fez com que minha irmã desse um tapa no braço dela, de brincadeira.

— Perguntei se o homem forçava a menina a dormir com ele na noite em que ela era pega — explicou Auma. — Vovó disse que ninguém sabia o que acontecia dentro da cabana de um homem. Mas me perguntou como ele poderia saber se queria tomar a tigela inteira de sopa sem primeiro provar.

Perguntei quantos anos a vovó tinha quando se casou. Dezesseis, respondeu ela, e explicou que nosso avô era amigo de seu pai. Perguntei se aquilo a incomodava, e vovó balançou a cabeça.

— Ela disse que casar com um homem mais velho era comum — explicou Auma. — E que naquela época o casamento envolvia mais que duas pessoas. Unia famílias e afetava todo o povoado. Ninguém reclamava ou se preocupava com amor. Não era preciso amar o marido, só obedecer a ele.

A conversa entre as duas se estendeu, até que vovó disse alguma coisa que provocou risadas. Mas não de Auma, que se levantou e começou a empilhar os pratos.

— Desisto — falou Auma, exasperada.

— O que vovó disse?

— Perguntei por que as mulheres aceitavam casamentos arranjados. E o fato de que os homens decidiam tudo. Ou as surras. Ela respondeu que às vezes as mulheres precisavam apanhar, ou não fariam tudo o que precisavam fazer. Viu como é? Reclamamos, mas ainda damos incentivo aos homens para nos tratarem sem qualquer respeito.

De repente, vovó pareceu falar com uma voz mais séria.

— Se eu fosse jovem hoje — disse ela, em luo —, talvez não aceitasse as mesmas coisas. Talvez só me preocupasse com meus sentimentos e em me apaixonar. Mas não fui criada neste mundo. Só sei o que vi. O que não vi não pesa em meu coração.

Depois que terminamos de comer, Auma e a vizinha reassumiram suas posições diante das mulheres mais velhas, e vovó voltou a contar sua história.

Quando fui morar com Onyango, Akumu já havia tido dois filhos. Primeiro, Sarah. Três anos depois, seu pai, Barack. Eu não conhecia Akumu muito bem, mas dava para ver que era infeliz. Tinha um espírito rebelde e considerava o marido exigente demais. Talvez ainda amasse o homem a quem estava prometida antes de Onyango a levar embora. Mais de uma vez, Akumu fugiu, mas seu avô a encontrava e trazia de volta.

A vida ficou mais fácil para ela com a Segunda Guerra Mundial. Onyango foi para o exterior, como cozinheiro de um capitão britânico, e eu fui morar com Akumu e Helima. Ajudava as duas com as crianças e com a plantação. Seu avô viajava muito com os regimentos britânicos, e não o vimos por um bom tempo. Quando ele voltou, três anos depois, trouxe um gramofone e a foto de outra mulher, com quem dizia ter se casado na Birmânia.

Onyango já tinha quase cinquenta anos. Cada vez mais, pensava em parar de trabalhar para os brancos e voltar à agricultura. Mas via que as terras em volta de Kendu estavam todas ocupadas e que havia pasto demais. Por isso decidiu voltar a Alego, o lugar que seu avô havia abandonado.

Quando chegamos a Alego, a maior parte da terra que vocês veem agora estava coberta de mato, e a vida foi difícil para todos nós. Mas seu avô tinha estudado técnicas modernas de plantio em Nairóbi e era capaz de cultivar o que quer que fosse. Em menos de um ano, tinha o bastante para vender no mercado. Foi ele que plantou os mamoeiros, as mangueiras e as bananeiras que vocês estão vendo.

Onyango construiu cabanas grandes para Akumu e para mim e uma cabana só para si. Tinha trazido um radiorreceptor da Inglaterra, que ficava em uma prateleira, e punha músicas estranhas para tocar no gramofone até tarde da noite. Quando meus filhos mais velhos, Omar e Zeituni, nasceram, ele comprou berços, camisolinhas e mosquiteiros, assim como havia feito com Barack e Sarah. Na cabana que servia de cozinha, construiu um forno, onde assávamos pães e bolos iguais aos que vendem nas lojas.

Os vizinhos em Alego nunca tinham visto nada do tipo. Primeiro, desconfiaram dele, acharam que era tolo. Logo passaram a respeitar sua generosidade, já que Onyango os ensinava sobre cultivo e plantas medicinais.

Akumu vivia infeliz. Apanhava de Onyango e os dois discutiam com frequência. Ela era orgulhosa e desdenhava de mim. Muitas vezes se recusava a ajudar com os cuidados da casa. Teve outra filha, Auma, xará desta aqui. Enquanto cuidava dela, planejava secretamente sua fuga.

Uma noite, quando Sarah tinha doze anos e Barack, nove, Akumu acordou a filha e disse que ia fugir para Kendu. Explicou que era um trajeto difícil demais para crianças fazerem à noite, mas que os dois deviam ir atrás dela quando tivessem idade suficiente. Então sumiu na escuridão com o bebê.

Quando Onyango descobriu o que havia acontecido, ficou furioso. A princípio, pensou em deixá-la ir, mas então, vendo que Barack e Sarah ainda eram pequenos e que eu mesma, que já tinha dois filhos, mal passava de uma menina, foi à família de Akumu em Kendu e exigiu que a devolvessem. Só que a família dela se recusou. Tinham ouvido falar de sua crueldade com a esposa e já haviam aceitado outro dote, para que ela se casasse com outro homem. Akumu já tinha ido embora com o novo marido, para Tanganica. Onyango não podia fazer nada a respeito, então me disse que eu agora era mãe de todos os filhos dele.

Mas Sarah lembrava das instruções da mãe, e algumas semanas depois acordou Barack no meio da noite, como a mãe havia feito com ela. Mandou que ele ficasse em silêncio, o ajudou a se vestir, e os dois seguiram pela estrada até Kendu. Ainda me pergunto como sobreviveram. Passaram quase duas semanas fora, andando quilômetros todos os dias, se escondendo de quem passava pela estrada, dormindo em meio a plantações e pedindo comida. Já estavam perto de Kendu quando se perderam. Uma mulher os viu e teve pena, porque estavam sujos e mortos de fome. Então se deu conta de quem eram e mandou notícias a seu avô. Quando Onyango chegou e viu o estado em que os dois se encontravam… foi a única vez que alguém o viu chorar.

As crianças nunca mais tentaram fugir, mas não acho que tenham esquecido a viagem. Sarah mantinha uma distância cautelosa do pai, e em seu coração permaneceu leal a Akumu, porque era mais velha e talvez tivesse visto como a mãe era tratada. Acho que ela também se ressentia de mim por ter ocupado o lugar de Akumu. A reação de Barack foi diferente. Não perdoava a mãe pelo abandono e fingia que ela não existia. Dizia a todos que eu era sua mãe, e embora tenha mandado dinheiro para Akumu depois que virou homem, até o fim da vida sempre a tratou com frieza.

O mais estranho é que, de muitas maneiras, Sarah era mais parecida com o pai: rígida, trabalhadora, de pavio curto. Enquanto Barack era rebelde e teimoso como Akumu.

Como devem imaginar, Onyango era muito rígido com os filhos. Fazia com que trabalhassem duro e não permitia que brincassem fora de casa, porque dizia que as outras crianças eram sujas e mal-educadas. Sempre que ele não estava, eu ignorava suas instruções, porque crianças precisam brincar com outras crianças tanto quanto precisam comer e dormir. Mas eu nunca contava ao seu avô o que havia feito, e precisava deixar todos bem limpinhos antes de ele chegar.

Isso não era fácil, principalmente com Barack. Ele era um menino muito travesso! Na frente de Onyango, parecia muito educado e obediente. Pelas costas do velho, fazia o que queria. Quando seu avô estava fora a trabalho, Barack tirava as roupas arrumadinhas e ia lutar com os outros meninos, ou nadar no rio, ou roubar frutas das árvores dos vizinhos, ou montar nas vacas deles. Eu sempre acobertava suas travessuras, porque o amava como se fosse meu filho.

Embora não gostasse de demonstrar, seu avô gostava muito de Barack, porque ele era muito esperto. Quando Barack ainda era só um bebê, Onyango já o ensinava o alfabeto e os números, e não demorou muito para que o filho superasse o pai nessas coisas. Isso deixava seu avô muito satisfeito, porque para ele conhecimento era a fonte do poder dos brancos. Onyango queria garantir que seu filho fosse tão culto quanto qualquer branco. Ele se preocupava menos com a educação de Sarah, embora ela tivesse raciocínio tão rápido quanto o de Barack. A maior parte dos homens acreditava que educar as filhas era um desperdício de dinheiro.

Isso criou atrito entre Sarah e o irmão mais novo, principalmente porque ela sabia que Barack nem sempre levava os estudos a sério. Tudo vinha fácil demais para ele. Foi matriculado na escola missionária perto de casa, mas quando voltou do primeiro dia de aula disse ao pai que não podia estudar lá, porque sua turma tinha uma *professora*, e ele sabia tudo o que ela tinha a ensinar. A escola mais próxima fora aquela ficava a dez quilômetros de distância, e passei a levá-lo até lá toda manhã.

O professor era um homem, porém Barack descobriu que aquilo por si só não resolvia seus problemas. Ele sempre sabia as respostas, e às vezes corrigia o professor diante da turma toda. Isso lhe rendia muitas surras por parte do diretor. Mas deve ter lhe ensinado alguma coisa, porque no ano seguinte, quando passou para uma classe com uma professora, notei que ele não reclamou.

Mas continuava entediado na escola. Quando ficou mais velho, às vezes passava semanas sem ir à aula. Alguns dias antes das provas, encontrava um colega de classe e lia suas anotações. Ele conseguia aprender tudo sozinho em poucos dias, e quando as notas chegavam eram sempre as melhores da turma. Das poucas vezes que isso não aconteceu, ele veio falar comigo, chorando porque estava acostumado a ser o melhor. No geral, chegava em casa rindo e se vangloriando de sua inteligência.

Quando seu pai chegou à adolescência, as coisas mudavam depressa no Quênia. Falavam em independência. Havia reuniões e protestos, e abaixo-assinados eram entregues ao governo reclamando que os brancos ficavam com todas as terras. Como outros meninos, Barack foi influenciado pelas ideias iniciais de independência. Já seu avô duvidava que o movimento chegasse a algum lugar, porque achava que os africanos nunca venceriam um exército branco.

Apesar dessa atitude, Onyango passou seis meses em um campo de detenção. Outro africano, coletor de impostos, tinha inveja das terras dele e uma vez havia levado uma bronca do seu avô por embolsar parte do dinheiro que recebia. O homem disse às autoridades que Onyango era um rebelde, e um dia soldados apareceram e levaram seu avô embora. No fim descobriram que era inocente, mas foram seis meses de prisão, e ele voltou para Alego muito magro e sujo. Andava com dificuldade e estava infestado de piolhos. Sentia tanta vergonha que se recusou a entrar em casa ou nos contar o que havia acontecido.

Na época, Barack não estava em casa, por isso só ficou sabendo depois. Ele havia feito uma prova e sido aceito na Escola Missionária de Maseno, que ficava a cerca de oitenta quilômetros ao sul. Isso deveria ter sido uma grande honra para seu pai, porque apenas os melhores alunos entravam lá. Mas a natureza rebelde dele levou a uma série de problemas. Barack levava meninas para seu dormitório. Ele e os amigos invadiam fazendas atrás de galinhas ou inhame, porque não gostavam da comida da escola. Os professores deixaram passar muita coisa, porque viam que ele era inteligente. Até que Barack foi longe demais e acabou sendo expulso.

Onyango ficou tão furioso quando descobriu que bateu em Barack com uma vara até tirar sangue. Mas seu pai se recusou a fugir, chorar ou até mesmo a se explicar ao seu avô.

Ele se mudou para Nairóbi e conseguiu um emprego na ferrovia. Mas achava aquilo entediante, e deixou que o movimento de independência do Quênia o distraísse. Ele começou a ir às reuniões e conheceu alguns dos líderes rebeldes. A polícia apareceu em uma delas e Barack foi preso. Ele mandou notícia ao pai, dizendo que precisava de dinheiro para a fiança, mas Onyango se recusou a enviar. Disse que tinha que ensinar uma lição ao filho.

Como não era um dos líderes, Barack foi solto alguns dias depois. Porém, começou a pensar que o que o pai havia lhe dito era verdade: que ele nunca seria alguém. Já estava na casa dos vinte anos e não tinha dinheiro ou perspectivas. Agora, tinha esposa e filho. Havia conhecido Kezia aos dezoito anos. Um ano depois, Roy nasceu. Dois anos depois, veio Auma.

Barack estava em depressão profunda, quase desesperado. Pensava que talvez passasse o resto da vida trabalhando como ajudante. Até que a sorte o favoreceu. Ele conheceu duas americanas que lecionavam em uma organização religiosa. Quando elas viram como seu pai era inteligente, arranjaram um curso por correspondência para ele que o permitiria fazer faculdade depois. E prometeram ajudá-lo a entrar em uma universidade americana caso ele se saísse bem nos estudos.

Barack ficou muito animado, e pela primeira vez na vida se dedicou com afinco. Toda noite, e durante o horário de almoço, ele estudava. Alguns meses depois, fez uma prova na embaixada americana. O resultado demorou vários meses para sair, e enquanto isso ele ficou tão ansioso que mal conseguia comer. Ficou tão magro que pensamos que morreria. Um dia, a carta chegou. Eu não estava lá e não vi quando ele a abriu. Só sei que, quando Barack me deu a notícia, ainda dava gritos de felicidade.

De qualquer forma, ele não tinha dinheiro e ainda precisava ser aceito por uma universidade. Onyango vinha sendo menos duro com o filho uma vez que Barack se mostrava mais responsável, porém nem ele teria como levantar uma quantia daquelas. Então seu pai começou a escrever para universidades americanas. Sem parar. Até que uma no Havaí respondeu dizendo que lhe daria uma bolsa. Ninguém nem sabia onde ficava o lugar, mas Barack não se importou. Deixou a esposa grávida e o filho comigo e em menos de um mês foi embora.

Sobre o que aconteceu nos Estados Unidos não posso falar. Só sei que em menos de dois anos recebemos uma carta dizendo que ele havia conhecido uma americana, Ann, sua mãe, e que pretendia se casar com ela.

Sei que ouviu dizer que seu avô não aprovou o casamento, Barry. É verdade, mas não pelos motivos que acredita. Onyango não achava que seu pai estava agindo com responsabilidade. Ele escreveu para Barack dizendo: "Como pode se casar com uma branca quando tem responsabilidades em casa? Essa mulher vai voltar com você e viver como uma luo? Vai aceitar o fato de que você já tem esposa e filhos? Nunca ouvi falar de brancos que entendessem isso. As mulheres deles são ciumentas e estão acostumadas a ser paparicadas. Se eu estiver errado, então que o pai dela venha à minha cabana discutir o assunto. Porque é uma conversa para os mais velhos, e não para as crianças". Ele também escreveu para seu avô materno, repetindo muitas dessas coisas.

Como sabe, seu pai foi em frente com o casamento. Contou a Onyango a respeito só depois que você já havia nascido. Agora estamos todos felizes com a união, porque sem ela não teríamos você aqui conosco. Mas na hora seu avô ficou muito bravo e ameaçou fazer com que revogassem o visto de Barack. Como ele havia vivido com brancos, talvez entendesse os costumes deles melhor que seu pai, porque quando Barack voltou para o Quênia sua mãe não veio junto, como Onyango tinha alertado.

Logo depois da chegada dele, uma mulher branca chegou a Kisumu procurando por seu pai. Achamos que fosse sua mãe, Ann. Barack teve que explicar que era uma mulher diferente, Ruth. Ele disse que os dois tinham se conhecido em Harvard e que ela o havia seguido até o Quênia sem seu conhecimento.

Depois que os dois se casaram, Ruth não aceitou que Barack mantivesse outra esposa. Então Kezia foi deixada para trás e Auma e Roy foram morar em Nairóbi com eles. Quando seu pai trazia os dois para nos visitar, Ruth se recusava a vir junto e não deixava que ele trouxesse David e Mark também.

Já contaram a você o que aconteceu com seu pai em Nairóbi. Não o víamos muito, e quando ele vinha ficava por pouco tempo. Trazia presentes caros e dinheiro, impressionava todo mundo com seu carrão e suas roupas finas. Mas seu avô continuava sendo duro com Barack, como se ele ainda fosse um menino. Onyango já estava muito velho. Andava com bengala e quase não enxergava. Não conseguia nem mesmo tomar banho sem minha ajuda, o que eu acho que o deixava envergonhado. Mas a idade não melhorou seu temperamento.

Depois, quando entrou em decadência, Barack tentou esconder os problemas do seu avô. Só confidenciava sua infelicidade e decepção a mim. Eu lhe dizia que ele era muito teimoso em suas relações com o governo. Seu pai me falava de princípios, e eu o lembrava que os princípios dele estavam custando caro para seus filhos. Então Barack respondia que eu não entendia, como o pai dele costumava dizer também. Até que desisti de dar conselhos e passei a apenas escutar.

Era disso que Barack mais precisava, acho: de alguém que o escutasse. Mesmo depois que as coisas melhoraram e ele construiu esta casa para nós, seu coração continuava pesado. Seu pai se comportava com os filhos exatamente como Onyango havia se comportado com ele. Podia ver que os afastava, mas não havia nada que pudesse fazer. Ainda gostava de se vangloriar, rir e beber com os homens. Mas sua risada era vazia.

Eu me lembro da última vez que Barack visitou Onyango. Os dois se sentaram em suas cadeiras, frente a frente, e comeram sem trocar uma palavra. Alguns meses depois, quando seu

> avô finalmente se juntou a seus ancestrais, Barack voltou para casa a fim de deixar tudo em ordem. Ele disse muito pouco, e foi só quando estava mexendo em alguns pertences do pai que o vi chorar.

Vovó se levantou e limpou a grama da saia.

— Vai chover — disse ela, e todos recolhemos as esteiras e os copos e os levamos para dentro.

Lá, perguntei se vovó ainda guardava alguma coisa do velho ou do meu avô. Ela pegou uma mala de couro velha e me deu um livro cor de ferrugem do tamanho de um passaporte, além de alguns papéis de cores diferentes, grampeados e carcomidos de um lado.

— Foi tudo o que consegui salvar — vovó disse a Auma. — Os ratos encontraram os papéis antes que eu tivesse a chance de guardar.

A encadernação do livro vermelho estava craquelada, porém o título continuava legível: *Registro de bolso do empregado doméstico*. Em letras menores, estava escrito: *Emitido sob o decreto de registro de empregados domésticos de 1928, colônia e protetorado do Quênia.* Na parte interna da capa, encontramos um selo de dois xelins acima da impressão digital dos polegares direito e esquerdo de Onyango. As digitais continuavam bem visíveis, porém o retângulo onde uma fotografia deveria se encontrar estava vazio.

O livro definia a palavra "empregado": "cozinheiro, empregado doméstico, garçom, mordomo, ama, barman, criado, motorista ou lavador". Também dizia que qualquer empregado doméstico encontrado trabalhando sem registro, ou com um registro danificado, teria que pagar uma multa de até cem xelins ou passar seis meses na prisão, ou ambos.

O mais importante eram os detalhes pessoais daquele registro em particular, do meu avô:

Nome: Hussein II Onyango
Número de registro: Rwl A NBI 0976717
Raça ou tribo: Ja'luo
Residência quando não empregado: Kisumu
Sexo: M
Idade: 35
Altura e constituição: 1,82 m, mediana
Pele: Escura
Nariz: Chato
Boca: Grande
Cabelo: Crespo
Dentes: Faltando seis
Cicatrizes, marcas tribais e outras peculiaridades: Não

Mais para o fim do registro, encontramos depoimentos de seus empregadores. O capitão C. Harford, do Palácio do Governo de Nairóbi, disse que Onyango "cumpriu com seus deveres de criado pessoal com diligência admirável". O sr. A. G. Dickson considerava sua comida excelente e disse: "ele consegue ler e escrever em inglês e seguir as instruções de qualquer receita. Além de outras coisas, sua massa folhada é excelente". Por outro lado, o sr. Arthur W. H. Cole, do Grupo de Pesquisa da África Oriental, disse que, após uma semana de trabalho, Onyango "se demonstrou inapto e certamente indigno de sessenta xelins por mês".

Passamos à pilha de cartas. Eram rascunhos de mais de trinta, enviadas por nosso pai a reitores de diferentes universidades nos Estados Unidos. Uma delas dizia:

Caro reitor Calhoun,

Fui apresentado à sua instituição pela sra. Helen Roberts, de Palo Alto, Califórnia, que no momento se encontra aqui em Nairóbi. Sabendo o quanto desejo prosseguir com meus estudos nos Estados Unidos, a sra. Roberts sugeriu que eu me candidatasse à sua renomada escola. Assim, ficarei muito feliz se o senhor puder me enviar o formulário de inscrição e informações sobre eventuais bolsas de estudo que possam vir a existir.

É isso, pensei. Minha herança.

Reorganizei as cartas em uma pilha e as coloquei sobre o registro. Então saí para o quintal e fiquei parado diante dos dois túmulos. Tudo à minha volta — os milharais, o pé de manga, o céu — pareceu se fechar sobre mim, até que me restou apenas uma série de imagens, como se as histórias de vovó ganhassem vida.

Parado ali, posso ver meu avô, Onyango, usando roupas de branco diante da cabana de seu pai. Vejo meu bisavô lhe dando as costas, seus irmãos rindo, e sinto — como ele deve ter sentido — seu coração dar um salto. Ao se virar e começar a voltar pela estrada de terra vermelha, sei que seu caminho se alterou de maneira permanente.

Ele vai ter que se reinventar neste lugar seco e solitário, pensei. Com sua força de vontade, vai criar uma vida dos restos de um mundo desconhecido, das lembranças de um mundo que se tornou obsoleto. Eu o vejo como um velho, sentado sozinho em uma cabana que acabaram de limpar, e sei que ainda ouve seu pai e seus irmãos rindo dele. Ainda sente a humilhação de ser um criado, de ficar em silêncio enquanto o capitão inglês explica pela terceira e última vez a maneira correta de fazer um gim-tônica. O pescoço de meu avô fica tenso, a raiva se acumula. Ele agarra sua bengala para bater em alguma coisa, qualquer coisa. Até relaxar. Meu avô se dá conta de que, não importa quão forte seja, não conseguirá escapar às risadas e humilhações. Seu corpo afrouxa. Ele espera para morrer, sozinho.

Essa imagem é substituída pela de um menino de nove anos, meu pai. Ele está com fome, cansado, e agarra a mão da irmã, à procura da mãe perdida. Finalmente, é demais para ele, e o fio tênue que o liga à mãe se rompe, fazendo com que a imagem dela afunde no vazio. O menino começa a chorar, solta a mão da irmã. Quer ir para casa, grita, quer voltar para a casa do pai. Vai encontrar outra mãe. Vai aprender o poder que sua própria mente tem.

Mas não vai esquecer o desespero daquele dia. Doze anos depois, sentado à mesa estreita do trabalho, o qual não vai levar a lugar nenhum, ele sente o pânico retornar. Também vai ter que se reinventar. Pega uma lista de endereços, puxa a máquina de escrever para mais perto e começa a datilografar, uma carta depois da outra, para depois enviá-las, como mensagens dentro de uma garrafa.

Ele deve ter se sentido tão sortudo quando a carta de aprovação chegou do Havaí. Alguém o havia escolhido afinal; ele possuía a graça de seu nome, *baraka*, as bênçãos de Deus. Com um diploma universitário, as roupas certas, uma esposa americana, um carro, as palavras adequadas, uma carteira e a proporção ideal de gim na tônica, o que poderia atrapalhá-lo?

Tinha quase conseguido, de uma maneira que nem mesmo seu pai poderia imaginar. E então, depois de ir tão longe, descobriu que, no fim das contas, não havia escapado! Continuava preso na ilha do pai, sua mãe continuava longe…

Fui ao chão e passei a mão nos azulejos amarelos.

Ah, pai, pensei. *Não há vergonha na sua confusão. Assim como não havia vergonha na do seu pai, antes de você. Se os dois não tivessem ficado em silêncio...*

Foi o silêncio que nos traiu.

Se não fosse pelo silêncio, seu avô poderia ter dito ao seu pai que, mesmo se saísse do povoado, se vestisse como um homem branco e aprendesse os modos deles, nunca poderia escapar de quem era e de onde tinha vindo. Nunca conseguiria criar uma nova identidade sozinho, dando as costas para o mundo que o havia moldado.

Seu pai poderia ter ensinado as mesmas lições a você.

E você, o filho, poderia ter ensinado algo a seu pai. Poderia ter lhe mostrado que o novo mundo que ele abraçou, o mundo das ferrovias, dos banheiros dentro de casa e dos gramofones, tinha um poder perigoso. Por causa desse poder, seu pai — meu avô — perdeu a fé nascida da dificuldade, uma fé que não era nova, que não era negra, branca, cristã ou muçulmana, mas que pulsava no coração do primeiro povoado queniano e da primeira propriedade no Kansas: a fé nas outras pessoas.

O silêncio matou sua fé. E, sem ela, você se agarrou demais ao passado. E de menos. Você se apegou demais a sua rigidez, a suas desconfianças, a sua crueldade masculina. E se apegou de menos à risada na voz de vovó, ao prazer da companhia ao levar as cabras para pastar, aos murmúrios do mercado, às histórias em volta da fogueira.

Apesar de todos os seus dons — seu raciocínio rápido, seu charme —, você nunca poderia estar completo deixando esse legado precioso para trás.

Passei muito tempo ali, entre os dois túmulos, chorando. Quando não tinha mais lágrimas, senti certa calma tomar conta de mim. Senti que o círculo enfim se fechava. Vi que minha vida nos Estados Unidos — a vida negra, a vida branca, a sensação de abandono que eu tinha quando menino, a frustração e a esperança que havia testemunhado em Chicago — estava relacionada àquele pequeno pedaço de terra do outro lado do oceano, e não só pelo acaso de um sobrenome ou pela cor da minha pele. A dor que eu sentia era a dor do meu pai. Minhas perguntas eram as perguntas do meu irmão. A luta deles era a minha luta.

Começou a garoar, e senti uma mão no meu braço. Então me virei e vi Bernard ao meu lado, tentando cobrir nós dois com um guarda-chuva velho e torto.

— Pediram que eu viesse ver se você estava bem — falou ele.

Sorri.

— Estou bem. Vamos dar uma volta.

Seguimos na direção do portão. Godfrey estava recostado à parede de barro da cabana da cozinha. Ele olhou para nós e abriu um sorriso tímido.

— Venha — disse Bernard, chamando o menino. — Você pode andar com a gente.

Assim, nós três caminhamos pela estrada de terra que se alargava, chutando as folhas que surgiam em nosso caminho e vendo a chuva cair nos vales.

Epílogo

PASSEI MAIS DUAS SEMANAS NO QUÊNIA. Voltamos todos para Nairóbi e se seguiram mais jantares, mais discussões, mais histórias. Vovó ficou no apartamento de Auma, e eu pegava no sono toda noite ao som das vozes sussurradas das duas. Um dia, fomos todos a um estúdio e fizemos um retrato de família. Todas as mulheres usavam vestidos em tons fortes de verde, amarelo e azul, e todos os homens fizeram a barba, se arrumaram e endireitaram as costas, e a pessoa que nos fotografou comentou que aquela era uma bela foto.

Roy voltou para Washington, D.C., logo depois. Vovó voltou a Home Squared. De repente, os dias ficaram muito silenciosos, e certa tristeza tomou conta de Auma e de mim, como se estivéssemos acordando de um sonho.

No último fim de semana da minha estada, nós dois pegamos o trem para o litoral e ficamos em um antigo hotel à beira-mar em Mombaça que costumava ser o preferido do velho. Não fizemos muita coisa além de ler e caminhar na praia, observando os siris de cor clara entrarem depressa em seus buracos na areia. Visitamos a Cidade Velha e subimos os degraus desgastados de um forte construído pelos portugueses, agora uma construção de pedra vazia, com as paredes enormes descascando como se fossem papel machê, os canhões descarregados apontando para o mar tranquilo.

No caminho de volta para Nairóbi, Auma e eu decidimos ostentar e compramos passagens com poltrona marcada. Meus joelhos, no entanto, acabaram espremidos pela pessoa da frente, que queria fazer valer o preço que havia pago pela poltrona reclinável. Também caiu uma tempestade repentina que fez água escorrer pelos buracos no teto, os quais tentamos — sem sucesso — tapar com lenços de papel.

Depois de um tempo, a chuva parou e pudemos ver uma paisagem árida, que consistia apenas em cascalho, arbustos e baobás ocasionais. Eu me lembro de ter lido em algum lugar que os baobás podiam passar anos sem florir e quase não precisavam de água para sobreviver; vendo aquelas árvores ali, à luz nebulosa da tarde, entendi por que se acreditava que tinham um poder especial — que abrigavam espíritos e demônios ancestrais e que a humanidade havia surgido debaixo de uma delas.

— É como se cada uma pudesse contar uma história — disse Auma, e era verdade. Cada árvore parecia possuir personalidade própria, nem boa nem má, mas duradoura, com segredos cujas profundezas eu nunca atingiria. Elas pareciam ter a capacidade de se desenraizar e simplesmente ir embora, e se não o faziam era porque sabiam que naquela terra um lugar nunca diferia muito do outro — porque sabiam que um momento carrega dentro de si tudo o que se passou antes.

ESCREVO ESTAS PALAVRAS seis anos depois de minha primeira viagem ao Quênia, e muita coisa mudou no mundo.

Para mim, foi um período relativamente tranquilo, em que fiz o que dizemos a nós mesmos que devemos fazer para crescer. Me formei em direito em Harvard e passei a maior parte dos três anos de curso na biblioteca. Estudar direito às vezes pode ser decepcionante, uma questão de aplicar regras estreitas a uma realidade que nem sempre coopera. Com frequência, as leis ajudam quem já tem poder a gerenciá-lo, ao mesmo tempo que procuram explicar aos outros por que é justo que permaneçam sem poder.

Porém, direito não é só isso. Também é uma maneira de uma nação examinar sua própria consciência e de se fazer as mesmas perguntas que passaram a moldar minha vida, as mesmas perguntas que eu às vezes me pego fazendo ao velho, tarde da noite, relacionadas à definição de "comunidade" e às formas pelas quais somos responsáveis uns pelos outros. As respostas que encontro nos livros de direito nem sempre me satisfazem. No entanto, acredito que, desde que as perguntas continuem sendo feitas, existe esperança de que aquilo que nos une venha a se provar mais forte que aquilo que nos separa.

Acho que aprendi a ser mais paciente nos últimos anos, com os outros e comigo mesmo. Se for o caso, dou a maior parte do crédito a minha esposa, Michelle. Ela nasceu no South Side de Chicago e foi criada em uma das casas em estilo bangalô que passei tantas horas visitando durante meu primeiro ano na cidade. Michelle nem sempre sabe o que pensar de mim; fica preocupada que, como meu avô e o velho, eu seja um sonhador. Às vezes, com sua praticidade e suas atitudes típicas do Meio-Oeste, ela me lembra bastante de Toot. Na verdade, quando a levei ao Havaí pela primeira vez, Toot descreveu minha futura esposa como "uma moça muito sensata" — o que Michelle compreendeu se tratar do maior elogio que poderia receber da minha avó.

Depois que ficamos noivos, levei-a à África, para conhecer o outro lado da minha família. Ela fez um sucesso imediato lá também, em parte porque logo seu vocabulário em luo já era muito maior do que o meu. Nós nos divertimos em Alego, ajudando Auma com o projeto de um filme, ouvindo as histórias de vovó, conhecendo parentes que eu não havia tido a oportunidade de visitar antes. Na cidade, no entanto, a vida parecia ter ficado mais difícil. A economia tinha piorado, o governo dava a impressão de ser mais corrupto e a criminalidade estava em alta. A questão da herança do velho continuava sem solução, e Sarah e Kezia ainda não se falavam. Bernard, Abo e Sayid não haviam encontrado trabalho fixo, embora permanecessem esperançosos.

O pai de Michelle, um homem bom e honesto como poucos, faleceu antes que nos casássemos. Meu avô morreu de câncer de próstata alguns meses depois. Como veterano da Segunda Guerra, foi enterrado no Cemitério Nacional de Punchbowl, em uma colina com vista para Honolulu. Houve uma pequena cerimônia, com a presença de alguns dos amigos com quem ele jogava bridge e golfe, três salvas de tiros e uma corneta tocando.

Apesar dessas perdas, Michelle e eu decidimos seguir em frente com nossos planos de casamento. A cerimônia foi realizada no santuário da Igreja de Cristo Trindade Unida. Todo mundo pareceu se divertir na festa. Minhas novas tias elogiaram o bolo, meus novos tios elogiaram a si mesmos de smoking. Johnnie, meu amigo da organização comunitária, compareceu e deu boas risadas com alguns dos meus amigos do

Havaí. Angela, Shirley e Mona também foram e disseram à minha mãe que ela havia me criado bem. ("Vocês não sabem nem da metade", respondeu ela, rindo.)

Olhei para minha irmã mais nova, Maya, e vi uma mulher feita, linda e inteligente, parecendo uma condessa latina com sua pele parda, seu cabelo preto comprido e seu vestido preto de madrinha de casamento. Auma estava ao lado dela, igualmente encantadora, apesar dos olhos um pouco inchados — para minha surpresa, ela foi a única que chorou durante a cerimônia.

Quando a banda começou a tocar, as duas foram chamar os primos de cinco e seis anos de Michelle, que haviam levado as alianças. Vendo os dois acompanharem minhas irmãs até a pista de dança, pensei que pareciam jovens príncipes africanos, com o chapéu de kente colorido, a faixa na cintura e a gravata-borboleta combinando.

Quem me deu mais orgulho, no entanto, foi Roy. Na verdade, agora ele atende por Abongo, seu nome luo. Dois anos atrás, meu irmão decidiu abraçar sua origem africana, converteu-se ao islã e parou de beber e fumar. Continuava trabalhando para o mesmo escritório de contabilidade, porém andava falando em voltar a morar no Quênia depois de guardar algum dinheiro. Na verdade, da última vez que nos vimos em Home Squared, ele estava construindo uma cabana para si e para sua mãe, fora da propriedade de nosso avô. Abongo me disse que sua empresa de importação prosperava e que ele logo esperava lucrar o suficiente para contratar Bernard e Abo em período integral. Quando fomos juntos visitar o túmulo do velho, notei que finalmente havia uma placa em sua lápide.

O novo estilo de vida do meu irmão o deixou mais magro e fez seus olhos parecerem mais focados. No casamento, ele parecia tão solene, vestindo seu conjunto africano preto com detalhes em branco e chapéu combinando, que alguns dos convidados acharam que se tratava do meu pai. Abongo certamente cumpriu o papel de irmão mais velho naquele dia, me acalmando e me dizendo com toda a paciência, pela quinta ou sexta vez, que sim, ele estava com as alianças, e que se eu passasse mais um segundo na frente do espelho minha aparência não importaria, porque acabaria me atrasando.

Perto do fim da festa, eu o vi abrindo um grande sorriso para a câmera de vídeo, com os braços compridos sobre os ombros de minha mãe e de Toot, cujas cabeças mal batiam na altura do peito dele.

— Ô irmão — ele me disse quando eu me aproximei dos três —, parece que agora tenho duas novas mães.

Toot deu um tapinha nas costas dele.

— E nós temos um novo filho — disse ela, mas, quando tentou pronunciar "Abongo", seu sotaque do Kansas acabou com o nome. O queixo da minha mãe começou a tremer, como se ela estivesse prestes a chorar. Meu irmão ergueu sua taça de ponche de frutas para fazer um brinde.

— Àqueles que não estão aqui conosco — disse ele.

— E a um final feliz — complementei.

Derramamos nossas bebidas no piso xadrez. E, pelo menos naquele momento, eu me senti o homem mais sortudo do mundo.

Pós-escrito

JULHO DE 2004

A maior parte das pessoas que aparecem neste livro — embora alguns nomes tenham sido alterados em nome da privacidade delas — continua fazendo parte da minha vida.

A exceção é minha mãe, que morreu de câncer em 1995, alguns meses depois que *Sonhos do meu pai* foi publicado. Ela lidou com a doença de maneira graciosa e bem-humorada, e ajudou minha irmã Maya e a mim a seguirmos com nossas vidas, apesar do medo de perdê-la.

Minha mãe havia passado os dez anos anteriores fazendo o que amava. Viajou o mundo e trabalhou em povoados distantes da África e da Ásia, ajudando mulheres a comprar uma máquina de costura, ou uma vaca leiteira, ou a estudar. Ela se reunia com amigos de todas as partes, fazia longas caminhadas e ficava olhando para a Lua. Escrevia relatórios, lia romances, pegava no pé dos filhos e sonhava com netos.

Nós nos víamos com frequência, e nosso laço nunca se afrouxou. Enquanto eu escrevia este livro, ela leu os rascunhos e corrigiu o que eu havia entendido errado. Tomava o cuidado de não comentar as passagens a seu respeito, mas era rápida em defender meu pai se sentia que eu estava sendo duro demais com ele.

Às vezes, acho que se soubesse que ela não viveria muito mais teria escrito um livro diferente — menos uma reflexão sobre meu pai ausente e mais uma celebração sobre a mãe que era a única constante na minha vida. Eu ainda a vejo todos os dias em minhas filhas: na alegria delas e em sua capacidade de se encantar pela vida. Não vou tentar descrever como ainda sofro com sua morte. Sei que ela foi a pessoa mais bondosa e generosa que conheci, e que lhe devo o que há de melhor em mim.

Agradecimentos

Obrigado a Rachel Klayman, que há muito é minha editora na Crown, por ter pegado a versão original e muito mais extensa deste livro e adaptado para jovens leitores de maneira tão hábil.

Na Crown, também gostaria de agradecer a David Drake, que orquestrou a publicação desta edição, e a Chris Brand, que pensou a capa deste livro para um novo público. Madison Jacobs e Lydia Morgan ficaram de olho em todos os detalhes e mantiveram o projeto nos trilhos. Um agradecimento especial a Barbara Bachman, da Random House, e à freelancer Renee Harleston.

Como sempre, tive a sorte de poder contar com o trabalho duro e o apoio constante da minha equipe, com destaque para Anita Decker Breckenridge, que acompanhou cada passo do processo com toda a atenção.

Também estou em dívida com Sara Corbett, que leu esta adaptação com o cuidado e a visão editorial aguçada de sempre, por suas sugestões muito úteis.

Esta edição não seria possível sem toda a equipe da Delacorte Press/ Random House Children's Books, em especial à publisher Beverly Horowitz. Também agradeço a John Adamo, Dominique Cimina, Denise DeGennaro, Colleen Fellingham, Felicia Frazier, Rebecca Gudelis, Emily Harburg, Judith Haut, Erica Henegan, Noreen Herits, Tracy Heydweiller, Alison Kolani, Barbara Marcus, Stephanie Moss, Linda Palladino, Tamar Schwartz, Jinna Shin, Tim Terhune e April Ward, assim como ao pessoal de marketing, divulgação, vendas e direitos estrangeiros e subsidiários.

Finalmente, gostaria de agradecer à minha família pelos anos de amor, apoio e aprendizagem desde que este livro foi publicado em sua versão original. Por causa dela, sempre me sentirei jovem.

Créditos das imagens

Todas as imagens desta edição são cortesia do arquivo da família Obama-Robinson, com exceção da foto da p. VII (cima), de Joe Wrinn/ Harvard University.

ESTA OBRA FOI COMPOSTA POR OSMANE GARCIA FILHO EM MINION
E IMPRESSA PELA LIS GRÁFICA EM OFSETE SOBRE PAPEL PÓLEN NATURAL
DA SUZANO S.A. PARA A EDITORA SCHWARCZ EM MARÇO DE 2025

FSC
www.fsc.org
MISTO
Papel | Apoiando o manejo florestal responsável
FSC® C112738

A marca FSC® é a garantia de que a madeira utilizada na fabricação do papel deste livro provém de florestas que foram gerenciadas de maneira ambientalmente correta, socialmente justa e economicamente viável, além de outras fontes de origem controlada.